美国"抵消战略"研究

A STUDY ON THE U.S. OFFSET STRATEGY

蔡华堂————著

时事出版社
北京

目　录

绪　论 …………………………………………………………… (1)
    一、概念界定 ………………………………………………… (2)
    二、选题依据 ………………………………………………… (6)
    三、研究现状 ………………………………………………… (10)
    四、思路方法 ………………………………………………… (13)

第一章　"新面貌"战略的实施 ……………………………… (16)
第一节　"新面貌"战略的源起 …………………………… (16)
    一、国际格局的大变 ………………………………………… (17)
    二、军事优势的动摇 ………………………………………… (18)
    三、经济支柱的坍塌 ………………………………………… (19)
    四、安全缺失的焦虑 ………………………………………… (20)
第二节　"新面貌"战略的制定 …………………………… (22)
    一、评估战略环境 …………………………………………… (22)
    二、提出战略概念 …………………………………………… (24)
    三、确定路径选择 …………………………………………… (25)
第三节　实施"新面貌"战略的方法 ……………………… (27)
    一、优先发展核武 …………………………………………… (27)
    二、调整军队结构 …………………………………………… (30)
    三、强化联盟作用 …………………………………………… (32)

第二章　"抵消战略"的推行 ………………………………… (34)
第一节　"抵消战略"的驱动因素 ………………………… (34)
    一、美国核武优势丧失殆尽 ………………………………… (34)

二、北约前沿防御效用锐减 …………………………………… (36)
三、美国经济危机繁杂难解 …………………………………… (37)
第二节 "抵消战略"的设计思路 ………………………………… (38)
一、避免对称比拼 ……………………………………………… (38)
二、发挥创新优势 ……………………………………………… (40)
三、着眼精确打击 ……………………………………………… (41)
第三节 "抵消战略"的推进实施 ………………………………… (44)
一、获取精确打击能力 ………………………………………… (44)
二、谋求隐身突防能力 ………………………………………… (45)
三、推进作战概念研发 ………………………………………… (46)
第四节 "抵消战略"的作用影响 ………………………………… (47)
一、加速冷战结束进程 ………………………………………… (48)
二、引发世界军事革命 ………………………………………… (48)
三、改变战争博弈方式 ………………………………………… (50)

第三章 第三次"抵消战略"的序幕开启 ……………………… (52)
第一节 评估安全威胁的变化 …………………………………… (52)
一、世界主要国家的挑战 ……………………………………… (53)
二、地缘战略态势的逆转 ……………………………………… (54)
三、战略力量机动的威胁 ……………………………………… (57)
第二节 应对作战领域的挑战 …………………………………… (61)
一、正视精确武器技术的扩散 ………………………………… (61)
二、抒解"兵力投送"能力的受制 …………………………… (65)
三、消除"反进入/区域拒止"威胁 ………………………… (67)
第三节 适应经济条件的恶化 …………………………………… (69)
一、债务规模上升 ……………………………………………… (69)
二、军费开支锐减 ……………………………………………… (71)
三、国防研发费用下降 ………………………………………… (72)
第四节 重祭"抵消战略"的旗号 ………………………………… (73)
一、抛出第三次"抵消战略"概念 …………………………… (73)
二、发布《国防创新倡议》(DII) ……………………………… (74)

三、明确"三位一体"的架构体系 ………………………………… (74)

第四章 第三次"抵消战略"的思维逻辑 ……………………… (76)
第一节 确定"战略属性" ………………………………………… (76)
一、非对称性 ……………………………………………………… (77)
二、成本强加 ……………………………………………………… (79)
三、时空运用 ……………………………………………………… (81)
四、话语主导 ……………………………………………………… (81)
五、间接威慑 ……………………………………………………… (82)

第二节 完备"力量生成" ………………………………………… (83)
一、检视未来挑战 ………………………………………………… (83)
二、创设作战概念 ………………………………………………… (84)
三、深化军事变革 ………………………………………………… (85)
四、锻造联合部队 ………………………………………………… (86)

第三节 丰富"发展路径" ………………………………………… (88)
一、汲取战略文化营养 …………………………………………… (88)
二、探索战略创新方法 …………………………………………… (90)
三、运用"核心抵消"策略 ……………………………………… (92)

第五章 第三次"抵消战略"的总体构想 ……………………… (95)
第一节 锁定战略对手 ……………………………………………… (95)
一、寻找战略对手 ………………………………………………… (95)
二、指向恐怖主义 ………………………………………………… (98)
三、正式确定对手 ………………………………………………… (99)

第二节 设定战略目标 ……………………………………………… (102)
一、重塑常规威慑 ………………………………………………… (102)
二、实现拒止威慑 ………………………………………………… (104)
三、设计未来战争 ………………………………………………… (105)

第三节 确定战略方针 ……………………………………………… (106)
一、推进创新驱动 ………………………………………………… (106)
二、精确任务规划 ………………………………………………… (108)

三、构建"智能作战网络" …………………………………………（110）

第六章　第三次"抵消战略"的能力设计 ………………………（112）
第一节　创新战斗力生成准则 …………………………………（112）
　　一、人才需求聚焦"智能领域" ………………………………（113）
　　二、装备发展指向"以快制慢" ………………………………（114）
　　三、人装结合致力"系统集成" ………………………………（115）
第二节　构设"全球监视与打击网络"（GSS）………………（116）
　　一、完善侦察预警系统 …………………………………………（116）
　　二、提升力量投送能力 …………………………………………（118）
　　三、建立全球打击体系 …………………………………………（120）
第三节　获取关键领域核心技术 ………………………………（121）
　　一、确定关键技术投资领域 ……………………………………（121）
　　二、提出"长期研究和发展规划"（LRRDP）………………（123）
　　三、选定核心能力构建方式 ……………………………………（124）

第七章　第三次"抵消战略"的机制保障 ………………………（129）
第一节　完善国防创新体系 ……………………………………（129）
　　一、突出政府机构的作用 ………………………………………（129）
　　二、注重国家力量的引入 ………………………………………（131）
　　三、加速创新成果的转换 ………………………………………（132）
第二节　调整国防部机构 ………………………………………（133）
　　一、成立先进能力及威慑委员会（ACDP）…………………（134）
　　二、加强创新领头羊 DARPA 的地位 …………………………（135）
　　三、设置"急先锋"战略能力办公室（SCO）………………（139）
　　四、创建"小快灵"的"国防创新实验单元"（DIUx）……（144）
　　五、增设其他工作机构 …………………………………………（149）
第三节　改革国防采办制度 ……………………………………（151）
　　一、制定"更佳购买力 3.0"（BBP 3.0）……………………（151）
　　二、发布《国防采办系统的运行》文件 ………………………（153）
　　三、下放采办决策权力 …………………………………………（154）

四、调整采办机构设置 ·· (155)

第八章　第三次"抵消战略"的领域推进 ······················· (162)
第一节　重振兵棋推演 ·· (162)
　　一、提高兵棋推演作用 ·· (162)
　　二、制定兵棋推演举措 ·· (163)
　　三、改进兵棋推演系统 ·· (166)
　　四、克服兵棋推演难题 ·· (167)
第二节　发力人才培养 ·· (168)
　　一、提出培养目标 ··· (168)
　　二、制定培养原则 ··· (169)
　　三、完善培养机制 ··· (170)
　　四、明确培养标准 ··· (171)
第三节　创新作战理论 ·· (173)
　　一、分布式杀伤 ·· (174)
　　二、多域战 ·· (184)
　　二、敏捷作战 ··· (190)
　　四、趋向两个极端的未来战争设计 ································ (196)

第九章　第三次"抵消战略"的发展前景 ······················· (199)
第一节　内在逻辑成立与否？ ·· (199)
　　一、大国威胁是首要 ··· (199)
　　二、颠覆性技术优势可应对大国威胁 ····························· (202)
　　三、美国能够获取颠覆性技术优势 ································ (205)
第二节　现实条件具备与否？ ·· (208)
　　一、名称"遁迹" ··· (209)
　　二、方式"隐形" ··· (210)
　　三、实质"同途" ··· (212)
第三节　作用影响达到与否？ ·· (216)
　　一、对美国的影响 ··· (216)
　　二、对世界的影响 ··· (219)

三、对中国的影响 ………………………………………（222）

结　语 ……………………………………………………（225）
　一个关键结论 ……………………………………………（225）
　两项预测判断 ……………………………………………（226）
　三点重要启示 ……………………………………………（230）

参考文献 …………………………………………………（232）

鸣　谢 ……………………………………………………（245）

绪　　论

美国是一个充满危机感的国家，对于自身所面临的挑战，特别是世界上其他大国或国家集团实力的增长总是保持着高度警惕的状态。其实，尽管当其成长为世界强国之后，美国在国防领域就一直处于领先地位，但一旦发现有被其他国家或国家集团超越之势，就千方百计地寻求机会，发挥自己的优势，重构战争或竞争规则，竭力将对手们所获得的优势或追赶的努力"归零"。美国将它的这一做法称之为"抵消战略"（Offset Strategy），其本质特征就是试图以"质"的优势抵消其他国家"量"的优势，或以一种"质"的优势抵消其他国家另一种"质"的优势。迄今为止，美国共制定和实施了三次"抵消战略"：第一次是在艾森豪威尔政府时期，美国通过大力提高核武器质量，加强导弹和航天领域技术的研发，不仅弥补与苏联在常规力量和导弹卫星方面的差距，而且实现了赶超；第二次是在卡特政府时期，美国着力开发以信息技术为支撑的联合作战与精确打击能力，打破了苏联在核均势条件下常规力量方面的优势，将其几十年里以"大纵深"理论为指导的军事力量建设的成效几乎"归零"。进入21世纪第二个10年后，美国又深切地感受到，它在世界上所拥有的军事主导地位又一次面临岌岌可危的处境：战略对手们着力发展起来和即将具备的能力已对其军事优势构成了严峻的挑战，一个急剧变化和充满不确定性的未来正前所未有地呈现出来。为护持军事霸权，美国不得不着手研发新的概念，试图形成新的能力。因此，奥巴马政府时期，美国又提出了第三次"抵消战略"，以应对中俄等国不断提高的"反进入/区域拒止"[①] 能力。在前两次

---

① 到目前为止，"反介入/区域拒止"的术语被广泛运用。笔者认为，这一术语未能准确地表达美军所提出的"Anti–access/Area–denial"概念，因而本书采用"反进入/区域拒止"的说法。

"抵消战略"的推行中，美国都实现了自身国防力量质的跃升，使苏联的军事发展失去平衡，有效遏阻了苏联在军事上追赶和超越的努力。那么，在所谓战略对手"紧逼"的情况下，美国再一次"老调重弹"，将从哪些方面着手？能否达到预期效果？最后会产生什么样的结局呢？显然，这是一个值得我们高度关注且必须持续深入研究的重大战略问题。

一、概念界定

战略是军事领域的哲学，是认识军事现象的基本世界观，解决军事问题的基本方法论。作为世界观，战略指导环境的判断、利益的界定、目标的确认等一系列价值命题；作为方法论，它在本质上又是提出问题、认识问题并解决问题的思维过程，是指导资源配置、选择与运用的原则与方式，是协调目的与手段关系的科学与艺术。不同国家、不同军队对于"战略"的认知各不相同，同一国家内的战略又可被分为不同层次：国家战略、国防战略、军事战略、战区战略等；不同领域：作战战略、后勤战略、军种发展战略、国防建设战略等，甚至延伸到其他领域如商业战略、石油战略、科技战略、文化战略等。这就说明，"战略"作为一个独立概念，有其内在的逻辑一致性和规定性。

第二次世界大战以来，美国的战略体系逐步完备，形成了国家安全战略（national security strategy）、国防战略（national defense strategy）、军事战略（national military strategy）上中下三层同构的国家战略体系。白宫或国防部还制定了一些特殊领域如太空、海上、网空安全战略以及情报与反情报战略等，各军种和战区也根据国家战略文件，制定本领域的发展战略或作战战略。每个层次或领域的战略都有其特有的使命与任务。国家安全战略界定国家利益范畴和政策目标，为国防战略和军事战略的制定提供遵循；国防战略明确防务力量建设的方向，为安全战略的实现提供支撑，为军事战略的制定提供指导；军事战略根据国家安全战略和国防战略确定的原则，制定军事力量配置和运用的方法，确定应对危机和战争的手段。

国家安全战略，有时也称国家战略或大战略。美国在官方文件中用国家安全战略，知识界在使用安全战略概念的同时，也经常使用"大战略"（grand strategy）或"国家战略"（national strategy）术语，三者含义大体相同。如美国国防大学战略研究所前所长约翰·柯林斯所著《大战略》

(1973年),美国布兰代斯大学赦脱国际关系学教授罗伯特·阿特所著《美国大战略》(2002年)等著作代表着美国战略学界对于这一概念的经典探索。美国国家战略脱胎于英国卓越的战略学家利德尔·哈特1929年提出的"大战略"概念。哈特认为,大战略就是协调与指导国家的全部力量以达到战争目的及国家政治所确定的目标。1940年,美国艾尔伯特·魏德迈将军引入了这一概念,并做了一定程度的延伸。在他看来,大战略就是在和平与战争期间,为达到政策目标,国家发展和使用政治、经济、心理及武装部队的艺术与科学。同时,他还强调,大战略在联盟战略层次上更加适用。第二次世界大战后,美国军方也提出了国家战略的概念。参谋长联席会议发布《美国军语词典》写道:"国家战略为在平时和战时,发展和使用国家资源(包括政治、经济、心理、军事四个方面)以达到国家目标的科学与艺术。"① 这里所说的国家战略,其实就是大战略。1973年,美国国防大学战略研究所前所长约翰·柯林斯出版的《大战略》一书。他认为,"国家战略在平时和战时综合运用一个国家的各种力量以实现国家的利益和目标。按照这种观点,战略可分为应付国际和国内问题的全面政治战略;对外和对内的经济战略以及国家军事战略等。每一种战略都直接或间接地关系着国家的安全。……这些战略汇集起来便构成'大战略',即在各种情况下运用国家力量的一门艺术和科学,通过威胁、武力、间接压力、外交、诡计以及其他可以想得到的手段,对敌方实施所需要的各种程度和各种样式的控制,以实现国家的利益和目标。"② 美国国防部虽然从未使用"大战略"概念,但却创建了一个与其内涵相一致的"国家安全战略"概念。1976年,美军颁发的作战纲要中,赋予国家安全战略以明确的定义,即"在平时和战时,维护、建设、发展、使用和显示国家政治、经济、心理和军事手段,最大限度地维护和推进国家的战略利益和战略目标,这样一种科学和艺术称为国家安全战略"。

1986年,根据"戈德华特—尼科尔斯法案"(又称"国防部改组法")的规定,总统每年都要向国会提交国家安全战略报告。在近30年后,美国

---

① 军事科学院战略研究部编:《战争与战略理论集粹》,军事科学出版社1989年版,第474页。

② [美] 约翰·柯林斯:《大战略》,战士出版社1978年版,第46—47页。

国防部 2002 年版的《军事与相关术语词典》又对国家安全战略的概念做了新的界定，即"平时或战时为达成国家目标而发展和使用国家的外交、经济和信息力量以及武装力量的艺术和科学。"那么，如何建设和使用武装力量，就成了国防战略和军事战略所要解决的问题。①

　　1986 年的"国防部改组法"，只要求总统每年提交国家安全战略报告，参谋长联席会议主席提交军事战略报告，但并未涉及国防战略。其实，国防战略一直是存在的，其主要内容则反映在国防部的《四年防务评估报告》和每个财年国防报告中。直到 2005 年，唐纳德·拉姆斯菲尔德担任国防部长期间，美国才以国防部的名义发表了第一份《国防战略报告》。根据这一报告，国防战略的含义是："国防战略概述保卫国家和国家利益的多层主动防御的方法，努力塑造有利于尊重国家主权的条件和有利于自由、民主和经济机会的国际安全秩序。这种战略促进美国同世界上致力这些目标的其他国家的密切合作，应对既有的和新兴的威胁。"② 根据这一定义，其关键词是"主动防御""努力塑造""密切合作"和"应对威胁"，前三项都是手段，最后一项则是目的。这些手段都不是达成目的的直接方法，而是为达成目的创造条件。因此，应对威胁具体方法就成了军事战略的任务。

　　美国认为，所谓"军事战略"，就是"军事战略是运用一国武装力量，通过使用武力或以武力相威胁，达成国家政策的各项目标的一门艺术和科学"。③ 也可以这么说，军事战略就是通过使用武力或威胁使用武力达成国家目标的艺术和科学。"使用或威胁使用武力"是军事战略的核心内容，它要解决的问题就是消除威胁。这里所说的"威胁"有两层次含义：一是外来侵略或国家重大利益受到直接的损害；二是在推行政策时遇到了和平手段不可克服的外在障碍或国际地位受到了严重挑战等。要弄清美国的军事战略，除要懂得国家安全战略、国防战略外，一方面要把握其军事力量

---

① 关于大战略问题，可进一步参考时殷弘《国家大战略论纲》《战略观念与大战略基本问题》等文章。
② The U. S. Department of Defense, *The National Defense Strategy of the United States of America*, March 2005, p. i.
③ 美国陆军军事学院著：《军事战略》，军事科学院外国军事研究部译，军事科学出版社 1986 年版，第 4 页。

建设与运用的实践，另一方面还要解析美国政府或军方相关部门的文件如国情咨文、总统指令、政策声明、国防报告、《四年防务评估报告》、地区战略报告以及军政首脑讲话等。同时，还要捕捉国会的相关立法（特别是每年一度的国防授权法）、听证会、研究报告等所释放的信息，甚至不能忽视各军种、职能司令部和战区司令部的作战纲要、发展规划等。

由此可见，美国国家安全战略所涵盖的内容比较宽泛，明确国家利益目标；国防战略则聚焦于未来战争的设计和武装力量的建设；军事战略专注于资源配置与武力使用。无论哪一层次的战略，美国都非常重视要素间的平衡，即目标（objectives）、手段（means）、方略（approaches）缺一不可。战略目标必须与手段相适应，定得过高或过低都有损于国家利益；手段的运用必须与谋略结合，才能以小的代价获取大的收益；谋略的运用必须与手段匹配，没有手段支撑的谋略就是空想；只有手段而缺乏谋略，就会出现蛮干。国家安全战略谋求不战而胜，国防战略谋求先胜而后求战，军事战略则谋求战而胜之。基于以上概念的陈述，笔者主张，战略具有四个规定特性：策略性、限制性、对抗性和全局性。

策略性，即解决问题的策略性。一切战略都服务具体目的，是在给定领域内完成规定任务的一种军事政策，具有政策的基本特征，所以我们在考察战略时需要遵循政策考察的基本方法，即需要性、根属性、解决力和损益比。① 在实践层面，战略必须要为完成既定任务规划路径，即解决问题，此时战略遵循的基本路径通常是设计能力，获取能力和运用能力。

限制性，即资源的有限性。在任何战略实施（解决问题）的过程中，面对的最根本的物质前提就是可供使用的资源总是有限的，很多时候资源甚至是匮乏的。这就要求战略必须在众多需要解决的问题面前排出一个轻重缓急的序列，确定战略所需关注的优先事项（priority）。这个序列决定了资源分配的方向、方式、种类、数量、时机等，对于序列选择往往是决定一个战略根本上有效与否的判准。

对抗性，这是"战略"区别于一般性政策或者策略的本质特征。战略是在高度对抗环境下为解决问题而进行资源分配。在这个对抗性环境中，敌我双方展开不间断的战略互动，这种互动带有绝对的破坏性，所以战略

---

① 本书借用了政策辩论赛中基本的政策验证方法。

的设定必须严格遵循现实主义的原则,并在实施过程中保持灵活敏锐。

全局性,即战略贯穿全时、覆盖全域的特性。战略具有长远性,往往并不在意一时一地的得失,而是从长计议,全面考量,避免出现盲点,既注重可行性,又强调效益性。美国在制定推行遏制战略时,将其放在一个相当长的历史时空之中,历经近50年,虽然总统换了数任,但目标一直未变。再者,美国还充分考虑了遏制战略的着力点和效益性,以冷战的方式,运用政治、经济、军事、外交、科技和文化等综合性手段,将苏联逼上它所期待的路径。

按照逻辑学"属种定义"的原则,一个概念由"属概念"加"种差"两部分所决定。首先,"抵消战略"作为一个"战略",隶属于"战略"这一"属概念",拥有战略概念的基本规定性,即策略性、限制性、对抗性和全局性,与其他形式的军事理论如"构想"(approach/conception)、"概念"(concept)、"倡议"(initiative)有着本质上的不同。其次,"抵消战略"在"战略"这一集合中存在着区别于其他战略的"种差",即有着自身的特性或规定性。也就是说,作为一种战略,它与其他战略有着显著的区别,存在着五大理论属性——非对称性、成本属性、时空属性、话语权属性和间接威慑属性。其中,非对称性、成本属性、间接威慑属性居于主要地位,时空和话语权属性起着支撑作用。

从美国战略体系来说,"抵消战略"属于国防战略的范畴,其核心目的就是运用各种技术手段,使美国国防力量在全局上占据"质"的优势,获得"先胜"地位,以瓦解战略对手为构建自身优势所做的全部或主要努力。

二、选题依据

美国一直坚持改造世界的理念。早在殖民地时期,北美的清教徒就信奉"天定命运"说,认为他们是世界的"民主灯塔"和"山巅之城"。建国后短短200余年,通过各种手段的运用,美国在政治、文化、经济、军事、科技等几乎所有领域取得了巨大成就,并最终占据了世界的领导地位。这种"美国式奇迹",增进了其清教徒的使命感,许多美国人开始将其民族自身的信条和准则视为放之四海而皆准的真理或标准,怀有将其推广到全世界的所谓责任和情怀。美国的这种民族主义观念逐渐演化成"美国至上主义",即认为美国的理想、价值观和现实都优于任何其他国家,是一种"例外"。因此,他们希望把自己所有的价值观强加给世界各国人民;认为盎格鲁—撒克逊民族才是世界上最优秀的人群;视自己是上帝的选民,有权获得特殊的权利和义务。美国这种经久而强硬的扩张性格成为世界范围内破坏和谐的一大诱因。

美国长期奉行霸权主义哲学。第二次世界大战后,美国以世界领导自居,奉行霸权主义,对拒绝与其"共舞"的国家持续进行打压,甚至不惜使用武力。大力推广"普世价值"固然是美国的重要政治目的,但决定美国内外政策最根本的因素是其远更广泛和实际的国家利益能否顺利实现,也就是现实主义中的"权势"。尤其是在冷战后,当披着意识形态斗争的权势争夺结束后,无论是什么制度的国家,美国只要认为它们对其霸权地位和国家利益构成了挑战,都会毫不留情进行限制、控制和遏制;相应地,不论什么制度的国家,只要能够对美国护持全球霸权有利用价值,它便能够毫无阻碍地将它们视若真朋。

美国一向强调地缘政治的作用,继承并广泛运用"离岸平衡"战略,旨在防止欧亚大陆出现一个可以挑战其国际地位的大国或国家集团。二战后,苏联成为世界第二强国,美国迅速改变对苏联政策,将其从战时盟友变成战略对手,对其进行遏制,展开冷战。苏联剧变后,美国也没有对其继任者俄罗斯放松警惕,而是推动"北约"和"欧盟"双东扩,继续挤压俄罗斯的战略空间,阻止其"东山再起"。即使在苏联解体将近30年之后,美国也以各种借口,从未放松对俄罗斯的打压,致使两国之间的矛盾依然十分尖锐。在美国看来,俄罗斯仍是一个可以挑战其国际地位的大国,或具此种潜力的国家。

美国具有丰富的与大国战略博弈的经验。建国240多年来,它早期推行"孤立主义"政策,旨在避开与欧洲大国迎面相撞;羽翼渐丰后,又提出"门罗主义"主张,意在阻止"神圣同盟"国家再次染指美洲;当经济总量成为世界第一时,便开始谋求海外势力范围,选择衰落的老牌帝国主义国家——西班牙作为突破口,将战略矛头指向亚太地区;通过第一次世界大战,着力介入欧洲事务,与传统列强同台竞争;在第二次世界大战中,美国举全国之力,击败德意日法西斯,一举成为世界上实力最强的国家,并在事实上取代了英国,获得了领导世界的国际地位;第二次世界大战后，美国与英法等战胜国合作，扶持战败国，将它们纳入自己的联盟体系，与新兴对手苏联进行较量；并在战线过长，国力损耗过大，处于不利的状态下，果断又不失时机地运用均势政策，极富创造性地与中国改善关系，再次获得战略主动权，并最终赢得了冷战的胜利。

美国曾经利用"抵消战略"打垮对手。美国固然在第二次大战后取得了有利的国际地位，但并没有取得对苏联的决定性战略优势。相反，随着国际战略环境的不断变化与战略博弈的复杂深入，美国不止一次地失去先机，陷入困境。20世纪50年代，艾森豪威尔政府制定"新面貌"战略，通过提升核力量，抵消苏联的常规力量优势；70年代以卡特政府为主包含其前后两任政府在内，在美苏达到总体核均势且美国处于常规力量劣势的危险情况下，极富战略远见地推出"抵消战略"，成功将苏联在军事上追赶或超越的努力归于无效。

美国灵活进行战略重心调整。在"西进运动"完成、美墨战争之后，美国就确定了其"太平洋国家"的定位。1867年购买阿拉斯加，1898年夺得菲律宾和关岛，1899年吞并夏威夷，同年又提出有关中国"门户开放"政策，1922年召集的华盛顿会议，以及军方制定的系列对日作战的"彩虹计划"等，都是以太平洋作为主要战略方向。第二次世界大战爆发后，为取得全局性胜利，美国才进行战略调整，明确把具有轴心国核心地位的德国作为其关注的中心，奉行"先欧后亚"战略。第二次世界大战后，为维护"自由世界"的安全，与苏联展开霸权争夺，美国继续将欧洲作为战略重心，陈列重兵。冷战结束后，欧洲形势大体稳定，俄罗斯国力衰减，难以对中西欧甚至东欧国家构成致命威胁。而在亚太地区，区域经济潜力不断兑现，中国国力迅速上升，国际影响力不断扩大，国家发展模式显示出强大的生命力。美国认为，这对其长期构建的地区霸权秩序构成现实挑战。为重整秩序，重塑霸权，它又一次调整战略，将重心移向亚太地区。2009年美国从安全战略层面提出要"重返亚洲"，2012年发布的《维持美国的全球领导地位：21世纪国防的优先任务》（又称《国防战略指南》）正式确立了亚太"再平衡"战略，并提出在2020年前要将其海外60%的海空军力量部署到太平洋地区。

美国战略实力走向相对衰落。根据近年国际力量消长和战略环境变化，美国已把我国视为当今世界能对其安全与稳定构成全面威胁的主要国家。进入 21 世纪的第二个 10 年，由于长期的"反恐战争"的消耗和金融危机的打击，美国国力大幅衰退，"战略透支"十分严重，已出现了难以支撑起其主导世界野心的局面，因而不得不主动进行调整。在世界权势分布图上，中国引人注目的快速崛起和俄罗斯重振世界大国的进取态势，使美国产生了严重的战略焦虑。美国拒绝权势流散、世界走向多极化的事实，仍然抱着再领导世界一百年的"雄心"，决心应对这一"挑战"。2014 年美国从国防战略的视角，又一次祭出"抵消战略"之旗，企图上演"历史上惊人相似一幕"，使中俄败下阵来。

美国把中国作为全球战略对手。2017 年底和 2018 年中，时任美国总统特朗普相继公布了《美国国家安全战略》《美国国防战略纲要》《核态势评估报告》和《国家军事战略报告》。① 2021 年 3 月，拜登政府上台不久，就颁布了一份《过渡时期国家安全战略指南》。在这五份战略性文件中，美国都直言不讳地将中国称为其在全球范围内主要的"战略对手"，针对意图和对抗姿态显著加强。在《国家军事战略报告》中，美国军方再次强调了俄罗斯和中国重新崛起的大国竞争。美军参谋长联席会议主席邓福德在最近的一次采访中表示："（新版）国家军事战略提供了一个与国防战略相一致的基本框架，包括俄罗斯、中国、伊朗、朝鲜和暴力极端主义的问题集。"② 2018 年中，特朗普发动了中美历史上第一次"贸易战"，掀起了中美全面对抗的第一波浪潮，中美结构性矛盾第一次从幕后走向台前。不仅如此，美国还于 2019 年 6 月公布了《印太战略报告》，提出了"印太战略"构想，企图建立一个从西北太平洋到北印度洋阻止中国走向世界的弧形遏制带，从而把中国的力量遏制在亚洲大陆，以维护其海洋霸权。在美国朝野的战略精英中，对中国的负面看法已占据主导地位，甚至提出要像冷战时期遏制苏联那样，动员美国全部力量对付中国，推行"全

---

① 美国《国家军事战略 2018》并未公开，只是在 2019 年 7 月 12 日，参谋长联席会议通过其官网发布了一个说明。具体参见："Description of the 2018 National Military Strategy Released," https：//www.jcs.mil/Media/News/News‐Display/Article/1903669/description‐of‐the‐2018‐national‐military‐strategy‐released/。

② "National Military Strategy Addresses Changing Character of War," https：//www.jcs.mil/Media/News/News‐Display/Article/1903943/national‐military‐strategy‐addresses‐changing‐character‐of‐war/.

政府战略",打"整体战"。这标志着美国已把中国视为其长期的战略对手,并着力制定了明确的应对此种"挑战"的路线图。

为了做好应对可能发生的一切情况的准备,防止实现"中国梦"的伟大征程被外力所冲断,避免陷入"修昔底德陷阱",有效维护国家的安全与发展利益,迫切需要加强美国"抵消战略"的研究,把握其战略思维和应用模式,搞清其对我国军事发展的认知和对策,破解我国战略决策面临的困惑。

三、研究现状

美国的战略追求是一贯的:根据现有条件,针对不同对手,发挥自身长处,灵活运用手段,创造有利态势,置敌于困境,以较小代价实现战略目标。所以,每一次"抵消战略"的提出,都会引起国际战略学界的广泛关注。对于艾森豪威尔政府"新面貌"战略和卡特政府"抵消战略",美国和其他世界主要国家的学界研究成果丰富,在这里就不一一列举了,只对第三次"抵消战略"具有代表性的研究情况做简要的介绍。2014 年 10 月美国国防部"战略与预算评估中心"(CSBA)发表研究报告《迈向"抵消战略":恢复美国全球力量投送能力的新方法》(*Toward A New Offset Strategy*:*Exploiting U. S. Long – Term Advantages To Restore U. S. Global Power Projection Capability*),在对美国前两次"抵消战略"的成效和现有投送能力缺陷进行分析后,提出了第三次"抵消战略"需要解决的问题及可采取的措施。与此同时,"新美国安全中心"也对外公布正式启动"超越抵消"(Beyond Offset)项目,并推出多篇研究报告,其中具有代表性的有项目负责人布雷姆利本人撰写的《抵消战略与作战模式》(*Offset Strategies & Warfighting Regimes*),详细解释了新"抵消战略"的来龙去脉,解答了数个关键问题,如:"军事技术优势"内涵是什么?它为什么如此重要?"抵消战略"的历史经验教训是什么?稳健的国防战略和部队发展工作的基础是什么?美军将如何阻止和击败已拥有制导武器均势的敌人?该项目的成员之一本·菲茨杰拉德(Ben FitzGerald)撰写的《技术战略的今与昔——"长期研究与发展计划"项目》(*Technology Strategy Then and Now – the Long Range Research and Development Planning Program*)一文中认为,与 20 世纪 70 年代发起的"长期研究与发展计划"不同,当前美国相对于其他国家和商业竞争对手的技术和资金优势正在流失,所面临的挑战充满不确定性,因而今天的研究需要保持谨慎精确,既要避免过分依赖过去的技术或盲目寄希望于未来技术,又应避免冷战思维,专注于与中国的竞争。该中心研究员 Timothy A. Walton 题为《确保"第三次抵消战略":下一届美国国防部长的优先事项》(Securing The Third Offset Strategy: Priorities For Next US Secretary Of Defense)的文章在检视了美国的战略、作战想定及相关兵力评估之后,甄别出了值得下一届国防部长推动第三次"抵消战略"应予以关注的 8 个方面的能力建设。文章建议,美国要以遵循选择性、透明性及通用性原则为导向,对支持兵力规划决策及第三次"抵消战略"的分析程序进行改革;该中心客座研究员万·杰克逊(Van Jackson)撰写的《不惜一切代价获得的优势? 第一个抵消战略的政治后果》(Superiority at Any Price? Political Consequences of the First Offset Strategy)一文指出,当前美国国防部正寻求通过第三次"抵消战略",在与任何潜在对手开展长期竞争中获得军事技术优势,在对手实施"反进入/区域拒止"战略的情况下实现力量投送。但是,军事战略必须服务于政治目的,美国必须吸取第一次"抵消战略"的教训,即该战略最终导致了核扩散,阻碍美国决策者对政策作出选择。因此,美国在制定第三次"抵消战略"时,需要把技术置于其政治环境中,要深知任何军事技术战略都会带有政治需求和政治后果。是年 11—12 月,美国国家利益网站连续发表多篇文章,对第三次"抵消战略"进行全方位解析,如《外交家》杂志主编扎凯里·凯克(Zachary Keck)的《寻求:美国第三次抵消战略的敌人》(Wanted: An Enemy for America's Third Offset Strategy)认为,五角大楼的第三次"抵消战略"并不能解决美国的国家安全所面临的全部挑战,如果非要去尝试的话,结局必然是失败;传统基金会负责外交与防务政策的副主任詹姆斯·杰·卡拉凡诺(James Jay Carafano)的《第三次抵消战略:魔法尘土战略》(The Third Offset: The "Fairy Dust" Strategy)认为,把一个战略建立在并不存在的技术基础上无疑于一种虚幻的构想;2015 年 2 月,"新美国安全中心"发表《第三次"抵消战略"中的核武器——避免五角大楼新倡议出现核盲点》(Nuclear Weapons in the Third Offset Strategy: Avoiding a Nuclear Blind Spot in the Pentagon's New Initiative)的报告,作者为该中心高级研究员艾尔布里奇·科尔比(Elbridge Colby)。该报告称,在美国的全球军事优势面临挑战的情况下，五角大楼正在实施第三次"抵消战略"，力争扩大美国的力量投送优势。这项倡议意义重大，涉及战略、采办、条令及其他军事行动，需要坚决实施并予以支持。但问题在于，美国国防部以及相关负责人是否充分认识到核武器在该战略中的重要地位。事实上，美国的对手特别是抵消战略致力于应对的对手正准备使用核武器抵消美国的常规优势；2015年1月，新加坡南洋理工大学"拉惹勒南国际研究院"发布了彼得·多姆布朗斯基（Peter Dombrowski）的《美国第三次"抵消战略"：军事新技术及对亚太地区的影响》（America's Third Offset Strategy：New Military Technologies And Implications For The Asia Pacific）报告，认为美国推行第三次"抵消战略"的目的，就是既要节约国际战略的资源，同时又要成功地应对中国的挑战。

　　我国军事理论界对于美国"抵消战略"着墨甚多。关于第一次"抵消战略"，武汉大学政治与公共管理学院刘早荣女士于2008年发表了《论艾森豪威尔政府的新面貌战略》（《武汉大学学报（哲学社会科学版）》2008年5月），对其时美国的战略困境、所要达到的战略目的和采取的手段以及面临的缺点和矛盾做了解析，认为"新面貌"战略并未达到预期的效果；陕西师范大学欧美研究所所长白建才教授在其《缔造霸权：冷战时期的美国战略与决策"第三种选择"——冷战期间美国对外隐蔽行动战略研究》《大战略、遏制战略与隐蔽行动等诸战略——美国的冷战战略研究》等系列著述中对"新面貌"战略历史做了较为细致的考察，提出了独到的见解。关于卡特政府第二次"抵消战略"的探讨相对较少，主要是因为卡特总统仅有一个任期，其所提出的"抵消战略"在当时并没有显现出多大的影响力，很快就被里根政府竞争战略"星球大战"计划夺走了光环。实际上，里根政府的国防战略基本上是沿着卡特政府"抵消战略"的轨迹前行。中国海洋大学政法学院刘磊教授的《"抵消战略"与卡特时期美国核战略的延续与变化》（《美国研究》2014年第5期）、南京大学王帅的《从"世界新秩序"战略到遏制战略——卡特政府国家安全政策探析》（硕士学位论文）又涉及"抵消战略"的部分内容，更多的成果则体现于对第三次"抵消战略"的研究中。自2014年8月，美国国防部提出第三次"抵消战略"构想以来，我国的政治学和战略学界对其倾注了大量的精力，做了许多探索性的研究，主要代表性的成果有：潘远强、徐万胜的《从"抵消战略"看美国维持军备优势的思想路径》(《南京政治学院学报》2017年第3期);李健、吕德宏的《聚焦"抵消",美军新一轮军事革命拟发动》(知远战略与防务研究所2014年12月10日);王亚林、张洋的《第三次抵消战略:美国恢复全球投送能力之策》(《国际航空》2015年第1期);虞卫东的《美国第三次"抵消战略":意图与影响比较研究》(《国际关系研究2015年第3期》;董春岭的《第三次"抵消战略"延续美国军事霸权?》(《世界知识》2015年12期);童真的《美国第三次"抵消战略"述评》(中国日报网2016年3月2日)等等。总的来说,国内研究现仍停留在"研究很多,成果很少"的阶段,重点都放在概念描述,内容介绍,翻译评介或简要分析上,而在战略逻辑的深层挖掘、历史规律的深度考证、实施原理的深入解析问题上,建树不足。

尽管国内外学者对美国的"抵销战略"做了比较系统的研究,取得了诸多重要成果,但仍然存在一些需要填补的空白或加强薄弱之处,这也正是本课题的意义所在。

四、思路方法

本课题创新点主要体现在两个方面:一是在内容上系统分析、深度发掘了"抵消战略"的历史规律和内在逻辑,并对三次战略的各个战略构件进行了比较全面的分析。二是在研究方法上运用辩论式思维。第一,在历史分析上,本书放弃了传统战略研究还原主义的历史分析方法,采用了唯物主义的历史叙事方法,不是透过结果寻找原因,而是立足现实条件去推理结果并展开战略批评,避免了"事后诸葛亮"的偏见。第二,本书借鉴了政策辩论中"需要性、根属性、解决力、损益比"的基本分析框架以及形式逻辑的检验方法,对本书的整体框架和论证细节进行设计。在对战略内容的分析上,抛弃了根据时间顺序填塞材料的方法,而是根据"设计能力、获取能力、运用能力"的基本路径进行分析。逻辑严谨,偏重实证是本书的主要风格。第三,本书灵活运用了马克思社会科学理论视角,抓住军事活动作为一般性人类社会生产实践活动的本质,从"生产性"的角度,将"战斗力"作为产品,国防军事组织作为"生产机构",使用"生产力""生产关系""生产方式"等术语重新叙述军事领域中相互联系的活动和要素。第四,本书在分析方法上着重使用系统论方法。系统论是横断科学的主要方法论，即从开放系统的观点出发，着重从整体与部分，整体与外部环境之间的相互联系、相互作用、相互制约的关系中，依靠综合、精确地分析考察对象，以达到最佳的认识效果。战略亦是一个多个层次、多要素的复杂开放系统，并在互动过程中形成了一个自组织系统，其发展变化受到内外双重因素的影响。只有对内外因素进行系统考察、综合分析，才能全面、客观地认识"抵消战略"。

根据上述的研究方法和基本框架，本书研究的内容主要包括六个部分。一是对美国的抵消战略进行历史考察，由第一、二章构成。20世纪50年代和70年代，美国面对战略困境，先后提出了两次"抵消战略"。这两个战略，遵循了"非对称"的基本原则，根据现实的敌我条件展开了针对性的抵消，塑造冷战时期的军事竞争基调，奠定了现代美军核、常威慑的基础。二是对美国第三次"抵消战略"的现实动因和思维逻辑，即战略的"需要性"与"根属性"展开论证，由第三、四章构成。主要从现实军事威胁和政治经济环境两个个方面入手，着重分析美国对于当今世界格局和自身实力的认知，以及在此基础上所形成的应对威胁的基本逻辑；三是对美国第三次"抵消战略"的总体构想和能力设计进行全面解析，由第五、六章构成。在确定面临的主要威胁和应对威胁的逻辑思维之后，美国便提出了第三次"抵消战略"的总体构想和能力设计，即在明确的目的和基本方针的情况下，遵循"设计能力、获取能力、运用能力"的基本路径，提出战略的"解决力"问题。四是对美国第三次"抵消战略"的实施推进进行了概括，由第七、八三章构成。主要从美国国防部提出各种计划、采取的措施和作战概念入手，阐明第三次"抵消战略"的实施进程。五是对第三次"抵消战略"的分析评估，由第九章构成。本部从战略的"损益比"出发，着重评估第三次"抵消战略"的前景、逻辑和影响，聚焦特朗普政府上台后第三次"抵消战略"的发展前景、演进逻辑及影响作用。六是结语，对美国"抵消战略"存在的缺陷与优长力求做出科学准确的预见。

最后要说明的是，一个国家特别是大国，没有战略，注定要酿成悲剧，但有了战略，其结局也未必完全符合自己的预期。从美国所推行的前两次"抵消战略"看，虽然在一定时期内使其摆脱了安全困境，但又带来了更多难以克服的问题。第一次"抵消战略"的推行，加剧了世界核军备的竞赛；第二次"抵消战略"的实施，激发了世界其他大国"反进入/区域拒止"能力的提升。尽管如此,它使美国在国防和军事领域独领风骚数十年。第三次"抵消战略"的前景究竟如何,还有待于观察。一般来说,一项战略能否成功,首先要有创意与思索,即"心机",其次要具备客观条件,即"天机",最后要达到天人合一,即"契机"。从目前的情况看,美国已展示了"心机",即意图,"天机",即客观条件的许可,但"契机",即主客观条件的相互作用并形成合力,则是其最大的挑战,这也是本书致力探索的核心内容。

第一章

"新面貌"战略的实施

以朝鲜战争为分水岭，20世纪50年代初期，在与苏联进行冷战对抗中，由于多重因素的交互作用，美国从第二次世界大战中获得的战略优势渐失。为重塑优势，美国推出了"新面貌"战略，即第一次"抵消战略"，企图以非对称的方式消解苏联军事上的战略优势，慑阻其发动军事侵略或扩张的可能，重新稳固或夺回战略主动权。"新面貌"战略取得一定的成效，使美国在核技术方面提高显著，航天领域进步迅速，导弹研发突破众多，投送能力增强巨大，联盟战略成效剧增。固然这一战略的运用引发苏联强烈的反弹，使两国的战略对抗更加激烈，军备竞赛螺旋上升，但是美国仍以较小的代价获取了重大的收益。当然，也有人认为，美国第一次"抵消战略"并未达到预期效果，最后以失败而告终。

第一节 "新面貌"战略的源起

第二次世界大战后，美国出于国家利益需要，推行遏制苏联的政策，使两国关系进入冷战状态。冷战初期，美国在综合力量上占有绝对优势，并掌握着"核大棒"。但在常规力量方面，苏联红军在二战结束后并没有如美国般迅速降低规模，反而依靠其集中式计划经济的优势进一步增加，对西欧国家和驻欧美军形成了巨大对比优势；另一方面"红色浪潮"开始席卷全球，社会主义阵营正稳健而有力地扩展，并在更大范围内发挥着影响，苏联势头愈发迅猛，美国优势渐渐遭削弱。为此，美国重拾离岸平衡的"均势战略"，企图通过介入朝鲜战争刹住苏联扩张的势头。但在中、朝、苏的战略联合狙击下，美国不仅没有达到恢复均势的目标，反而引发了更为严重的战略后果。朝鲜战争是美军历史上第一次没有凯旋而归的战争，历时3年的艰苦鏖战，美国国力严重透支，经济上陷入深刻危机，军事上面临严峻挑战，战略优势丧失殆尽。如何解决这一问题，成了艾森豪威尔政府所面临的最为紧迫的战略任务。

第一章 "新面貌"战略的实施

一、国际格局的大变

第二次世界大战结束初期，美国居于极其有利的国际地位。战争中，美国本土几乎未受任何攻击和破坏，反而因作为世界反法西斯联盟的兵工厂，经济规模极大膨胀，军事力量急剧上升。战后，美国充分利用战胜国的优势和新近取得的权势地位，缔造了世界秩序。按照罗斯福的世界蓝图，美国以联合国、国际货币基金组织为两块基石，通过世界银行和国际贸易组织促进和控制全球经济和贸易发展，建立起一个以其为主导的世界政治经济秩序。联合国总部、国际货币基金组织和世界银行办公机构均设在美国。国际贸易组织虽然未能如愿如期诞生，但作为其替代机构的"关税及贸易总协定"（GATT）却建立起来了，而且运行比较顺畅。

与美国的保全相对，世界上其他国家，无论是战败国还是战胜国，在战争结束时都面临极其严重的经济和社会困境。在欧洲，由于西欧国家遭受重创，政治矛盾激烈，社会对抗严重，安全无力自保。于是，美国通过实施"马歇尔计划"和组建北大西洋公约组织向西欧提供公共产品，使西欧国家经济得以恢复，安全得到保证。作为回报，西欧国家政治上一致全力地支持美国，使其成了西方世界名副其实的"盟主"。在亚洲，中国由于在抗日战争中受损严重，又在战后旋即陷入了内战，国民党政府希冀得到美国的支持，日本被美国全境占领，韩国也在美国的控制之下，使美国在亚太地区获得了主导权。西北亚的土耳其在政治上也倾向于西方，并成为北约组织中唯一的亚洲国家。在联合国，美国稳定地获得多数国家的支持，安理会五个常任理事国中，美国更是以四比一占据着压倒性优势。而当时的苏联，不仅在地理上受到美国及其盟友的包围，而且在国际事务中也是孤掌难鸣。

然而，局势很快就发生了变化。1949 年 10 月，中华人民共和国成立后，迅速加入社会主义阵营，并于 1950 年 2 月与苏联签订《中苏友好互助同盟条约》，使美国在亚洲的战略支柱顷刻倒塌，彻底改画了国际政治版图。在领土面积广大和政治诉求高远的世界三个大国中，中苏的正式结盟导致美国在大国政治中陷入孤立，出现了以二对一的状态。中苏结盟的战略成效很快就显现出来，在随后爆发的朝鲜战争中，不可一世的美国最终铩羽而归。

不仅如此,20世纪40年代末50年代初,世界上民族解放运动风起云涌,对美国一手构建起的雅尔塔体系秩序造成了严重冲击。为护持秩序,维系霸权,杜鲁门政府提出了"第四点计划",开展对所谓"非共产主义"国家的技术和经济援助,以强化自己的阵营,减少不发达国家走上共产主义道路的可能与机会,但收效甚微。

面对国际政治格局的巨大改变,美国始料未及,因而不得不重新思考战略主动权的维护和增强问题。

二、军事优势的动摇

艾森豪威尔政府之所以不得不对前任所推行的遏制战略进行检讨与调整,其主要因素是美国军事优势地位堪忧。1947年春,随着杜鲁门主义的出台,东西方两大阵营之间的铁幕应声落下,宣告了冷战开始。作为曾经的世界中心,如今的对峙前线,欧洲大陆成为了美苏争霸核心地区,双方在欧洲不断陈列重兵,添加砝码,事态陷入一片紧张,战争的幽灵悬浮在战后狼藉的欧洲上空,一时间"黑云压城城欲摧,甲光向日金鳞开"。美国认为,共产主义的意识形态之火在欧洲大陆上星星点点,似有燎原之势,"铁幕"后的苏联凭其在二战中取得的地缘优势和动员起来的庞大兵力,一直侧目西向,虎视眈眈。对此,美国产生了严重的危机感。根据1953年中央情报局的估算,苏联当时常规力量约有175个陆军师,并可在30天内调动125—145个预备役师。① 相比之下,美国仅仅只有26个陆军师和3个陆战队师,其规模只相当于苏联军队的17%,即使加上预备役力量,也不过是25%左右。② 苏联在常规力量上享有绝对数量优势。

在当时的条件下,战区级规模作战依然是决定大国战争的胜负手,美苏双方在常规武器方面尚不存在代际差距,绝对的数量优势在战略上依旧可以直接兑现为相对军事优势,所以苏联有足够的资本和灵活性在自己选定的时间、地点与美国展开较量。当然,为了避免引起不必要的大国冲突

---

① CIA, "Soviet Gross Capabilities for Attacks on the U.S and Key Overseas Installations and Forces Through I July 1958," *National Intelligence Estimate No. 11 – 7 – 55* (CIA, June 23, 1955).

② DOD, *Semiannual Report of the Secretary of Defense* [M]. Washington DC: Government Printing Office, 1953, pp. 104 – 106.

和美国令人恐惧的核报复，苏联通常采取隐蔽的代理人战争来争夺地盘。虽然美国在第二次世界大战中建立起强大的军事力量，但依其一贯传统，战争甫一结束，军事人员就大规模地复员，战斗力大幅缩减。尽管在西欧仍保有大量驻军，却仍难以阻挡苏联大纵深作战的攻势。而西欧国家在惨痛的战争之后，已不可能在军事上给予美国像样的支持。欧洲的对峙线上，美军只能躲在核武器的保护伞下勉强支撑。

与此同时，朝鲜战争的爆发和结束都使欧洲惴惴不安，唯恐欧亚大陆东端的战争尝试会激起苏联在大陆西端展开行动。由于美国的常规军事力量捉襟见肘，只能被迫部署在少数极重要的战略地带保持对峙，美国不得不主张在朝鲜半岛打一场有限战争。即便如此，美国本就有限的战略资源仍在战争中受到了极大消耗。在欧亚大陆的两端与苏联的军事对峙中，美国在数量规模上绝对处于严重的下风。

在以"铁"和"血"决定胜负的时代，军事力量上的优势和劣势往往决定国家，尤其是大国之间战略博弈的结局。因此，美国感到忧心重重，急切地要改变这种压抑被动的状态。

三、经济支柱的坍塌

要在常规军事力量上获得优势，不仅需要人力，也需要财力和物力。面对苏联咄咄逼人的严重挑战，杜鲁门政府时期的国家安全委员会密集会商，寻求对策。它在第141号文件（NSC-141）中呼吁，美国急需大幅增加国防费用，集中使用"大陆防御""民防计划"，以及对中东和远东地区国家进行经济和军事援助，以达到国家安全委员会68号文件（NSC-68）和135/3号文件（NSC-135/3）中提出的遏制战略目标。①

然而，朝鲜战争的久拖不决使美国经济出现了严重的困难，当选总统艾森豪威尔极力反对增加国防开支。早在竞选活动中，他就认识到国家所面临的战略困境，认为单一强调为实现绝对安全而强化军备，不断扩大财政赤字，最终会削弱美国的经济，而经济的衰退，又使得军备发展变为无

---

① Office of the Historian, "Foreign Relations of the United States," *1952–1954 National Security Affairs, Volume II, Part1* [M]. Washington DC: Government Printing Office, 1979, Document 42.

米之炊。因此,他一再强调,国家安全不仅仅是有形的国土防御,还包括维护美国的政治制度、价值观念、生活方式和经济体系,因而必须重塑国家利益的内涵与外延。他在1952年评论道:"一个破产的美国和一个在战场上被打败的美国,苏联人更想得到前者。"① 1953年,他就任总统之后在一次讲话中表示:"人民变得厌倦战争,尤其在他们看不到决定性胜利结局的时候。"②

艾森豪威尔还进一步认识到,美国更为根本的战略目的是捍卫一种以个人选择自由、政府程序民主和经济财产私有为特征的生活方式。NSC-68提出"手段可以依照适应利益的需求予以扩展,美国有能力付出任何代价以实现安全",这很可能导致"手段毁掉目的"的情况。在他看来,和平时期的军费开支具有非生产性和消费性的特征,也就是说,军费开支只会空耗社会财富而不能生产社会财富,同时还会挤压社会生产的各项资源,如剥夺劳动人口、挤占钢铁资源等。无节制的扩展军事手段,必然导致生产性经济活动遭受毁灭性影响。他曾经这样说过:"一架现代重型轰炸机的成本相当于在30多个城市里各建一座现代化教舍,等于两个为6万人城镇供电的发电厂,两座设备完善的医院……"③ 通货膨胀或经济管制,不受限制的军费开支可以从根本上改变美国社会的性质。

在整个朝鲜战争中,美国政府的直接军费开支高达1299亿美元,导致赤字剧增,引发了经济大幅衰退。在经济上陷入困境的情况下,美国亟需摆脱无节制增加国防投入的战略思维,转而寻找一条成本更低、效率更高的遏制苏联的方式,以保证经济的可持续发展,使美国重新执掌与苏联进行战略博弈的主动权。

四、安全缺失的焦虑

战后,美国所奉行的遏制战略,是建立在各种优势之上的。为确保国

---

① Robert McMahon, *The Cambridge History of the Cold War*, Volume I, New York: Cambridge University Press, 2010, p. 289.
② 刘早荣:《论艾森豪威尔政府新面貌战略》,《武汉大学学报(哲学社会科学版)》2008年第3期,第365页,注①。
③ 刘早荣:《论艾森豪威尔政府新面貌战略》,《武汉大学学报(哲学社会科学版)》2008年第3期,第365页,注①。

家安全，美国一直主张把战争阻挡在国门之外，而且在地域上越远越好。所以，它利用其在第二次世界大战中取得的有利地位，在世界各地驻军，将苏联围堵起来。但是，情况的发展不断地脱离美国预设的轨道。

在亚洲，美国曾经希望把中国作为其在远东地区的战略支柱，但很快就随着中华人民共和国的建立而成为泡影。因此，它仅在西太地区取得了一些控制点，如韩国、日本、菲律宾和中国台湾地区等。中苏结盟之后，一旦对上述各点发起军事攻击，美国都难以阻抗，朝鲜战争充分地说明了这一点。当时，苏联在远东地区部署了强大军事力量，且据有日本北方四岛，对美国在日本的驻军构成重大的威胁。中国作为太平洋西岸的一个大国，使美国控制欧亚大陆东端战略图谋完全落空，更使其遏制苏联的战略链条在亚太地区完全断裂。

在欧洲，苏联利用第二次世界大战中解放东欧国家的条件，在红军所到之处纷纷建立起社会主义政权，并在当地驻扎大量军队，对西欧一直存有觊觎之心。美国虽然建立了北约组织，但由于纵深缺乏，常规力量不足，西欧国家普遍实力衰微，能提供的安全保障力量有限。一旦苏联向西欧发起进攻，北约靠常规力量根本不可能取胜。如果苏联控制了西欧，美国就失去了在欧洲的战略支撑点，国家安全将受到直接的威胁。这样一来，美国几乎没有其他战略选择，只能诉诸于核武器。

1949年，苏联成功地进行了核武器试验，打破了美国的核垄断，对其战后所依赖的核威慑构成了根本性挑战。杜鲁门政府在提出遏制战略时，核武器是其最重要的后盾。当苏联拥有核武器后，美国不仅在常规力量上处于弱势，而且在核力量上也不再独享，因而其本土也就难以成为战争庇护所。[①]

由此，无论是政治、经济还是军事上，美国以其现有的能力都难以应对所面临的挑战，只得另辟蹊径。

[①] 王国强编著：《美国有限战争理论与实践》，国防大学出版社1995年版，第16页。需要补充说明的是，尽管当时苏联尚无洲际运载工具，但美国认为在不远的将来，苏联就会拥有。

第二节 "新面貌"战略的制定

在国际格局巨变、军事优势丧失、经济危机深重、安全重心失衡的情况下,美国开始寻求一种新的战略来改变日益不利的处境,"新面貌"战略便应运而生。

一、评估战略环境

为了应对苏联对其国家安全战略所构成的挑战,美国的决策者迅速捕捉到了客观战略环境的变化及趋势,改变了杜鲁门政府时期的战略认知,且颇具颠覆的性质。

第一,安全领域威胁严重。朝鲜战争前,甚至在1949年前,美国认定其所面对的战略环境是相对宽松且安全的,虽然铁幕落下,冷战触发,但其在世界范围内仍然享有绝对的战略主动权,在战略资源和战略实力的对比上占有绝对优势。基于此种环境认知,美国选择了以实力优势为基础的遏制战略,本质上是在优势环境中以大打小。然而由于客观环境的巨变,美国对于战略环境的认知也发生了根本性的颠覆性转变,现实安全受到了威胁,美式民主的意识形态在全球范围内受到了"红色浪潮"的挑战,在欧亚大陆外围甚至全球范围内的地缘权势难以为继。更为尤甚的是,美国在经济上遭受的重创使得遏制战略面对新的环境时显得根本不可持续。

第二,经济发展挑战严峻。杜鲁门推行的遏制战略,是以强大的军事力量作为后盾的,且不计成本。为了遏制苏联,美国必须在军事领域投入巨额资源,而这必然导致经济增长的乏力。艾森豪威尔认为,虽然与苏联进行冷战是必要的,且有着明确的目的。但这个目的并不必须是单纯的"胜利",因为不计代价和后果的胜利,其破坏性如同失败一样,在核时代尤其如此。[1] 如果为了遏制苏联,使美国经济崩溃,那就是本末倒置了。

第三,价值体系优势堪忧。在艾森豪威尔政府看来,美国的生活方式和价值体系是其立国的根基。美苏之间冲突的根本在于意识形态的差异。

---

[1] 刘早荣:《论艾森豪威尔政府的新面貌战略》,《武汉大学学报(哲学社会科学版)》2008年第3期,第366页。

时任国务卿约翰·福斯特·杜勒斯就认为,苏联共产主义的目的在于"将自己的制度扩展到全世界,建立它的社会主义'一统天下'"。① 而世界上一大批社会主义国家的建立,充分说明美国的价值体系吸引力有限。使美国更加提心吊胆的是,"多米诺骨牌"现象已经出现。

根据以上认识,美国感到它再也不能延续以前的老路了,必须改弦易辙,否则一切都晚了。因此,艾森豪威尔总统刚一上任,就一方面着手结束历时三年的朝鲜战争,另一方面命令国防部全面评估国防政策。他强调,面对新的战略环境,美国的国防政策必须遵循两项原则:"首先,我们必须为海陆空三军提供足够的力量以阻止未来共产主义阵营的侵犯行为;其次,维持这样的力量必须不能破坏国家经济的健康。"② 正如国务卿杜勒斯表述的那样简单:"如果经济稳定毁了,那么一切都毁了。"③

根据艾森豪威尔总统指令,美国政府组建专家小组,制订了"日光室计划",开始对苏联各种战略的经济、技术、军事和外交影响展开全面的评估。经过评估,美国清楚地认识到,为了更好地维护国家利益,突出经济安全在国家安全战略中的重要地位,平衡经济与战略的关系,必须寻求一种新的战略。其基本要求是:

首先,继续奉行遏制苏联的战略。第二次世界大战后,美苏从朋友变成了对手,其根本原因是两国之间利益存在着根本性的冲突,难以调和。苏联致力于建立一种与美国价值观截然对立的社会制度和国际体系,在美国看来,这对其构成了严重的威胁。因此,美国必须从各个方面着手继续实施遏制苏联的战略,不能有所改变。

其次,建设应对苏联威胁的力量。力量是战争制胜的基础,也是威慑对手的根本手段。遏制与威慑是一体的,没有威慑能力,就谈不上遏制。从朝鲜战争中,美国认为它得到了两个方面的经验:一是面对变化的国际

---

① 转引自刘早荣:《论艾森豪威尔政府的新面貌战略》(Public Papers of the Presidents: Dwight D. Eisenhower, 1953, U.S Government Printing Office, 1960, Washington D.C.),《武汉大学学报(哲学社会科学版)》2008年第3期,第366页,注③。

② DOD, *Semiannual Report of the Secretary of Defense and the Semiannual Reports of the Secretary of the Army, Secretary of the Navy, Secretary of the Air Force*, Washington D.C: Government Pringting Office, 1953, p.3.

③ [美]约翰·加迪斯著:《遏制战略:战后美国国家安全政策评析》,时殷弘等译,世界知识出版社2005年版,第141页。

战略环境，美国军事力量显然不足；二是实现遏制成功的关键，在于使用军事力量。所以，美国要慑止苏联的侵略行为，就必须具备与苏联相匹配或居于优势的军事力量。

再次，确保经济持续发展的活力。遏制与威慑需要军事力量的支撑，而军事力量的提升又离不开经济发展。无论是扩大军力规模，还是增加武器装备，都必须以经济发展为前提。朝鲜战争及之后，美国面临的最紧迫的任务就是发展经济。如果因为军费开支过大，动摇了经济的稳定，不仅军事力量得不到发展，反而置美国于更加不利的地位，最后导致苏联不战而胜。

最后，确立长远战略较量的基点。美苏之间所进行的冷战，与热战有着本质的不同。它比的是谁发展得更好，谁更能赢得本国和世界民众的支持，谁更能在国家治理上少犯错误。遏制不能毕其功于一役，不是一蹴而就的行为，而是一场长远的战略较量。

基于上述看法，美国着眼于找到一种既能保持军力优势，又可促进经济发展的两全齐美的办法。为此，1953年6月至7月间，美国军政要员在国家军事学院连续举行会议，深入研究长期遏制和威慑苏联的各种可能方案，会议分为三个组，分别针对三种战略方案展开论证：一是在现状下持续原有的"遏制战略"（该组由3月被杜勒斯从国务院解职的乔治·凯南领导）；二是画出清晰的战略红线，并承诺对一切越线行为进行打击的"威慑战略"；三是综合利用经济、心理、政治、情报等一切可能手段将共产主义势力"推回去"的"间接战略"。

各组研究成果为制定新战略提供了重要基础。后来，考虑到苏联拥有核武器的现实，便又加入了一条"和平战略"，即一旦苏联赶上了美国的核优势，美国可与苏联展开谈判。

二、提出战略概念

艾森豪威尔政府在参联会的意见建议和"日光室计划"的研究成果基础上，经过反复权衡，于1953年10月制定了国家安全委员会第162/2号文件（NSC-162/2），其所体现的全球战略或国家安全战略，被称为"新面貌"战略。

1954年1月12日，杜勒斯在对外关系委员会的演讲中公开宣布了这一战略。他使用的"大规模报复"(massive reteliation)一词，因刺激性强而迅速引起了广泛的反应，成为战略界内的"热词"，后来甚至成为该战略内容的代名词。因此很多人误认为"新面貌"是那种"哪怕遇到最小程度的威胁也要使用核武器"的盲目全面核战略。事实上，该战略的核心不在报复的内容而在报复的形式——"非对称反应"，即以己之长攻敌之短，重新获取行动自由和战略主动权。虽然，美国强大的核优势是抵消苏联常规部队数量优势最重要的组成部分，但美国的同盟体系、心理战、情报战、经济战也是不可忽视的重要组成部分。"新面貌"战略作为一个全面的、非对称的威慑战略成为艾森豪威尔两届任期的核心战略指导思想。

在杜勒斯的演讲中，"新面貌"战略旨在平衡长期的经济偿付能力和军事实力之间的关系的目的无比清晰："我们和其他的自由国家都希望以可容忍的代价阻止敌人"，为实现这一目标，军事上的"局部防御必须通过加强大规模报复力量的远距离威慑来实现"。① 但这并不意味着美国将无限制地在一切情况下都使用核武器，事实上，它只是将核武器从特殊武器的列表中拿出来，放入正常武器的行列中，通过提升核武器使用的可能性与不确定性（在核武器不具有特殊性时，对手很难从预先的征兆判断出美国是否真的会使用核武器），使对手在战略决策时陷入一种全过程的恐慌（因为不知道究竟何种行为会招致核报复），最终失去战略平衡。

"新面貌"战略的本质是寓守于攻，即通过发展核武器，慑止苏联可能的侵略或进攻，使美国在激变的国际战略环境中稳住阵脚，进而将更多的资源投入到经济发展中去。通过经济发展，为提升常规军事力量创造条件，最后实现对苏全面常规威慑，而非核威慑。核威慑可能使对方产生冒险心理，常规威慑更能使对方不敢轻举妄动。

三、确定路径选择

既然"新面貌"战略是针对杜鲁门遏制战略调整提出的，它必然就有所不同。其具体的表现就是将遏制苏联的战略转向长期化，同时对手段运用做出重大的改变，以使美国有更多的战略选择和腾挪空间。换言之，美

---

① Secretary of State John Foster Dulles, "The Evolution of Foreign Policy," *Speech to the Council on Foreign Relations*, New York, NY, January 12, 1954.

国在遏制苏联战略目标不变情况下,对方法与手段做出改变,以非对称的方式夺回战略主动权。

具体地说,美国打算从四个方面着手。第一,在战略目标的确立上,"新面貌"战略将促进经济发展和捍卫价值观安全摆到了与维护军事安全同等重要的位置上,以总体安全观代替简单地在军事上应对和击退苏联威胁,明确一切手段的运用都不可以损害这一战略目标的实现。第二,在战略方针的选择上,与杜鲁门政府强调必须对所有威胁予以对称回应——"不可避免却又对称有限"的方式相比,"新面貌"战略则更倾向于使用非对称回应——将做出反应的确定性与采取何种反应的不确定性结合起来,制造一种不对称的威慑态势。第三,在战略手段的运用上,"新面貌"战略削弱了核武器的特殊性,突出和明确了核武器——尤其是战术核武器——在威慑战略中的首要作用。第四,在战略步骤的确立上,美国并不谋求快速取得遏制或冷战的胜利,而是着眼长远,立足先胜。

通过核力量建设非对称抵消苏联数量优势这一战略选项进入决策者视野和头脑中,在当时的历史语境下看来似乎是顺理成章的。首先,这一战略的基础出自艾森豪威尔对于战争性质的认知。艾森豪威尔认为"人类战争已经不可避免地进入了核时代,核武器(战术的或者战略的)必将成为战争的一个组成部分,甚至是最为重要的组成部分",① 核武器已经成为未来战争的必须项而非可选项,美国必须做好打核战争的准备。其次,核优势是美国所拥有的最为"非对称"的战略优势。1952年底,美国拥有841颗核弹头,而苏联仅约有120颗。更加重要的是,美国正以每年数百个的速度扩充其核武库,而苏联每年只有约100个。美国在核武器的运载工具方面更占有绝对优势,美国当时拥有最先进的战略轰炸机,如B-47喷气式远程轰炸机和B-52洲际轰炸机,空中加油能力也随着KC-135C的研发也得到了发展。且在欧洲、亚洲和北非还有海外基地以支援核打击行动,这就使部署更加灵活。而苏联只有笨重的旋翼推进式中程轰炸机,且没有靠近美国的基地。②

---

① 此处为古德帕斯特将军的评述,参见 Peter Grier, "The First Offset," *Air Force Magazine*, 2016 (6), pp. 58-59.

② Robert J. Watson, *Into the Missile Age*, 1950-1960, Washington DC: DOD, 2007, p. 457.

相比之下，美国如果大幅扩充常备军，在数量上与苏联一较高下，以求对一切苏联的挑战都能"灵活反应"，在当时领导层和民众的认知中既不符合其个人主义传统精神，也不符合其社会——特别是经济——现实。美国当时的经济条件不足以支撑一支庞大的常规军队，如果强行提升国防开支，美国的经济很可能崩溃。历史地说，美国从北美一隅走到世界舞台中心，就是因为其长期坚持节制军备、发展经济这一战略原则的结果。

艾森豪威尔之所以能够胜选，很大的原因也在于其做出的大幅削减国防开支、着力发展经济的承诺。正如1953年12月他在国家安全委员会的一次会议上所说，"既然我们不能将美国变成一个全副武装的堡垒，那就必须要为在陷入战争时使用原子弹做好计划"。① 核战争不可避免、非对称核优势明显、常规力量增长不符合现实条件，所以"新面貌"战略就成为了当时唯一可行且成本最低的选项。该战略旨在"保持强有力的安全态势，强调充足进攻性的报复力量和防御力量可以最小化苏联侵犯行为的威胁。这基于拥有充足的核能力，包括必需的基地，协调有效的大陆防御系统，美国及其盟友适当部署且能够阻止或一开始就能对抗挑衅行为的待机部队……和充分的动员基础，以及美国人民坚定的精神支持"。②

第三节 实施"新面貌"战略的方法

根据"新面貌"战略的构想和设计，艾森豪威尔政府从三方面进行了能力建设：一是优先发展提升核力量优势，尤其是在投送核弹头方面的优势；二是减少国防支出，调配国防开支项目；三是推行盟国战略，协助盟国加强常规作战力量建设。

一、优先发展核武

"新面貌"战略的核心逻辑是"以核武求安全"，所以艾森豪威尔政府

---

① Melvin P. Leffler, *For the Soul of Mankind: The United States, the Soviet Union, and the Cold War*, New York: Hill and Wang, 2007, p. 139.

② Secretary James S. Lay, "A Report to the National Security Council," https://www.trumanlibrary.org/whistlestop/study_collections/koreanwar/documents/index.php?documentdate=1950-10-31&documentid=ci-4-3&pagenumber=1, 1950-10-31.

在上任之初就采取了多项措施以确保维持并扩大美国在核领域的领先地位。在具体实施上,美国的方针是重点使核武器规模化、多样化和小型化。其中,小型化核武器的主要特点是分散化、便捷化、多元化,增强反应手段使用的灵活性,拓宽可选择核手段运用的图谱,增加对手判断的不确定性。这一时期美国并非单纯向着规模化和大型化核武器发展,反而更注重战役和战术层级核武器的发展。正如鲍勃·沃克所说的那样,"第一次'抵消战略'的技术根源是核武器的小型化,我们成功地将一个5000磅的核弹缩小到150磅……美国使用这些战术级和战场级核武器来进行常规威慑,并警告苏联,如果进行攻击,我们将使用战术核武器进行还击"。[①]

当然,作为一名经历过二战洗礼的资深战略家,艾森豪威尔很清楚,战略博弈是一个互动过程。"新面貌"战略必然引起苏联的竞争性反应,发展对美国本土进行核打击的能力。美国不可能寄希望于永久保持战略核优势,所以"新面貌"在设计之初就决定它只是一个历史阶段性战略。随着苏联核力量的不断发展,"新面貌"战略也不断进行调整,先后经历了三个阶段:

绝对优势阶段。这一阶段维持的时间非常短,在时间上几乎等同于"新面貌"战略的提出阶段,期间美国对苏联享有绝对核优势,主要表现为:独享氢弹技术,核弹头和运载工具质量数量都大幅领先,拥有前沿核基地。也就是说,无论是弹头数量、运载工具,还是部署范围、打击手段上,苏联均只能望其项背。

相对优势阶段。莫斯科的反应之迅速并没有让美国人"失望"。1953年8月,美国"日光室计划"开展期间,苏联成功试爆了一颗40万吨当量氢弹,次年5月4日劳动节阅兵上公开展示了M-4"野牛"洲际喷气式战略轰炸机的原型机,并在1955年7月航空节上实飞,标志着苏联具备了对美国本土进行核打击的可能。威胁之下,美国加快了战略推进,通过扩大核投送与核部署来维持全面核优势以争取时间,等待苏联集权主义体

---

① "Rmarks by Deputy Secretary Work on Third Offset Strategy, Brussels," Belgum, April 28, 2016, https://www.defense.gov/Newsroom/Speeches/Speech/Article/753482/remarks-by-d%20epty-secretary-work-on-third-strategy/.

制内部的弱点暴露出来。这一时期的关键举措有：加速部署 B-52 洲际重型轰炸机和液体燃料的"阿特拉斯"和"泰坦"洲际弹道导弹，扩大"雷神"中程弹道导弹对西欧的出口数量等。

激烈竞争阶段。20 世纪 50 年代后期，苏联在核武器领域取得飞速的发展，美苏之间核竞赛愈演愈烈。事实上，此时美国的战略核力量仍比苏联强大得多，核弹头数量是苏联的 10 余倍。而且苏联的很多装备其实都只是"门面工程"，如前面提到的"M-4"战略轰炸机，由于其油耗高的惊人导致航程有限，加之自从试飞开始就事故不断，所以几乎没有实际运用价值，仅仅制造了 9 架，但这些事实并不能弥合美国国内政治上的重大分歧。随着苏联于 1957 年 10 月 4 日发射了人类第一颗人造卫星"伴侣号"（Sputnik），美国国内大为震惊，在野的民主党趁势将"导弹差距"（Missile Gap）这一概念作为批评当局安全政策的重要政治武器，大肆炒作。虽然艾森豪威尔清楚这种恐慌全无根据与必要，却苦于无法向公众言陈，因为他所知的信息都是 U-2 侦察机秘密越过苏联领空拍摄得来的。所以，此时"新面貌"战略面临最棘手的问题与挑战都是来自美国内部。被削减的陆军从来没有接受过"大规模报复"理论。到了 20 世纪 60 年代，杜勒斯也开始动摇，他开始听到欧洲盟友一遍又一遍地质问：如果苏联一旦侵犯，美国是否真的会进行全面核打击。① 所以，艾森豪威尔被迫"接受现实"，放弃了追求核武器"绝对优势"的目标，转而寻求维持"充足的"核力量，确保"二次摧毁"能力，以给予苏联无法承受的损失。

这一时期的关键举措有：将"B-47"中程轰炸机从欧洲撤回美国本土，因为这种飞机在苏联先发制人的空中打击和导弹打击下十分脆弱，同时大幅提升空军的空中加油能力；加强美国一体化空中和导弹防御网络建设，包括建设远程预警系统和后来的弹道导弹早期预警雷达系统以对抗苏联的轰炸机；加速研发固体洲际弹道导弹，如 LGM-30"民兵"导弹（1961 年试射成功，1963 年投入使用）；"北极星"潜射导弹，同样于 1961 年试射，1963 年部署至"乔治·华盛顿"号弹道导弹核潜艇上；投入力量建设洲际弹道导弹发射井，分散轰炸机基地，以及其他被动防御措施。为提升对苏联的战略预警能力，艾森豪威尔还支持研发和部署了洛克希德公

---

① Peter Grier, "The First Offset," *Air Force Magazine*, 2016 (6), pp. 58-59.

司的 U-2 超高空侦察机（1955 年首飞，1957 年投入使用），并于 1956 年配合研发了"科罗纳"照相侦察卫星（1960 年投入使用）。同时，为应对苏联的"技术突袭"，重振军事科技绝对优势，美国国防部于 1958 年 2 月组建了一个全新机构"高级研究计划局"（ARPA），其任务是以未来战争形态为牵引，研究分析某些具有重大颠覆性、创新性和前瞻性的高新技术群，从而为解决中、远期国家安全问题提供高技术储备。

二、调整军队结构

"新面貌"战略的本质是追求资源平衡，即在不损害安全的同时，保证经济可持续发展。面对经济上的不景气和可能引起的政治风险，美国战略决策者们必须在成本可负担的情况下威慑苏联，实现"少花钱多办事"。所以，如何调整军费和军队结构以达到这一目标成为了艾森豪威尔当局面临的首要任务。

一是削减总体国防开支。艾森豪威尔一上任就将杜鲁门政府制定的 1954 财年 412 亿美元的国防预算削减至 358 亿美元，降幅高达 13%，而且只为 1955 财年计划 309 亿美元预算。1954 年至 1961 年"新面貌"战略实施的 7 年间，军费的联邦财政开支占比由 65.7% 降至 48.5%。由于国民生产总值（GDP）的增长，同时期国防开支 GDP 占比由 12.8% 降至 9.1%。[①]

二是改变各军种的经费比重。美国国防部大幅缩减陆军和海军陆战队预算，以增加空军，尤其是战略空军司令部（SAC）的预算。1953 财年，美国空军预算的防务预算占比是 34.2%，而在 1954—1957 财年 3 年中，空军平均防务预算占比升到了 47%，并在艾森豪威尔政府期间一直维持在这一水平，而海军和陆军分别只有 29% 和 22%。[②] 所以，从总体上看，在 1954—1961 年"新面貌"战略实施期间，在总体预算削减的大背景下，美国陆军拨款缩减近 40%，其中 1954 年、1955 年连续两年的削减额度达到

---

① [美] 约翰·加迪斯著：《遏制战略：战后美国国家安全政策评析》，时殷弘等译，世界知识出版社 2005 年版，第 181 页。

② Roger R. Trask and Alfred Goldberg, The Department of Defense, 1947-1997, *Organization and Leaders*, Washington DC: Historical Office, OSD. 1997, p.171.

*41 亿*和 *48 亿*美元，陆战队缩减 24%，而海军和空军则只削减了 14%。①

三是扩大空军力量规模。由于当时美国战略核力量的运维与投送主要是由空军负责，所以美国大幅扩大空军规模。1952 年财年末，经预算核准空军由 95 个飞行联队组成，包括 41 个隶属战略空军司令部的"战略空军"联队，其中有 6 个重型轰炸机联队，20 个中型轰炸机联队。② 1954—1957 财年国防计划中明确表示，空军计划于 1957 年实现 137 个飞行联队的目标，包括战略空军司令部的 92 个联队。③

四是削减陆军常规力量。因为艾森豪威尔坚持认为美国不需要维持一支在各个层面都能够对称回应苏联挑战的军队，相反必须发挥美军自身优势，提供海空支持和核保护，所以陆军首当其冲地成了为节省军费而削减的主要对象。1953 年，艾森豪威尔希望将陆军从 150 万员额削减至 100 万员额，1955 年前陆军作战师从 20 个减至 17 个。随后，陆军开始全面发展战术核武器，并对其编制体制进行改革，如 1956 年为在大幅裁员的情况下最大限度保持陆军作战师的编制数，陆军尝试建立"五群制原子师"。但改革并不成功，到 1957 年，陆军仅剩 15 个作战师。由于陆军海外部署任务繁重，总体规模削减后，其海外部署力量占其总兵力的比重进一步上升到 41%。在艾森豪威尔总统任期末，陆军遂行大规模常规战争的能力已大幅下降。④

在调整各军种力量配比的同时，1958 年艾森豪威尔主持的《美国国防部改组法》经由国会批准通过，这一法案明确了美国国防部、参联会、各军种和各战区的职能划分，确立军政军令分开的领导指挥体制，厘清了美军的作战指挥权，奠定了联合作战体制的基础。通过联合作战指挥体制的建立，提高作战使用效能，弥补因军事力量规模削减而造成的能力的不足。

---

① Roger R. Trask and Alfred Goldberg, The Department of Defense, 1947 – 1997, *Organization and Leaders*, Washington DC: Historical Office, OSD. 1997, p. 171.

② Walton Moody, "Building a Strategic Air Force," San Antonio. TX, *Strategic Air Command*, 1996, p. 391.

③ Roger R. Trask and Alfred Goldberg, The Department of Defense, 1947 – 1997, *Organization and Leaders*, Washington DC: Historical Office, OSD. 1997, p. 171.

④ 诺方：《美军历史上的抵消战略》，《外国军事学术》2015 年第 5 期，第 16—19 页。

三、强化联盟作用

与律师出身、向来秉承着二元对立信念的国务卿杜勒斯不同,艾森豪威尔深知盟国的重要性。他认为,强大的联盟体系是美国对于苏联除核武器外的另一项巨大的竞争优势。所以,他决心更好地利用这一优势,积极加强现有的双边和多边同盟关系,在杜鲁门政府缔造的广泛盟友体系基础上拓展:将西德纳入北约组织;相继与韩国、巴基斯坦、泰国和中国台湾等国家和地区签订双边或多边条约。同时改变处理盟国关系的方式:首先,在方法态度上,艾森豪威尔当局从不惧怕向盟友公开施加压力,多次向欧洲盟友发出威胁,要求它们配合自己的意图,如迫使英法撤出埃及,威胁法国必须加入欧洲防务共同体等。其次,在目标设定上,艾森豪威尔一方面如其前任一样希望逐步在欧洲和亚洲用盟友替代美国的人力,以减少对美国国防开支的压力;另一方面又希望每个盟国都能成为一个独立的威慑单元,独立发挥作用,不只是美军的一个陆上基地,力图在欧亚大陆周边对"赤色世界"形成一个包围圈。但由于财政支持和陆军规模的大幅缩减,欧洲盟友们认为美国承诺的集体安全没有达到目标,而"新面貌"战略所允诺的核报复似乎越来越不可信,所以它们也未派出之前承诺的足额地面部队。这迫使美国为维持基本威慑,不得不在西欧保持比预期更多的部队,同时更加依赖战术和战略核武器。这在一定程度上影响了美国全球力量的部署,使其在应对其他地区的突发事件如金门炮战时,显得力不从心。

此外,美国还采取了其他非核手段来强化和丰富"新面貌"战略。其中主要包括以杜勒斯"解放"政策为代表的心理战。艾森豪威尔当局还任命国务卿的弟弟艾伦·杜勒斯担任美国中央情报局(CIA)局长,组织开展了一系列情报战活动,例如CIA组织推翻了两个国外政府(1953年在伊朗,1954年在危地马拉),试图推翻另外两个政府(1958年在印尼,1960—1961年在古巴),但行动未遂,向东欧国家渗透难民以试图激发混乱,在缅甸和老挝操作针对中国和越南的准军事行动,组织在苏联和中国

第一章 "新面貌"战略的实施

上空的空中侦察等。①

美国发展核武器、远程空中力量和弹道导弹优势的核心战略大体上是有效的。在20世纪60年代，美国核弹头的储备将近苏联的10倍，洲际导弹规模在1962年时是苏联的3倍。核武器库丰富而充盈，规模巨大且种类齐全，核威慑能力全面提升，基本奠定了当今美国战略核威慑的基础。这一时期美国在核武器方面的具体进展是：核弹头的库存数量从1953年的1350枚发展到1960年的18500枚；装备了B-52的A-H各种型号远程战略轰炸机；成功研制了"宇宙神""民兵I"和"大力神"三种洲际弹道导弹和种类丰富的战术核武器，如"诚实约翰""中士""潘兴""长矛"等机动发射的地对地战术核导弹、MK43型航空核炸弹、M-422型203毫米核炮弹和M-454型155毫米核炮弹、"克劳迪亚"和"克里福德"核鱼雷以及K90"贝蒂"深水核炸弹以及MK-101"鲁鲁"深水核炸弹；成功研制出第一艘鱼雷攻击型核潜艇"鹦鹉螺"号（1954年）、第一艘弹道导弹核潜艇"乔治·华盛顿"号（1959年）、第一艘核动力航空母舰"企业"号（1961年）和第一艘核动力导弹巡洋舰"长滩"号（1961年）。②

在苏联具备二次核打击能力，特别是与美国实现相互确保摧毁后，"新面貌"战略的抵消效果开始失效。但这并不意味着失败，因为"新面貌"设计之初的目的已经达到，即成功地防止了苏联凭其在欧陆上强大的常规力量优势对西欧国家或其他"自由世界"国家发起军事攻击。历史事实证明，"新面貌"战略实施期间，苏联虽小动作不断，但畏于美国的"核大棒"，确实没有对西欧采取大规模行动。总的来说，"新面貌"在特定的历史时期是成功的，只是随着时间的推移和力量结构的调整和国内外战略环境的变化，这一战略不再具有适用性。"新面貌"战略纵然不是完美的解决方案，但已经是可选范围内的最优和可行的选项。

---

① ［美］约翰·加迪斯著：《遏制战略：战后美国国家安全政策评析》，时殷弘等译，世界知识出版社2005年版，第163页。

② 李红星：《艾森豪威尔的核战略与核政策》（博士论文），山东师范大学2011年，第38—50页。

第二章

"抵消战略"的推行

通过"新面貌"战略,即第一次"抵消战略"的实施,美国弥补了它与苏联的"导弹差距",取得了"航天优势",达到了"核武领先"的目标,限制了苏联常规军事优势的发挥。但它也造成了严重的战略后果,使苏联在核武器的发展上奋起直追。到了 20 世纪 70 年代,苏联核力量和常规力量都取得了与美国势均力敌甚至部分优势的程度。对此,美国国防部忧心忡忡,开始寻求重新获得战略优势的途径。于是,70 年代末期,卡特时期的国防部长哈罗德·布朗提出了针对苏联的又一个"抵消战略",即史称第二次"抵消战略"。

第一节 "抵消战略"的驱动因素

美国国防部之所以再次提出"抵消战略",是因为它不仅在常规军事力量规模上小于苏联,而且核弹头数量上也失去了优势。正因为如此,自 20 世纪 60 年代末开始,在全球战略态势中,出现了美守苏攻的局面。20 世纪 70 年代中期以后,此种状况进一步加剧,美国国际权势和国家安全受到了严重挑战。因此,美国不得不再辟蹊径,以改变其不利的战略处境。

一、美国核武优势丧失殆尽

随着美国"新面貌"战略不断推进,特别是古巴导弹危机之后,苏联加速发展核力量。到 20 世纪 70 年代初,美苏核力量从规模数量到投送能力都到达了总体均势,苏联建立起一套完备的核作战系统。至 1973 年,美苏三位一体战略投送运载工具的数量对比分别为:洲际弹道导弹:1054∶1575;潜射导弹:656∶628;远程轰炸机:397∶140。① 1976 年,苏联部

---

① P. Edward Haley, David M. Keithly and Jack Merritt, ed, *Nuclear Strategy, Arms Control, and the Future*, Boulder: Westview Press, Inc., 1985, p. 10.

署了首枚 SS-20 型移动战区级核导弹；1974—1978 年间，苏联增加了 8000 余枚核弹头，核弹头总量达到 25393 枚，首次超越了美国的 24243 枚。①"核恐怖平衡"（balance of terror）令美国不能再单纯依靠核武器完成对苏联的威慑。同时，在常规部队数量方面，华约国家在欧洲部署的常规力量是北约国家的 3 倍。② 不仅如此，苏联的常规力量规模还在不断扩大，美国中央情报局 1981 年的研究报告显示，苏联在欧洲每年的国防投入是美国的两倍，年产战斗机数量是美国的 3—4 倍、坦克数量是美国的 3 倍，同时还建造了大量的攻击性潜艇。③

在一个核均势的世界中，只要美国与苏联能够解决以下两个问题：第一，如何将核武器排除出战争进程，将战略博弈拉出核对抗的"死胡同"；第二，如何将自己的数量和成本优势转化为切实的战略优势，以获取全面的战略优势。针对第一个问题，美国认为，在核恐怖平衡的状态下，再在数量甚至质量上进行比拼，已失去意义，必须重新寻找制约的手段。针对第二个问题，由于苏联常规力量的数量和成本优势使其有机会取得全面战略优势，美国也应当寻求突破的方法。1973 年的中东"十月战争"中，埃及军队使用了大量低成本、易携带的苏制精确反坦克武器重创了以色列军队。这次战场检验的成功极大降低了苏军反坦克成本，改变了二战以来主要靠坦克来反坦克的高成本对决。在北约仍旧必须使用坦克阻止苏联坦克的同时，苏联则通过更为灵活廉价的方式反击北约的坦克，解放自己的坦克去实施快速突袭行动。这种能力不仅在常规战场上具有可怕的突击能力，同时有可能实现通过一次性突袭解除北约的地基战术核武装。另一方面，"十月战争"展示了苏联先进高空防空系统——SAM 系统优秀的高空防御能力以及"苏-23"出色的低空防御能力，证明苏联已经有能力拦截北约的战略轰炸机和战略导弹，使北约的核威慑削弱甚至失效。苏联人似

---

① Rebecca Grant, "The Second Offset," *Air Force Magazine*, 2016 (6), pp. 32-36.

② 潘远强、徐万胜：《从抵消战略看美国维持军备优势的思想路径》，《南京政治学院学报》2017 年第 3 期，第 107—112 页。

③ Robert Tomes, "The Cold War Offset Strategy: Assault Breaker and the Beginning of the RSTA Revolution," https://www.warontherocks.com/2014/11/the-cold-war-offset-strategy-assault-breaker-and-the-beginning-of-the-rsta-revolution/.

乎找到了应对核报复的方法，使北约核威慑的根基受到了前所未有的挑战。

二、北约前沿防御效用锐减

由于地理条件的限制，战场阵线上只允许铺开特定数量的部队，所以在欧洲对峙线上，双方能够铺设在作战一线上的对阵兵力其实是大体一致的。华约要最大限度地发挥自身数量优势，最好的方式就是使用梯次陈列在前线部队后方的后续部队实行连续突击。因为战略环境上时空因素更有利于苏联，苏联可以依靠内线优势和成本优势在相对短的时间内动员募集所需力量，相反北约的战略纵深则明显不够应付这种动员能力。基于此种对比优势，苏联提出了"战役机动群理论"（或称"大纵深战区战役理论"），即依托强大的纵深梯次攻击撕裂北约的前沿防御。通过高密度梯次攻击，缩短甚至消灭战争间歇，持续不断造成杀伤，以突破防线，最终集中力量迅速扩大缺口的方式，为"战役机动群"攻击北约的后方纵深开辟通道，展开新一波高密度梯次攻击，迅速取得常规战争的胜利。

此时，战略优势的天平似乎第一次倒向了苏联人。为应对这一威胁，北约在战术上只能实施分阶段撤退，然后力求运用短程制导弹药来消耗苏军的集群纵队，但这一战略因其在前提上要求放弃大片盟国国土，将战略主动权拱手让予敌人而最终破产。因此，北约很多决策者认为，在核威慑能力及可信性削弱，常规战场难以取胜的条件下，一旦开战，北约除了在战争初始核武装未被解除之前迅速使用核武器，否则别无他法。但他们也清楚，由此引起的战争升级后果同样是无法承受的。面对苏联有条不紊地在西线欧洲集结着庞大常规力量，北约陷入了战略两难的困境。

不仅如此，凭借军事力量的战略优势，苏联于20世纪70年代开始在第三世界不断扩张：军事支持政变上台的埃塞俄比亚新政府，将触角伸进"非洲之角"；利用古巴军队介入安哥拉内战，在非洲南部取得立足之点；支持越南在印度支那地区的扩张，在东南亚扩充势力范围；在叙利亚、伊拉克、埃及、北也门等国都培植了亲苏的势力或建立了新的亲苏政权，动摇美国在中东的主导地位。这些国家的军队充满了苏联军事顾问，采用苏式武器装备。特别是苏联在中东的进取，不仅对西欧国家的经济生命线——波斯湾地区构成威胁，而且从侧翼对其安全也构成了威胁。这样，第二次世界大战结束的近40年之后,战争恐惧的乌云又一次笼罩了整个西部欧洲。

三、美国经济危机繁杂难解

使美国雪上加霜的是,此一时期的经济出现了不同往常的衰退,不仅表现方式异常,而且时间跨度极大,并引发了严重的社会、政治危机,形成了严重的连锁反应,冲击了美国的立国之基。

由于资本主义制度使然,美国几乎每过一段时间就会发生一次或大或小的经济危机。这并不奇怪,似乎也不是无解之难题。然而,第二次世界大战后,美国经济危机的周期出现了新的现象,即与战争的关联十分密切。从朝鲜战争后期开始,美国发生了一场经济危机;越南战争进入尾声阶段,经济危机又一次光顾。

不仅如此,以往的经济周期的特点是:产品过剩,投资减少,物价下跌,生产停滞,经济衰退;之后,产品稀缺,投资增大,物价上涨,生产扩张,经济繁荣。而20世纪70年代初发生的经济危机,与历史上的危机相比,出现了新的变化,不仅通货膨胀长期存在,而且生产发展也停滞下来,出现了"滞胀"局面,无论是美国政府还是经济学界都对此一筹莫展。

1970年开始,美国经济开始出现负增长,失业率猛升至4.9%,通货膨胀率涨到5.9%;1974年美国的实际经济增长率为负0.5%,通货膨胀率为9.1%;1975年经济则接续负增长,通货膨胀率高达9.8%。① 1971年,美国战后一手建立的布雷顿森林体系轰然崩塌。1973年,中东国家在"十月战争"中充分运用石油武器,美国在经济上陷入更加深重的危机。在随后几年里,美国政府几乎用尽了恢复经济的政策工具,也不见成效。

同年,《巴黎协定》的签署标志着越南战争的彻底失败,"水门事件"的发酵,动摇了美国社会"诚信"根基。这样,美国经济、社会和政治危机一并爆发出来。

在如此恶劣的国内外环境下,美国的战略军事无力为继,不得不加大

---

① 张宪强:《后经济危机时代中国宏观调控政策的走向》,《中南财经政法大学研究生学报》2009年第5期,第37页。

战略收缩的力度，根本不可能对苏联的扩张行动做出有力反应，因而在与苏联的争霸中陷入了完全的被动。

综上，美国及北约对于苏联的核威慑能力及可信性受到了挑战，而常规力量对比方面已经明显落于下风，"自由世界"陷入了严重的安全危机。为维护安全，美国及北约迫切需要一个新战略来提高应对能力，重塑总体威慑。这成了 1977 年卡特政府上台的当务之急。

第二节 "抵消战略"的设计思路

一切战略的设计首先需要考虑的都是："通过什么样的方式，使用什么样的手段，解决什么样的问题，达到什么样的效果"，即"设计能力"的问题。就整体战略而言，美国的目的是增强总体威慑，方式是通过使苏联决策者对自己的能力产生怀疑，手段是增强自身作战能力改变战场态势。具体而言，新战略必须解决三个至关重要的问题：一是纠正或稳定已经失衡的全球核威慑态势；二是消除苏联军事上战略优势带来的安全威胁；三是应对苏联依靠军事优势发动的政治扩张。经过一段时间的摸索之后，美国国防部长布朗与负责研究和工程的国防部副部长威廉·佩里提出了新构想，即"抵消战略"。该战略旨在通过发展技术优势的方式，以技术质量抵消规模数量，以开发精确制导武器为核心手段牵引，辅以隐身飞机能力，恢复美国核常总体威慑。布朗后来在 1981 年国会的报告中回顾道："技术可以是力量倍增器，可以帮助抵消对手的优势。精尖技术则可以平衡军事实力，而不是与敌人坦克对坦克、士兵对士兵地去竞赛。"[1] 所以，布朗和佩里据此展开战略设计，其主要思路如下。

一、避免对称比拼

沃克在"新美国安全中心"任 CEO 期间发布的一份报告指出，目前历史上仅有两种基本的作战范式（warfighting regimes）："非制导武器模式"和"制导武器模式"。使用非制导武器（即使在相对较短的射程内）

---

[1] Harold Brown, *Thinking about Nation Security: Defense and Foreign Policy in a Dangerous World*, Boulder, CO: Westview Press, 1983, pp. 229–230.

战斗的主要特征是，大部分弹药基本上会偏离目标，因此为了在攻击点上获得最大效果，指挥员往往设法聚集力量，实现数量优势。结果，非制导武器战争必然会迈向规模化。① 这也是数量优势在传统战争中之所以重要的原因，数量的优势本质是杀伤效果的优势，克劳塞维茨在《战争论》提出的"集中原则"就是这一原理最好的注脚。

因此，从逻辑上讲，美国想要抵消苏联的数量优势只有三种路径可走：一是用核武器抵消数量规模，因为核武器的巨大威力可以彻底解决不精确所造成的偏差，这在苏联还没有形成核报复能力之前确实是不错的选项，所以艾森豪威尔当局才推出了"新面貌"战略。但当苏联已经发展出了体系化的核能力，单纯依靠核武器已经没有办法对常规力量的数量规模进行抵消。二是同样地扩大自己常规力量的数量规模，以数量抵消数量。这一选择是美国在二战期间使用的战略，当时的美国具有全球最强大的工业生产能力以及人口基数，这是欧陆国家——不管是盟国英国还是敌国德国都无法与其相提并论的，但这也是20世纪70年代中期美国从经济到文化都不可能负担的方式。因此，那就只剩下第三条路——常规"非对称"抵消——"抵消战略"。诚如1976年安德鲁·马歇尔提出"竞争战略"（competitive strategy）这一概念时所指出的那样：一个国家应该寻求机遇发挥自己的一种或多种独特能力，以期在具体领域和整体上获得竞争优势。

这种"抵消"思路与"新面貌"战略的逻辑在"非对称"的本质上是一致的，只不过具有更高的理论自觉。所以，美国的当务之急是识别并确认本国在数量规模领域以外的独特优势。20世纪50年代，美国的独特优势是全面的核优势，所以出现了"新面貌"战略。而使20世纪70年代的美国站上世界经济和军事之巅的是其无与伦比的工业与科技创新能力。这一时期，美国的科技创新独霸全球，至今仍影响着人类生活的诸多重要发明，如互联网、微电子等技术都在这一时期出现。同时，美国不仅自己培养了大批尖端科技人才，也吸引了其他国家众多高端人才。这使得美国在科技研发领域遥遥领先，具备雄厚的创新基础。

因此，美国人十分自信其强大的技术优势是苏联在相当长时间内无法

---

① Robert O. Work and Shawn Brimley, 20YY: *Preparing for War in the Robotic Age*, Washington DC: Center for a New American Security, 2014, pp. 1–36.

追赶的,所以这一战略选择可以帮助其在较长时间内保持战略优势。正如美国国防部的研究人员所言:"对于那些担心苏联也会发展制导武器的人来说,我们做出反应的基本前提是,如果获得美国国防部和国会足够的支持,美国潜在的卓越竞争力和创造力将会维持美国现代武器的优势。"① 所以,美国"抵消战略"的重任自然而然落到了技术创新上。

由此可见,"抵消战略"不能单纯地被理解为一种技术战略,因为事实上,"抵消战略"突出的是"非对称",即以己之长,补己之短。之所以"抵消战略"从外观上看来更像是技术战略,是因为技术优势是美国最大、最可行的非对称优势,其因在于"非对称"而不在于"技术","非对称"是因,而"技术"是果。

二、发挥创新优势

2010年5月,奥巴马政府公布的《国家安全战略报告》中强调,创新是国家力量的根基。美国之所以能够成为一个强大的国家,固然有历史机遇的因素,但科技和其他方面的创新则发挥了根本性的作用。当与苏联在战略竞争中处于胶着状态,且有输掉的危险时,美国只能扬长避短,利用其创新的优势,设法走出泥潭。

为了对自身及其对手所处的战略态势做出清晰判断,对战略需求进行精准规划,美国国防部于1973年吸纳了原隶属于国家安全委员会的"战略净评估办公室"(ONA)。该组织至今仍是美国国防部内最重要的咨询评估机构,它的奠基者和掌舵人安德鲁·马歇尔是美国国防部内最伟大的战略设计师之一,具有经久的影响力,之后的很多美国国防部高级官员都是其门徒或信众,被称为美国国防部的"绝地武士",与布朗和佩里共同缔造了"抵消战略"。早在1972年,美国国防部将"高级研究计划局"(ARPA)更名为"国防高级研究计划局"(DARPA),直接隶属于美国国防部长办公室。在卡特政府时期,它牵头负责"抵消战略"高技术获取方面的计划与实施。"战略净评估办公室"与"国防高级研究计划局"成为"抵

---

① Ben FitzGerald,"Technology strategy then and now – the Long Range Research and Development Planning Program," https://warontherocks.com/2014/10/technology – strategy – then – and – now – the – long – range – research – and – development – planning – program/.

消战略"的两大核心机构,也是"抵消战略"最重要的制度遗产。1973年,美国国防部授权 DARPA 联合国防核武器局启动了"长期研究与发展计划"(LRRDP),旨在探索并确认国防部需要发展的作战能力、作战概念以及颠覆性技术。这一计划体现了美军二战以来至今一直占主导地位的战争管理学思维,即"解决什么样的问题,设计什么样的能力。需要什么样的能力,研发什么样的技术"。

根据"长期研究与发展计划"的研究成果,美国国防部确定了四项核心技术能力:新的情报、监视与侦察平台和作战管理能力(C^4ISR)、精确打击能力、飞行器隐身能力以及对太空进行战术性开发。[①] 其中直接体现在作战效果上,用于恢复武力威慑的是精确打击能力和飞机隐身能力,因此它们成为两大核心牵引能力,C^4ISR 能力和太空能力则是作为"力量倍增器",为打击能力提供技术支撑。这些技术领域的发展,为卡特政府推行"抵消战略"提供了坚实的基础。

三、着眼精确打击

战争是能力的竞赛,而能力是作战的前提。当时美国面临的两个最大的作战困难就是由于数量规模上的劣势导致无法对苏联梯队攻击造成决定性损伤,以及由于无法突破苏联一体化防空系统而丧失了空中核威慑能力。所以,精确打击和隐身能力成了破解这两个难题的"银色子弹"。

1978 年,佩里对精确打击能力进行了较通俗的解释:"精确制导武器系统给予了我们在战场上的任何时间任何地点发现高价值目标的能力;对任何可见目标进行直接打击并且确保摧毁的能力。"[②]

苏联在常规作战领域的优势有赖于其数量优势在时空领域的发挥,即利用空间上的内线优势和纵深优势与时间上的先发优势和无间歇优势。有限的资源和纵深意味着北约必须要利用尽可能少的平台在有限的空间范围内用最短的反应时间,提高单位目标范围的火力打击效果,形成战场上的

---

① Robert Martinage, *Toward a New Offset Strategy: Exploiting U. S. Long - Term Advantages to Restore U. S. Global Power Projection Capability*, Washington DC: The Center for Strategic and Budgetary Assessments, 2014, pp. 1 - 73.

② Rebecca Grant, "The Second Offset," *Air Force Magazine*, 2016 (6), pp. 32 - 36.

火力优势，以对抗苏联在时空和数量上的优势，或使之在实战中无法充分发挥。武器平台的火力质量的提升有几个方面：射速、当量、命中率。其中射速与当量都属于数量规模型，只有命中率是技术质量型，是美国最适宜发挥"非对称"优势的领域。所以，提高命中率，发展精确制导武器就成了美国新武器研发的核心。

制导武器成为"抵消战略"的核心概念并非凭空而来。首先，它的出现有其历史和技术基础。随着光电和激光制导系统的发展，"制导武器作战模式"的雏形在 20 世纪 70 年代已经开始初露端倪。1972 年，越南战争空战的最后一年，美军大约使用了 10000 枚制导弹药，空射制导弹药的战役战术效果首次显现。随后爆发的第四次中东战争中，埃及和以色列双方轮番使用的制导武器更是向世人证明了制导武器的优势和威力。"当武器的精度不再受限于射程时，军队就可以使用少得多的弹药，分散开来实施远距离打击，从而达成聚集效应……在常规部队的冲突中，使用制导武器的少量部队就能够击败使用非制导武器的大量部队。"①

其实，美国早就进行了精确打击武器的研究，并拥有了比较雄厚的理论基础。此次，为了破解苏联大纵深作战理论，美国将制导武器从辅助作战武器提升到火药库中心位置。为应对来自苏联方面越来越不可避免的挑战，美国军事理论界自 20 世纪 60 年代起就进行了诸多探索。1963 年在空军部工作的哈罗德·布朗就曾要求美空军伯纳德·斯特里夫尔（Bernard A. Schriever）将军牵头开展一项预测项目，该项目最重要的一项建议就是应该专注于零误差问题的解决。1974 年，刚刚升任美军首位训练与条令司令部（TRADOC）司令威廉·德普伊将军在近距离观察了第四次中东战争之后，提出了"发现即打击，打击即摧毁"的基本作战构想，这一构想经过学界和军界的充分讨论，因其具有针对性强、效费比高、优势明显、可持续强等特点，而最终成为后来美军建设的核心构想。②

但美军内部对制导武器也不乏反对声。美国空军不愿意全面引入制导

---

① Robert O. Work and Shawn Brimley, *20YY: Preparing for War in the Robotic Age*, Washington DC: Center for a New American Security, 2014, p. 12.

② Robert Tomes, *The Cold War Offset Strategy: Assault Breaker and the Beginning of the RSTA Revolution*, https://warontherocks.com/2014/11/the-cold-war-offset-strategy-assault-breaker-and-the-beginning-of-the-rsta-revolution/, 2014-11-20.

弹药，因为欧洲战场时常是多云天气。美国海军则完全出于经济方面的考虑，因为舰载机载弹量有限，无法携带未消耗的制导弹药返舰着陆，他们通常会在返回前，将所有未消耗弹药全部投到海里。① 面对反对与犹豫，佩里表示："我相信精确制导武器有潜力彻底变革战争。更加重要的是，如果我们有效开发这一领域的优势，就可以极大增强阻止战争的能力，而不必与苏联坦克对坦克、导弹对导弹。我们会在事实上将竞争转移至技术领域，而在这个方面我们有重要的长期优势。"②

为了恢复和加强威慑——尤其是核威慑的可信性，美军必须有能力突破苏联的防空系统，重新夺回制空权。为应对苏联的侦查雷达，美军只有两种方式：一种是对苏联的侦查雷达实施反制，如过载、欺骗或阻塞信道等电子战方法。但是苏联对这些反雷达措施已经发展出了较为可靠的抵消措施。余下另一种方法，就是有效减小飞机的反射面，发展隐形飞机。

但是，布朗和佩里不仅仅只是想要获得若干先进武器平台，他们显然还有更大的野心，即创造一个全新的作战网络和一种全新的作战模式。沃克认为，所谓"作战网络"就是一个由一系列传感器节点构成的 C^4ISR 网络，它可以实时观察战场情况，掌握作战进程和战役战斗变化，对作战行动施加影响，实现作战效果确认与评估，支持保障作战网络维持正常运行。③ 而当时，美国在微电子（集成电路）技术、计算机技术和信息技术等方面取得了快速进步，第三次工业浪潮隐隐可见。微电子技术以及由其衍生出的技术群，尤其是信息技术，使西方在常规力量作战网络电子化方面迅速获得以质取胜优势成为可能，为"制导作战网络"的构建提供了技术支撑。

---

① Bob Work, "Speech on Mitchell Institute 25 Year Desert Storm Anniversary," https：//www. defense. gov/News/Speeches/Speech – View/Article/691290/mitchell – institute – 25 – year – desert – storm – anniversary/, 2016 – 03 – 09.

② Robert Tomes, *The Cold War Offset Strategy*: *Assault Breaker and the Beginning of the RSTA Revolution*, https：//warontherocks. com/2014/11/the – cold – war – offset – strategy – assault – breaker – and – the – beginning – of – the – rsta – revolution/, 2014 – 11 – 20.

③ Cheryl Pellerin, Deputy Secretary, *Third Offset Strategy Bolsters America's Military Deterrence*, https：//www. defense. gov/News/Article/Article/991434/deputy – secretary – third – offset – strategy – bolsters – americas – military – deterrence/, 2016 – 10 – 31.

第三节 "抵消战略"的推进实施

明确了战略目的和重点,布朗和佩里接下来的任务就是设法获取设计出来的能力。1978年,各类高科技技术与能力逐步浮出水面,布朗和佩里意识到必须制订特殊的管理计划,将所有技术综合利用起来,以获取最终的作战能力。因此,他们授权DARPA开启一项名为"攻击破坏者"(Assault Breaker)的计划,负责"系统集成"(system of systems)概念验证。

一、获取精确打击能力

根据"发现即打击,打击即摧毁"理念,我们可以将精确打击能力拆分为4个基本构件:目标确认能力(打什么),目标定位能力(打哪里),武器导航能力(打得中),打击武器(用什么打)。前两者主要对应"发现即打击",后两者主要对应"打击即摧毁"。

进行精确打击,必须先解决情报信息尤其是战场战术情报的获取能力,其核心是战争信息能力与全球定位和导航能力。为此,美国国防部1977财年研发费用的40%,约合40亿美元都用在战术层面上。[1]

为提供战争信息能力,在"攻击破坏者"计划的统筹下,美军陆续发展出了联合战术信息分发系统(JTIDS)、三军联合战术通信系统(TRI-TAC)、联合战术融合程序(JTFP)等。

为提供全球定位和导航能力,美军研发了相干辐射源定位测试平台(CELT)、战场开发和目标获取能力(BETA),空军牵头研发了"抵消战略"最重要的技术创新项目——全球定位系统(GPS)。此外,"攻击破坏者"计划还利用当时已有的陆军装备于直升机上的"远程目标捕获系统",研发了搭载有"机载警戒与控制系统"(AWACS)的波音E-3"望楼"(Boeing E-3 Sentry)全天候远程空中预警和控制飞机(1975年交付试验,1977年3月正式编入552空中预警管制中队)。该机具有下视能力,可以

---

[1] Robert Tomes, *The Cold War Offset Strategy: Assault Breaker and the Beginning of the RSTA Revolution*, https://warontherocks.com/2014/11/the-cold-war-offset-strategy-assault-breaker-and-the-beginning-of-the-rsta-revolution/, 2014-11-20.

在各种地形上空监视。在美军陆军"防区外目标捕获系统"（Stand – off Target Acquisition System）和空军"铺路机（爪）"（Pave Mover）系统的基础上发展出"联合监视目标攻击雷达系统"（JSTARS），用于探测敌战线纵深地域内地面、低空的固定目标与活动目标，将目标状况与位置的信息实时传报给地面部队指挥官与空中攻击飞机战斗员，指挥引导火力攻击。这些共同构成了现代美军 C^4ISR 能力的基础。"攻击破坏者"计划加速了空军的"大幅面反装甲弹药"项目（WAAM）和陆军为火箭系统和炮兵研制的"终端制导武器"（TGSM）项目，研制了陆军战术导弹系统（ATAC-MS），并将"长矛"（MGM – 52Lance）战术核导弹改造为"多管火箭发射系统"（LRS）。

二、谋求隐身突防能力

在苏联具备强大的空中力量和地面力量情况下，美国要对其实施精确打击，就要在武器突防上取得突破。为达到这一目的，美国着力发展隐身技术，使苏联的侦测技术失效。在当时的技术条件下，隐身技术主要应用于作战飞机。

1973年，美国隐形战机计划立项，1976年洛克希德公司的原型机中标名为"拥蓝"（Have Blue）计划的秘密项目。1977年12月1日，第一架原型机首飞成功。1978年11月，洛克希德公司接受美国国防部"特种审查"的秘密项目"大趋势"（Senior Trend），开始研制"拥蓝"全尺寸F – 117A战机。1982年10月15日，F – 117A在托诺帕试飞基地的第4450战术大队（现为第37战术战斗机联队）首飞成功。1983年10月，第一架F – 117A正式入列该大队。在美国国防部持续的、一定程度上放任的投入支持下，美军只用了10年时间就获得了较为成熟的、可供实战的隐形战斗机，体现出了令人赞叹的国防工业制造能力。

F – 117A"夜鹰"攻击机是世界上第一款完全以隐形技术设计的作战飞机，可完成突破敌火力网，压制敌防空系统，摧毁严密防守的指挥所、战略要地、工业目标，执行侦察等多种任务，是美国实施空中突破，夺取制空权的重要武器。此后，隐身性能更为出众的B – 2隐形轰炸机也入列服役，恢复了美国和北约的空中核威慑能力。

三、推进作战概念研发

随着"攻击破坏者"计划推出了越来越多的"技术原料",美军作战理论出现了很多创新。1982 年正式颁布的新版《作战纲要》中提出了全新战术作战概念——"空地一体战"。以这一理论为蓝本,采纳陆军"纵深打击理论"(Army's Deep Strike Doctrine)和空军"空中遮断概念"(Air Force Advanced Air Interdiction Concepts),欧洲盟军最高司令伯纳德·罗杰斯提出了"后续部队打击"(Follow On Forces Attack,FOFA)理论,以对抗苏联的"战役机动集群理论",并于 1984 年 11 月正式成为北约的指导性战略、作战思想。

"后续部队打击"理论认为,"战役机动集群理论"虽然看似大开大合,不可抵挡,但弱点在于苏联人过于迷信自己的数量规模优势,过分追求战线上"铁锤砸砧板"的效果,所有部队在进攻时都机械地采用梯次配置,导致指挥控制系统陈旧呆板。因此,美军应当反其道而行,利用精确打击和 C^4ISR 的灵活优势,把作战重心从作战前线延伸到纵深战场。一方面让北约地面部队牵制华约前线军力,北约情报监视与侦察系统通过"纵深侦察"定位华约的后备作战力量,然后在这些部队到达前线之前就以空中和陆基精确打击武器阻止它们,即打击对手的纵深力量,让其数量规模优势发挥不出来。另一方面进入对手的"OODA"环,破坏敌指挥控制系统,对苏军进行"釜底抽薪",控制和夺回战场主动权。

这样,美军及其盟军通过使用先进的指控系统和精确打击手段,利用敌方纵深空间对其后续部队的打击来获得"机会窗口"。"后续部队打击"(或者"空地一体战")理论在实施过程中以时空为基本概念要素,利用空间和时间的手段使时空因素有利于己而不利于敌。在作战实施上,它以苏联后续部队到达北约防线时间为单位,将其区别为 24 小时、48 小时和 72 小时三个梯队。要求陆军的地面攻击与空军的空中遮断相配合,对 150 千米的敌人(根据苏军要求大约 72 小时到达防线)进行打击;要求空军对 300 千米的苏联后方进行"纵深打击";并在战术上发展能够使指挥员快速协调火力任务和空中打击的技术与战法。① "后续部队打击"概念是第一个"纵深侦查,纵深打击"集成系统架构,包含了大约 100 个已有和计划中的子系统。这一理论,对直至今天的北约防务指导依然具有决定性影响。

苏联人很快就发现了"攻击破坏者""空地一体战"和"后续部队打击"概念的蕴含,甚至将美国的新型作战体制称为"察打复合体"。1984年,苏军总参谋长奥加尔科夫元帅认为,"察打复合体"会对苏军战术梯队造成毁灭性打击,毁伤效果绝不亚于核武器,"战役集群机动"理论宣告落伍。苏军决定,在想出更好的应对方法或者发展出更有效的应对技术之前,暂停军队扩增,欧洲面临的军事安全威胁就此大为缓解,甚至解除。

由于苏联忽然解体,北约从未等到真正与华约部队交战,这次"抵消战略"的效果最初是在"黄金峡谷"行动中得到彰显,之后在"海湾战争"中令全世界震惊的大胜中得到验证,最终在科索沃战争和伊拉克战争中大显神威,达到巅峰。在"海湾战争"中,面对大规模装备苏制武器的伊拉克军队,F-117A 在战争初期展现了强大的突防能力,太空卫星群被直接连接到了各类传感器节点上,依托强大的信息技术,充分构建起一个指挥控制平台——"协同空战中心"来指挥大多数作战火力,重新调整的全球定位系统负责协调各个作战网络的时间和空间布局,并对伊拉克境内战略目标实施精确打击。最终,这一新型综合作战网络和作战模式的效果不容置疑地被铭记在人类战争史上。

第四节 "抵消战略"的作用影响

美国通过"抵消战略"的实施,改变了与苏联军事博弈的方式,使苏联军事力量运用优势几乎归零,因而产生了重大影响,在美国国防战略和世界军事战略史中具有重要地位。尽管"抵消战略"只是国防战略,但却对整个世界政治和军事形成了全方位的冲击。

---

① Robert Tomes, *Trading Space and Time in the Cold War Offset Strategy*, https://warontherocks.com/2015/05/trading-space-and-time-in-the-cold-war-offset-strategy/, 2015-05-27.

美国"抵消战略"研究

一、加速冷战结束进程

"抵消战略"的初衷是"通过使苏联的决策者们对自己的能力产生怀疑进而增强北约的总体威慑",而事实证明,"抵消战略"很好地完成了这一任务。它向苏联决策者的头脑中输入了巨大的不确定因素,迫使他们不得不改变进行战争的考量。苏联一直认为,它在欧洲的战略纵深和廉价的人力资源,采用大纵深作战的方法,可以碾压北约国家,迅速取得对美国和西欧的决定性军事胜利,或者至少造成对自己十分有利的战略态势。然而,美国运用"抵消战略",从根本上动摇了苏联长期的战争准备基础。

"抵消战略"使苏联付出巨大经济和社会代价所构筑的常规力量优势化为乌有,迫使其不得不放弃原有的军事投资,被迫在自身并不擅长的领域与美国进行追赶较量,极大地增加了它应对的成本。此后,里根政府更是充分利用了这一战略特性,推出"星球大战"计划,将"成本强加"发挥到极致。苏联与美国展开的盲目竞争导致军费开支过大,空耗了巨额的战略资源,使经济发展失去了活力,进而在军备竞赛中败北,无法支撑其20世纪70年代战略扩张所获得的势力范围,难以维系国内力量结构的平衡,最终走向解体(当然,苏联解体的原因并不仅限于此)。

因此,可以说,美国运用"抵消战略"强化了自身和北约的威慑能力,动摇了苏联赖以扩展军力和维护国家安全的基础,从而直接或间接地加速了冷战的结束进程。

二、引发世界军事革命

美国"抵消战略"的推进,使军事技术得到飞速发展,军事技术革命得以兴起。在技术革命的带动下,军队的组织方式和作战方式也随之发生重大变化,变革的内容越来越广泛,越来越深刻,最后引发整个军事领域的全新变革。

其实,"军事革命"一词最初主要是由苏联伏龙芝军事学院中级别较低的军官提出的。美国根据这一词汇,推测苏联在把空间卫星侦察系统与导弹发射系统结合起来的努力,已取得了突破性进展。20世纪70年代末期,美国终于弄清苏联并没有获得这一能力,恰好相反,苏军使用这一词汇所指的却是美国当时正在研究的针对苏联"大纵深进攻战略"的"空地一体战"理论,因为美国军事理论家宣称已掌握了能够攻击敌方领土纵深并阻挡敌军第二波及其后续梯队前进的能力。但是,当时美国所做的,远远超出了技术范畴。①

1983年后,美国又掀起了一场强大的"军事变革运动",席卷军界、国会和舆论界。②军事变革的内容涵盖了调整编制机构、改进武器系统、改变军队部署、创新作战理论、改革军事教育,以更有创意的战略理论来取代平庸的、以维持现状为目的的"管理",使美军在削减军费和规模的同时,拥有更强大的战斗力。③

这场始于20世纪80年代的新军事革命是工业社会向信息社会过渡的产物,是世界政治、经济、科技、军事等多种因素综合作用的结果,对战争形态、军队建设、作战方式和武器装备产生了重大影响。如果要为今后数十年制定一种有效的军事理论和进行适当的军事力量规划,就必须进行变革。以信息技术为核心的新军事技术的迅猛发展,为美国应对其所面临的各种现实挑战提供了有力手段。它增强了美国海外军事干预能力,提高了预防和威慑的效果、便于部队的投送、减少后勤负担、降低附加损伤并缩短战争进程,从而使军队的实战能力与政府所规定的海外用兵原则相符合。

美国海军上将威廉·欧文斯认为:"系统集成"是军事革命的技术基础,"这场军事革命是一种把我们的注意力从作战平台引开的革命,即改变那种认为军事力量主要是军舰、坦克和飞机的概念而把我们的注意力放在思考信息和电信技术所能提供的军事技术上来。这场军事革命标志着一种转变,即从重视军舰坦克和飞机,转为重视诸如传感器这类东西的作用。也就是说,把重点转向如何观察战场、怎样传递你所观察到的战场情况、怎样运用能够攻击目标的那些性能优越的精确武器这类问题上来。……如果交战的一方能对战场了解到这样的程度,而它的对手则不能,那么拥有这一能力的一方就享有主导性的战场认知能力。我认为,它一定会

---

① 陈伯江:《美国高级将领与著名学者访谈录:大洋彼岸的军事革命》,世界知识出版社1998年版,第47—49页。
② 吴春秋:《大战略论》,军事科学出版社1998年版,第176页。
③ [美] 凯思·丹:《可供未来选择的军事战略》(Keith A. Dunn, *Alternative Military Strategies for the Future.*),纽约,1985年版,第184—185页。

赢。它之所以会赢，是因为如果它能观察战场达到那种程度，或许它就拥有了孙子在谈到制胜因素时所说的那种'知彼知己、百战不殆'的能力。"①

三、改变战争博弈方式

战争政治性和暴力性的本质虽不会变化，但军事技术、武器、战术、作战方法、作战概念、组织结构、军事条令等都会随着时间的推移不断演进，进而导致战争实践发生重大变化。"海湾战争"中美军一边倒的胜利被普遍认为是战争发生革命性变化的明证。毫无疑问，"抵消战略"所创造的一系列技术能力，以及能力运用模式，最终超出了美国企图恢复威慑的初始目的，而是从根本上颠覆了战争的样式，将人类战争史带入了新的阶段，从"非制导"时代走入了"制导"时代。而"海湾战争"也将作为一场新旧军事体制间的过渡性战争而载入人类军事史册。美国著名的学者本杰明·埃德林顿与迈克·马扎尔在其主编的《转折点：海湾战争与美国军事战略》一书中，把海湾战争视为世界战争的新开端。② 正如肖恩·布雷姆利所说的那样，"如果没有常规制导武器的出现，20世纪的历史看起来会完全不同。这就是为什么国防分析人士对佩里这样的人如此崇敬：他在20世纪70年代末发挥了关键作用，推动了美国国防部加大对制导武器及其相关作战网络上增加投资。如果佩里及其同僚没有对这些新兴的、有时未经验证的技术上投资，冷战的最后10年可能会以完全不同（甚至暴力）的方式展开。"③

回顾过去的30年，"海湾"战争、波黑冲突、科索沃战争、阿富汗战争、伊拉克战争，以及今天的叙利亚内战，都见证了这些技术的影响：美

---

① 陈伯江：《美国高级将领与著名学者访谈录：大洋彼岸的军事革命》，世界知识出版社1998年版，第17—18页。
② L. Benjamin Ederington, Michael J. Mazarr, eds: Turning Point: The Gulf War And U. S. Military Strategy, Westview Press, Feb. 1995.
③ Shawn Brimley, *Offset Strategies & Warfighting Regimes*, https://www.warontherocks.com/2014/10/offset-strategies-warfighting-regimes/, 2014-10-15.

国作为第一个完全拥有制导作战网络的国家获得了巨大的战略红利。① 从这个意义上讲，"抵消战略"塑造了当时美国无与伦比的常规威慑能力。

但任何一种战略都不可能一劳永逸。战略始终是一门在交互碰撞中发展的实践科学，当军事竞争中的一方发展出了明显的能力优势后，其潜在的对手必然会对此进行应对，而最为有效的应对就是在这些能力上进行模仿，因为这种方法的目标及路径都是由先发者验证过的，会减少风险成本。所以，"抵消战略"不可避免地会导致军备竞赛，至少前两次的经验已经如此表明：每一次的抵消必然会导致对手的追赶，成为下一次抵消的原因。这使"抵消战略"互为因果，承前启后，成为接连起伏的波浪。所以，就其核心而言，"抵消战略"是美国在均势条件下利用国家总体竞争优势来获取战场上的不平等竞争优势（unfair competitive advantage），确保威慑效果，将战争样式引向新领域或模式，以维持世界霸权的竞争战略。而这种均势的来源从来都是对手通过学习美国而获得的。20世纪50年代苏联学习二战时的美国，形成与美国的"规模均势"（甚至优势），美国随即发起了第一次"抵消战略"——"新面貌"战略，以发展核力量作为竞争优势来进行抵消。20世纪60—70年代苏联通过学习"新面貌"中的美国，发展起庞大核力量，导致美苏之间的核均势，美国就发起第二次"抵消战略"，以先进的 C^4ISR 和精确打击能力为主的"制导作战网络"来打破核均势和数量劣势。

美国"抵消战略"之所以能够成功，就在于战略运用的"灵活性"。纵观200多年美国战略发展史，尽管稳定性的特征极为明显，如面向亚太的战略延续上百年，遏制战略的推行达70多年，和平演变战略的实施也近50年，但改革与应变一直是其主题。相反，苏联在战略上韧劲有余，敏捷不足，要么对外界的反应迟钝，要么"船大调头难"，为美国实现"抵消战略"的成功或目的提供了重要机遇。

---

① Bob Work, "Speech on Mitchell Institute 25 Year Desert Storm Anniversary," https://www.defense.gov/News/Speeches/Speech-View/Article/691290/mitchell-institute-25-year-desert-storm-anniversary/, 2016-03-09.

第三章

第三次"抵消战略"的序幕开启

"太阳底下无新事",历史上常常重复上演着惊人相似的剧情。到 21 世纪初,美国在 20 世纪 50 年代初和 70 年代末曾经面对的战略困境再次出现。冷战结束后,世界上一些国家通过学习第二次"抵消战略"中的美国,发展起了自己的制导作战网络,逐渐形成了比较强大的"反进入/区域拒止"能力,导向了新一轮的"制导均势"。进入 21 世纪第二个 10 年,美国发现其"对手"在军事技术领域的追赶速度不断加快,在一些方面甚至有所超越,其以往的优势风光不再,世界军事霸权遇到了新的挑战,国家安全又面临新的威胁。不仅如此,由于经济增速陷入低迷,债务规模持续扩大,国防经费的增加根本满足不了需要,武器装备水平维持和研发都到了难以维系的境地。因此,美国国防部又探索军事上应对之策,经过一段时间的酝酿,最后依然决定沿袭战略传统,于 2014 年提出了第三次"抵消战略",试图打破新均势,再次获取新优势。

第一节 评估安全威胁的变化

奥巴马政府时期的参谋长联席会议主席马丁·爱德华·邓普西上将曾用"2+2+1"的公式来总结美国面临的挑战和威胁,即两个世界大国:中国和俄罗斯;两个地区性挑战:伊朗和朝鲜;一个非传统安全威胁:"基地"组织、跨国犯罪组织以及网络空间等。[1] 2017 年底到 2018 年初,美国相继发布的《国家安全战略报告》《国防战略纲要》《核态势评估报告》以及年中颁发的《国家军事战略报告》都继续坚持这一判断,且明确将中国作为其在全球范围内最主要的"战略对手"。在"2+2+1"的众多

---

[1] Ben FitzGerald, *Technology strategy then and now – the Long Range Research and Development Planning Program*, https://warontherocks.com/2014/10/technology-strategy-then-and-now-the-long-range-research-and-development-planning-program/, 2014-10-21.

第三章　第三次"抵消战略"的序幕开启

威胁中,非传统安全威胁一直是 21 世纪前 10 年美国防务战略的首要关切,反恐战争一度是美国战略制定的核心,人力、预算和资源都以反恐为中心进行配置。长期的反恐战争相对减弱了对大国战略竞争的重视,直至新的危机隐隐浮现,使美国开始反思这种巨额投入的做法是否值得。奥巴马上台后,即开始对美国的全球战略进行调整,降低反恐战争规模和优先等级,将战略重点再次转向传统威慑能力的增强。

一、世界主要国家的挑战

奥巴马上台后率先做出了"国际战略环境发生了重大变化"的战略判断,其决策层认为,"9·11"事件后,美国将反恐战争列为国防战略重心的 10 年间,虽然恐怖袭击再未对美国本土造成重大伤害,但国家为此消耗了过于巨大的战略资源,带来了严重的战略负担,而经济危机的爆发则标志着这种负担所造成的"战略透支",已使美国的反恐战争战略具有明显的不可持续性。与此同时,传统的国家安全威胁正以美国前所未见的方式呈现出来,致使美国不得不进行战略调整:一方面,它要继续进行并尽快结束反恐战争,将恐怖主义限制在可控范围内;更为重要的另一方面,它必须开始更为专注地应对国家间竞争等传统威胁,以获取与中俄等大国战略博弈的优势。

尤其在军事上,美国认为,中国正着眼于实现利用精确打击武器进行决定性作战和非对称作战的军事现代化进程无疑是其最"迫切的威胁"(China is most certainly a "pacing threat")。① 中国在西太地区占有地理位置主场优势,作战上占有内线优势,岛礁建设更将这种优势进一步延伸。加之中国在硬件(核潜艇、常规动力潜艇、反舰导弹、五代战机、超音速远程打击武器)投入和软件发展(C^4ISR 能力、赛博能力、空间能力)上取得了长足的进步,中国提出的"跨越式发展""弯道超车""世界一流军队"等概念意味着它不仅与美军拼现在,更是拼未来。近年来中国显著加大了对军事力量建设的投入,努力构建自己的"反进入/区域拒止"能力,形成一个陆海复合型国家对全球海洋霸权国家的拒止与挑战,从根本上对

---

① Shawn Brimley, *Offset Strategies & Warfighting Regimes*, https://warontherocks.com/2014/10/offset-strategies-warfighting-regimes/, 2014-10-15.

美国构成了威胁。所以,中国的军事现代化正果断地迈进"制导作战模式",成为了美国"最紧迫的应对事项"。

美国还意识到,弗拉基米尔·普京执政以来,尽管在经济发展上遇到诸多困难,但在尖端武器装备的研发方面却不惜投入巨资,且取得了出乎意料的进展。在超高音速武器和导弹运载能力方面成效显著。俄罗斯现在能够在波罗的海全境、波兰、黑海地区甚至欧洲腹地与地中海和黎凡特地区形成"反进入/区域拒止"。在冲突或危机中,这对于北约东北和东南以及斯堪的纳维亚国家前线的飞机和舰船形成了巨大威胁。在高加索、东欧和中东地区,俄罗斯采取攻势战略,不停地"秀肌肉",使美国处于被动应付,甚至束手无策的状态。比如,美国在海湾战争、伊拉克战争以及中东变局中,几乎所向披靡。然而,在叙利亚问题上,由于俄罗斯的强力介入,致使局势发生了逆转。美国虽然划定了红线,不止一次地提出阿萨德政权必须下台的要求,但却无法实现自己的目标,使得自身"颜面尽失"。在伊朗核问题、朝核问题和委内瑞拉危机上,美国虽然软硬兼施,但无一获得突破,尽显力不从心。

当然,欧亚两端的"反进入/区域拒止"态势并不一致。在亚太,美国所面临的兵力投送难度远远大于欧洲,因为在欧洲,北约可对美国提供规模较大且坚强有力的支持,欧洲国家可提供的军事资源,不管是后勤、基地还是人员与武器方面,都远比其亚洲盟友多得多。俄罗斯的拒止范围主要集中在西欧陆上和波罗的海地区,其间没有广阔的可供交战的公共区域,都是各国的领土领空和领海,而在这些区域内,各国都各自占有内线优势,所以拒止的成效其实并不高,对从美国本土向西欧战场投送力量的影响远不如亚太地区严重。

二、地缘战略态势的逆转

美国建国以后,在战略制定与实施上总是围绕自身力量的消长、国家利益的变化和国际格局的转变不断调整重心,带有清晰的地缘轨迹。第二次世界大战前,它奉行"孤立主义"政策,尽力避免卷入到"旧世界"的"混战"中,虽然第一次世界大战后,威尔逊有意"走出国门"参与国际事务,主导国际秩序,但国内的孤立主义势力仍旧控制着国内政局,国会最终没有批准他一手缔结的《巴黎和约》。美国继续遵循着一战前的国际

第三章　第三次"抵消战略"的序幕开启

战略取向,不断拓展其在传统帝国势力遭到削弱的亚太地区的利益与影响力。第二次世界大战中,美国彻底改变了传统战略。纵然日本在太平洋上袭击了珍珠港直接导致美国参战,但罗斯福仍坚定地将德国作为首要战略对手和主要矛盾起源,提出"欧洲第一,先欧后亚"的主张,明确将美国的战略中心从亚太转向欧洲。战后,美国确立起了世界上最强大国家的自信,开始接管国际事务,企图建立一个由其主导的国际秩序。然而,苏联军事力量也在二战中强大起来,成了美国推行全球战略的重大障碍。于是,美国便把主要战略资源投到欧洲,全面遏制苏联。

苏东剧变,冷战结束后,美国在欧洲面临的威胁大幅减弱。与此同时,中国通过改革开放,力量不断上升。20世纪90年代初,"中国威胁论"在美国开始出现,战略东移的意识滋生出来。克林顿政府就对华政策进行辩论,认为中国力量有限,对美国还难以构成根本性的威胁,因而主张利用2015年前并无大国挑战的"战略机遇期",按其价值观再次塑造世界。所以,美国提出了对华既要接触又要遏制的政策,企图将中国融入其所主导的国际体系之中。

进入21世纪后,美国战略界认为,中国的崛起已成事实,再不进行全力遏制就来不及了。小布什在竞选期间和上台后不久,就准备实施战略东移,大幅调整对华政策,不仅大规模向台湾地区出售武器,而且甚至提出要全力"协防台湾",为中国的发展制造麻烦。然而,2001年发生的"9·11"事件,改变了美国的战略走向,使其全力以赴地进行反恐战争。从2001年到2011年10年时间里,美国先后发动了阿富汗反恐战争、伊拉克战争和军事干预利比亚行动以及诸多特种作战行动,战略东移也就无暇顾及了。

奥巴马上台后,冷战后美国所获得的战略红利基本失去。从综合国力上看,中国的快速发展势头强劲,与美国的距离日益接近;俄罗斯也逐步消化了苏联解体所造成的战略失衡,开始步入正常发展轨道。不仅如此,中俄两国"抱团取暖",建立了全面战略伙伴关系,对美国说"不"的频率越来越高。更有甚者,新兴市场国家建立的"金砖国家"集团以及中俄主导的"上海合作组织"在国际上发挥的作用越来越大。相反,欧美跨大西洋关系的离心力却日益加重。面对前任留下的"烂摊子",奥巴马政府绞尽脑汁,先是提出了与中国构建"G-2"世界的构想,接着又转而加快了战略重心东移的步伐,以对冲中国崛起的战略影响。2009 年 7 月 21 日,希拉里作为美国多年来首次出席东盟外长会议的国务卿,在会上宣布"美国已返回东南亚",将全面与东南亚伙伴国合作以应对所面临的挑战。① 同年 11 月 14 日,奥巴马访问日本期间,高调自称为"首位太平洋总统",表示美国作为太平洋国家将增强并持续保持在亚太地区的主导地位。② 2010 年 10 月 28 日,希拉里在夏威夷发表了关于美国作为一个太平洋国家的重要政策演说。③ 她着重强调,美国将采取"前沿部署"外交政策,通过"巩固同盟关系、发展新兴伙伴关系,参与地区机制加强与亚洲的接触,在经济、安全和价值观三个领域发挥领导作用"。④ 其后,美国采取双边和多边的努力,"使美国作为一个参与者不仅重返亚太地区而是常驻亚太地区"。⑤

尤其在 2010 年中国 GDP 总量超过日本成为世界第二之后,美国更是将中国视为全球唯一有能力挑战其国际地位的国家,并认为中国已经在全球秩序中展示出了强烈的挑战者姿态。作为服务政治的手段,国防与军事战略必须转向。因此,2012 年 1 月 5 日,美国国防部发表题为《维持美国的全球领导地位:21 世纪国防的优先任务》的防务战略指南。《指南》明确提出,美国防务战略重心转向亚太地区。同年 6 月 2 日,国防部长帕内塔在新加坡举行的香格里拉亚洲安全对话会上,发表了题为"面向亚太地区的战略再平衡"的演讲,完整阐述了美国新的亚太防务战略。

---

① Hilary Rodham Clinton, Press Availability at the ASEAN Summit, (2009 - 07 - 22) [2016 - 02 - 04]. http://www.state.gov/secretary/20092013clinton/rm/2009a/july/126320.htm.

② Remarks by President Barack Obama at Suntory Hall, Nov. 14, 2009, https://www.whitehouse.gov/the-press-office/remarks-president-barack-obama-suntory-hall.

③ Secretary Clinton: Travel to Asia, (2010 - 11 - 08) [2016 - 02 - 06], http://www.state.gov/secretary/20092013clinton/trvl/2010/149864.htm.

④ Hilary Rodham Clinton, America's Engagement in the Asia – Pacific, (2010 - 10 - 28) [2016 - 02 - 06], http://www.state.gov/secretary/20092013clinton/rm/2010/10/150141.htm.

⑤ Office of the Spokesman Washington, Secretary Clinton's Address Caps Year of U.S. Engagement and Leadership in Asia – Pacific, (2010 - 01 - 12) [2016 - 02 - 06], http://www.state.gov/r/pa/prs/ps/2010/01/135094.htm.

第三章 第三次"抵消战略"的序幕开启

在欧洲基督教文明二元对立观念影响下,美国战略文化传统习惯于主动寻求、确立、塑造战略对手,明确的"对手"是美国身份确立与认同的基本方式,是国家利益判断的标杆。恐怖主义威胁的减少以及其优先地位的降低并不会导出美国的战略收缩与平衡,但经济危机所激发出的国内不稳定促使着美国向外去寻求下一个对手。当美国将目光从反恐战争中抽离出来,从全球角度去审视冷战结束后20余年的世界军事力量的变化与趋势时,它发现那个古老的新视域——大国竞争与常规威慑——已然发生重大变化。从地缘角度看,中国、俄罗斯、朝鲜都位于亚太地区,而且相互联动,形成了合力。相反,美国在亚太地区的联盟体系却呈现出松散的态势。东盟国家的不"选边站",其实就是脱离美国。这样,美国在战后主导亚太地区事务的态势出现了对其不利的变化。

三、战略力量机动的威胁

美国进而认为,其在军事上还面临着一些军事大国"反进入/区域拒止"战略的威胁。第二次世界大战后,美国一直运用前沿军事部署和远程兵力投送的方式应对区域性的危机或战争。这种战略思维方式是在冷战中形成的,核心是集中兵力和快速反应,后来又成为美国维持冷战后世界霸权最重要的军事依托。美国是一个把海权论奉为圭臬的海洋国家,其当前的霸权来源于其对欧亚大陆两端以及世界重要水道的掌控,这使其有能力按照自己的意图塑造地区秩序,发挥世界影响力,攫取并保障经济利益。所以,美国须在自己需要的地方保持必要的军事存在,以便强化战略快速反应能力,使美军在全球争夺中掌握"靠前部署、预有准备和立即反应"的主动权,影响与控制盟友在重大战略问题上的态度与选择。但是,由于其他大国军事能力的提升,美国前沿存在和兵力投送的自由遇到了障碍。

其实,冷战刚结束不久,一些美国军事专家就注意到,在美国面临的未来战争中,一些地区性大国可能并不寻求歼灭战,而是企图通过破坏美军力量投送系统,阻止或者迟滞美军进入战区空间或前沿基地,以赢得战争的胜利。1992年,美国国防部净评估办公室官员安德鲁·克雷皮内维奇在其撰写的《军事技术革命:初步评估》报告中指出:"在与美国军事竞争中,许多安于做地区强国的竞争对手可能不会像美国那样谋求全球性的控制力与主宰力,而可能会把对信息、太空、海上和空中的阻绝作为发展目标。"① "我们的目的是控制或主宰空、海、天等领域,而许多对手可能想阻止我们做到这一点。"② 1994 年,美国兰德公司出版了《国际规划新挑战》研究报告,认为美军的对手可能会利用政治、经济等手段阻止美军从相关国家获得军力投送的通道,或者直接攻击海、空交通的要害节点以迟滞美军的部署。③ 1997 年,美国海军作战部长杰伊·约翰逊表示:"下一个世纪,美国的敌人可能将攻击对准集结于海岸的部队和装备,在海上和空中攻击我军。这不仅仅是一种海上拒止威胁,也不仅仅是海军面临的问题,而是一个区域拒止威胁。挫败这一威胁将是美国向所有需要的地方投送和维持军力时的唯一关键要素。"④

1997 年,美国国防部发布的《四年防务评估报告》认为,对手在对美国的常规战争中,可能运用非对称手段,以迟缓或阻止美国运用重要设施,干扰美军的指挥、控制、通信和情报网络,威慑美国的盟友和伙伴等,⑤ 从而使美军在战争中败北。是年年底,美国国防专家小组发表的《国防转型:21 世纪的国家安全》报告强调,美军的持续优势,在于有能力快速而无障碍地将作战力量投送到世界各地,这一能力在很大程度上取决于其拥有持续的通道进入关切地区。然而,美国面临前沿基地无法进入的威胁是现实的,未来这种威胁几乎毫无疑问地会增加。更为严重的是,美军目前的结构、指导思想和战略不足以应对包括前沿基地无法进入在内的新型挑战。⑥ 1999 年夏,美国助理国防部长宣称:"其他国家的战略逐

---

① Andrew F. Krepinevich, *The Military – Technical Revolution: A Preliminary Assessment*, Washington D. C. CSBA, 2003, p. 44.

② Roger Cliff, Mark Burles, Michael S. Chase, Derek Eaton, Kevin L. Pollpeter, *Entering t e Dragon's Lair: The Implications of Chinese Antiaccess Strategies*, RAND, 2007, p. 1.

③ Paul K. Davis, ed. , *New Challenges for Defense Planning: Rethinking How Much Is Enough*, RAND, 1994, pp. 387 – 388.

④ Admiral Jay Johnson, "*Anytime, Anywhere: A Navy for the 21 Century*," November 1997. As quoted from Andrew F. Krepinevich, *Why Air Sea Battle?* Washington D. C. CSBA, 2010, p. 9.

⑤ U. S. Department of Defense, *Report of the Quadrennial Defense Review*, 1997, https: //www. defense. Gov/pubs/qdr/sec2. Html.

⑥ National Defense Panel, "Tranforming Defense: National Security in the 21st Century," Washington D. C. US Governmrnt Printing Office, Dec. 1997, pp. 12 – 13, p. 21, p. 33.

渐会把目标围绕在防止美国介入的反进入/区域拒止这点上。"①

美国国防大学2001年撰写的《2001年四年防务评估——安全驱动的战略选择》研究报告认为，"地区性大国将采取反进入/区域拒止战略"，"因而美国战略力量的投送可能会在一场主战区战争中面对这样的对抗"，"假如这样一场主战区战争爆发，一种反进入战略似乎将是减弱美军力量最佳的——也许是唯一——办法"。②2001年9月国防部发布的《四年防务评估报告》正式将"向远距离的反进入或区域拒止环境投送和维持美国力量，挫败'反进入/区域拒止'威胁"列为美军六大作战目标之一。

随着研究的深入，美国官方和智囊机构赋予"反进入"概念以更清晰和明确的定义。依据战略与预算评估中心的说法，"反进入"是指"阻止美军力量进入其行动区域"。③兰德公司在《深入龙潭：中国"反进入"战略及其对美国的影响》一文中，将"反进入"表述为"任何旨在迟滞美军及其盟友进入战区的行动，包括剥夺美军在战区内特定地域的行动权，或者迫使美军从远离冲突中心的地方发起打击"。美国预算与战略评估中心在《为什么要进行空海一体战？》报告中认为，"区域拒止"是指敌手试图阻止海上力量在战区的自由行动。2012年国防部出台的《联合作战进入概念》以及2015年制定的《全球公域进入与机动联合概念》指出，"反进入"是指使用远程手段阻止美军进入作战区域，而"区域拒止"则是限制美军在作战区域内行动自由。

2010年，美国国防部在《四年防务评估报告》中，正式把"反进入/区域拒止"确立为美军未来要着重应对的战略问题，将"在反进入环境中慑止和击败侵略"作为美军八大作战任务之一，明确了"反进入"威胁主要来自实体国家。④这些国家"试图拒止外部力量进入特定地区，以使得其'侵略'或其他行动不受干预"。文件反复使用"反进入/区域拒止"概念达20余次。2011年2月发布的《国家军事战略报告》，更是将"反进

---

① 上海社会科学院国际战略研究中心编译：《2001年四年防务评估——安全驱动的战略选择》，国防大学出版社2003年版，第48页。

② 《2001年四年防务评估——安全驱动的战略选择》，第49页。

③ Andrew F. Krepinevich, Barry Watt, Robert Work, *Meeting Anti-access and Area-denial Challenge*, CSBA, 2003, p. ii.

④ Department of defense, *Quadrennial Defense Review Report*, February, 2010, p. 15.

入"视作"试图阻止我们国家向地区投送和维持作战力量的战略"。① 2014年3月，国防部发布的《四年防务评估报告》指出，美国所面临的"未来的冲突将包括从运用非对称手段的代理人制造的意外事件，到拥有大规模杀伤性武器或具备先进技术的反介入和区域拒止能力的国家引发的高端冲突"。②（Future conflicts could range from hybridcontingencies against proxy groups using asymmetric approaches, to a high – end conflict againsta state power armed with WMD or technologically advanced anti – access and area – denial（A2/AD）capabilities.）因此，美军战争准备的基点应从对付什么样的冲突转向全谱行动上来。2015年7月发布的《国家军事战略报告》继续把"反进入/区域拒止"看作是美军面临的不断增长的威胁。③

"反进入/区域拒止"并非新鲜事物，其核心内容是限制对手的行动空间和行动自由，而这点自古以来就是兵家孜孜追求的目标。在现代战争中，所谓"制海权""制空权"等概念，从本质上说，与"反进入/区域拒止"虽然有攻防之分，但都是为了剥夺敌人的行动自由，确保自己的行动自由。美军本身就擅长通过高强度空袭、电子战等高技术手段剥夺对手的行动自由。自二战结束以来，美军"进入"战区的能力基本没有受过太大的威胁，战区内海、空乃至太空、网络空间等"行动自由"也很少遭到挑战。这几年对"反进入/区域拒止"战略的重视，是因为一些对手掌握了原本只有美国"垄断"的"反进入"和"拒止"手段。随着诸如精确制导武器、远程打击武器等新型作战系统的发展及其在"反进入/区域拒止"行动中的运用，美军认为其所面临的危险极大地增加了。

综上所述，美军所谓的"反进入/区域拒止"战略，就是由于其他国家军事力量的提升和作战手段的改进，对其在一些地区进行兵力投送和作战行动展开构成了障碍，形成了威胁。换言之，就是在美国看来，"反进

---

① The Joint Chiefs of Staff, *The National Military Strategy for the United States of America 2011*, Joint Chiefs of Staff, Febrary, 2011, p. 8.

② "Future conflicts could range from hybridcontingencies against proxy groups using asymmetric approaches, to a high – end conflict againsta state power armed with WMD or technologically advanced anti – access and area – denial（A2/AD）capabilities," Quoted From *Quadrennial Defense Review Report*, The Department of Defense, 2014, p. VII.

③ The Joint Chiefs of Staff, *National military strategy for the United States of America 2011*, June, 2015, p. 16.

入/区域拒止"战略是实体国家综合运用军事和非军事手段,试图削弱美国对某些特定地区的进入能力,破坏美国在"全球公域"(Global Commons)的行动自由,从而达到维护或扩展其国家利益的目的。

实际上,美国国家安全战略面对的"反进入/区域拒止"的根本挑战并不是前沿存在和兵力投送能力的下降,而是"制导均势"带来的严重影响。它将加剧危机的不稳定性;削弱美国威慑的可信度以及盟国对美军践行安全承诺能力的信心;增加美国成本,从而破坏其与潜在对手长期竞争的能力,令美国自冷战后所塑造的国际秩序以及美国在其中所扮演的绝对主导地位受到冲击。

在"反恐战争"的10多年里,美国的兵力结构和武器装备发展都是为了打低烈度战争而准备的,现在面临的主要威胁却变成了"反进入/区域拒止"这种高强度威胁。美国战略界普遍认为,美军并没有为这种威胁做好准备,出现了能力与应对威胁不匹配的现象。

当然,需要明确的是,美国虽然强化要防范中俄等国的"反进入/区域拒止"战略,但并不等于这些国家现在已真正具备这种能力,而是着眼于未来。所以,它所追求的是在2035年后仍能够保持绝对军事优势(美国预计中俄等对手在这个时间段内能够形成较为完整的"反进入/区域拒止"能力和与当前美军相称的竞争能力)。据此,美军不仅处理应对已经可以预想到的"反进入/区域拒止"战争,还要对未来战争的背景与样式进行预期。

第二节 应对作战领域的挑战

通过战略评估,美国认为,战略优势丧失的危险最直接来自于并反映在现实作战领域。自第二次"抵消战略"以来,美国所构建的"制导作战网络"已逐渐被后来者赶上,甚至局部超越,其随心所欲地通过力量投送实施战略控制的条件已不复存在。

一、正视精确武器技术的扩散

第二次"抵消战略"的成果集中体现在以精确制导武器系统为核心的"制导作战网络",对这一作战网络的垄断使美国独享了近25年的常规军事绝对优势。但近年来，美国战略界开始逐渐警觉于当今世界精确武器系统的扩散趋势：一些国家通过研究和学习美国，已经获得了相应技术和平台，更有一些国家，比如中国、俄罗斯、伊朗，甚至已经初步建立起了相对成熟的制导作战网络。正如沃克在 2014 年 8 月的演讲中所说的那样："在美国经历两场旷日持久战争的同时，其他国家并没有闲着，他们在 1991 年的'沙漠风暴'中看到了我们展现出的优势，并进行了深入的研究，开始设计自己的竞争方式。如今，与苏联开展激烈军事技术竞赛刺激下所形成的早期成果，如导弹、太空系统、制导武器、隐身技术和作战网络等，已经扩散了。缺乏经验的军队和非国家行为体都在努力获取以前只有美国才拥有的技术和武器。"① 之后，2014 年 9 月 3 日，时任美国国防部长查克·哈格尔在"国防创新日"的主旨发言中进一步表示："中俄两国一直在试图通过专注长期而全面的军事现代化计划，来缩小与美国的军事技术差距。他们在反舰、防空、反太空、网络战、电子战和特种作战能力方面都取得长足进步，企图通过增加舰机和部队数量对抗美国的常规优势——尤其是我们的全球投送能力。"② 这种制导优势的丧失改变了美军的"作战环境"和全球军事力量的平衡，使美军在前沿战场面临致命威胁。美军所具备的质量优势，即武器装备超前，编制体制优化，人装结合高效，能够先敌发现、先敌开火、先敌摧毁，以及在此基础上形成的非对称作战能力，已被其他国家军队模仿和追赶，不再独占鳌头，最初的非对称已逐步转变为"制导均势"。

第一，联合作战体制外溢。作战指挥体制与技术进步是紧密相关的。冷战后，美国连续在几场局部战争中获得军事上的胜利，联合作战体制发挥了关键性的作用。传统作战领域先以水分界，军队的最初的形态为陆军，然后产生了海军和海军陆战队；第一次世界大战期间，飞机被投入使用，作战领域又扩展到空中，空军随之诞生；20 世纪 60 年代，作战领域又进一步扩大，伸向太空和电磁空间，新型作战力量得以出现。由于作战领域的扩展，综合与专业的矛盾就产生了。

---

① Bob Work, "Speech on National Defense University," https：//www.defense.gov/News/Speeches/Speech – View/Article/605598/, 2014 – 08 – 05.

② Chuck Hagel, "Defense Innovation Days," Opening Keynot, https：//www.defense.gov/News/Speeches/Speech – View/Article/605602/, 2014 – 09 – 03.

第三章 第三次"抵消战略"的序幕开启

对于技术发展所带来的作战方式变化,传统的以军种为主导的作战指挥体制已经滞后,制约着作战效能的发挥。为了解决这一问题,美国从1898年美西战争开始,就着手探索建立联合作战指挥体制,虽然几经努力,但效果不彰。直到1986年,美国国会通过了《戈德华德—尼科尔斯法案》,从法律上厘清了总统、国防部长、参谋长联席会议主席、军种参谋长和战区司令的职责权限,明确战区司令作战指挥员的地位,才基本理顺了作战指挥关系。至此,美国联合作战体制才真正建立起来,并经受了战争实践的检验,同时又在战争实践中不断地发展与完善。21世纪初期,小布什政府的国防部长唐纳德·亨利·拉姆斯菲尔德(Donald Henry Rumsfeld),大力推动国防部和美军转型,进一步优化了美军联合作战指挥体制。

苏联及其主要继承者俄罗斯也为建立联合作战指挥体制做了许多尝试,特别是经历了两次车臣战争的切肤之痛后,步伐显著加快。2008年,俄罗斯实施"新面貌"军事改革,构建了类似美军联合作战指挥体系。中国于20世纪80年代开始推进经济改革,军队建设则在一个较长的时期里处于"维持型"状态。有鉴于90年代美军"海湾战争"所带来的普遍而深刻的印象,国家才进一步界定国防现代化的目标,更新军事战略方针,将军队建设从数量规模型转到质量效能型。然而,囿于服务国家总体发展战略,军队在发展中仍处于"忍耐阶段",一直到党的十七大"富国强兵"战略的出台,国防现代化建设才正式大规模起步,跨越式发展、"弯道超车"等概念涌现出来。党的十八大之后,新一轮军事改革的蓝图重新擘画,2015年军队规模编成调整正式启航,开始重塑。经过几年的努力,中国已建立了具有自身特色的联合作战体制。

第二,精确制导武器扩散。随着精确武器系统的扩散,其他国家军队与美军的质量差距逐步减小,美军的优势被蚕食,使其国家威慑,尤其是延伸威慑能力下降,可信性降低。

在冷战后几场局部战争中,美国第二次"抵消战略"的成果发挥得淋漓尽致。精确制导武器的运用提高了毁伤对手目标特别是指挥机构和关键设施的效率,导致对手的指挥体系瘫痪,失去抵抗能力;隐身技术的运用,使对手难以发现目标,无法进行有效的防御,只能被动挨打;远程打击手段的运用,使对手即使发现了目标,也束手无策;信息指挥系统的运用，使对手在做出反应之前就被摧毁，难以有效地组织作战，更不用说形成再战的能力。尤其是科索沃战争中，美军历史性地实现了人类首次不依靠陆军，不实施入侵，只依靠远程轰炸就赢得了一场战争的创举。这昭示着人类战争史开始进入一个崭新的阶段，较激进的声音甚至提出了"陆军无用论"。

然而，进入21世纪后，情况发生了巨大的变化。精确制导武器几乎不可避免地扩散向了美国的主要竞争对手，这使它们可以在较远距离打击美国的前沿基地和大型水面舰艇（这些设施在此之前几乎不受威胁），防御可能的打击成为前线力量的主要任务，因而不能充分发挥其应有的进攻性功能。尤其是在实战中，前线地面部队会因目标过大而面临巨大的作战困难，行动自由被部分受限或完全剥夺。美军将构成这种威胁的能力称之为"反进入/区域拒止"能力（A2/AD）。

第三，作战理论创新乏力。理论是行动的先导，概念是创新的指南。从建军到第二次世界大战期间，美国基本上都沿袭传统的作战理论，与对手拼耗战略资源，鲜有创造。第二次世界大战后，美军为了更加高效地打赢战争，避免二战式的大规模消耗再次出现，并以最小代价维持起刚刚建立起的世界霸权，不仅着力开发新技术，而且不断研发新理论，特别是20世纪70年代后，一系列新的战略和作战概念喷涌而出，美国也据此重塑其国防指挥体制。

然而，按照1947年国家安全法构建的新体制，并未发挥出预期的作用。在新体制下遂行的两场局部战争都以败北而告终。越南战争后，美国反思认为，军队必须改革，在推进技术变革的同时，也加快了作战理论的研发。特别是在第二次"抵消战略"提供的前所未有的物质条件的推动下，空地一体战、联合作战、兵力投送、快速反应等具有重大意义的军事作战理论先后出现。冷战结束后，美国并未止步，反而加快了作战概念研发的步伐，网络中心战、信息战、战略瘫痪、全维（全谱）作战、基于效果作战、快速决定性作战、全球一体化打击、混合作战等理论不断推出，令人眼花缭乱。这些概念紧贴战略和作战环境，为美国如何进行实战提供理论支撑。这一时期，是美军历史上作战理论创新与发展的最为辉煌的年代。

但是，进入21世纪第二个10年后，面对新的作战环境，美军虽然也提出了一些作战理论，但大多属于翻新，缺乏真正有效的实质性突破。2010年以来，美国国防部及与国防事务密切相关的智库也抛出了一些所谓新的作战概念，如空海一体战、全球公域进入与机动联合作战、全球一体化快速打击、分域作战、多域作战、动态分布式作战、知识中心战等，但多是争鸣意义大于实际效果。相反，世界上一些军事大国在作战理论上针对美军提出的创新，倒是取得了重大的进展，从而，使其产生了极为严重的焦虑。

物质决定意识。无论是美军还是其主要对手，无论是作战体制还是作战理论的变革，均因"制导作战网络"而起，并为"制导作战网络"服务。因此，随着精确制导打击武器技术的扩散，美国与此相关的联合作战体制和作战理论优势不复存在，"你无我有，你有我优"的状况正在发生快速的改变，非对称作战的效益大幅降低，常规威慑也无疑趋于失灵。

二、抒解"兵力投送"能力的受制

兵力投送是指"针对全球任何地区的快速预警、动员、部署和作战能力"，涵盖了以作战为中心的军事行动的全过程，是美军维持全球性霸权的支撑性能力。自20世纪80年代以来，美国对于兵力投送问题极为重视。为了解决这一难题，1987年4月15日，美军成立了运输司令部，在和平时期制定军事运输计划，战争时期进行力量投送。克林顿时期的国防部长莱斯·阿斯平认为，增强美军对地区冲突的快速反应能力，主要有三方面措施：一是增强冲突初期所投入的快速部署部队的战斗力；二是提高陆军后备役部队的战备程度；三是在海外预置更多的物资和装备及加强海空运能力。[①]2014年的《四年防务评估报告》和2015年的《国家军事战略报告》都强调，继续保持在过去10年来已发展起来的力量投送能力，以应对恐怖主义、大规模杀伤性武器和其他方面的威胁。[②]

为了提升投送能力，美军着力研发战略运输机。1991年首飞，1994年投入使用的C-17重型远程战略运输机成为美军快速投送的主要工具，其起飞重量为265吨，运输能力为C-130运输机的4倍，具备超强的远程运

---

① 莱斯·阿斯平：1995财年《国防报告》，军事科学出版社中译本，第二部分。
② The US Department of Defense, *the Quadrennial Defense Review*, Mar. 2014, p. 19.

输能力，同时又具备在邻近战场的 900 米长、无铺筑路面的简易机场起降能力，可以完成直接向前线运送补给的战术任务，体现了空军"全球力量，全球抵达"战略思想。"9·11"事件后，靠这种超大型运输机，美军仅用 1 个月时间就完成了对阿富汗实施军事打击的部队集结和物资调运。小布什政府投入 449 亿美元采购 120—134 架 C-17 重型远程战略运输机，以达到所确定的战区间空运能力 4900—5200 万吨英里/日的发展目标。根据 2014 年的《四年防务评估报告》，到 2019 年时，美军预计具有 172 架 C-17 重型远程战略运输机和 39 架传统的 C-5 运输机，从而使美军可在 24 小时内实施全球范围的战略力量投送任务。①实际上，截至 2019 年 9 月 30 日，根据《美国空军 2019 年鉴》的资料，美军空军实际拥有 222 架 C-17 运输机和 52 架传统的 C-5 运输机。此外，美国国防部计划将预置船队由 14 艘增至 16 艘，将快速海运船增至 55 艘。②截至 2019 年 1 月，美军拥有可一次装载 3000 台轮式车的大型中速滚装船 19 艘。

  美军认为，在兵力投送条件下，必须力求首战取胜，因为初战的失败将对后续军事行动造成严重障碍，或导致其完全不能实施。为此，美国国防部提出："增强对导弹和核生化武器的主动和被动防御能力；发展新的网络中心战观念；减少部队在进入时对主要机场和港口的依赖；增加隐形、远距离、超高速、远程和无人系统的作用；提高直接从一体化海上基地投送和维持力量的能力；进一步提高沿海作战能力；发展地面部队使其更轻便、更有威力、具有更强的多种作战能力、持续作战能力、生存能力和快速部署能力；③ 训练有素的人员；可对付敌方不断改进的战略欺骗手段并提供准确及时的早期预警的全球高效情报系统；全球通信系统和信息优势；空间优势；制海权和制空权等，④ 也都是确保力量投送成功不可或缺的条件。"

---

  ① 国力等编著：《美国下一场战争使用什么武器》，机械工业出版社 2002 年版，第 23—29 页。

  ② 徐国安：《对美军"聚焦式后勤"原则的评估》，《外国军事学术》2002 年第 10 期。

  ③ 《美国国防部长致总统和国会的年度报告》，黄柏富前引书（下册），第 500—501 页。

  ④ 威廉·科恩前引书，第 17 页。

近年来，由于对手精确打击能力和隐身技术的发展，美国在兵力投送问题上遇到了严重的障碍。不仅前沿基地的安全难以得到有效的保障，而且力量投送的工具也可能在机动中被对手摧毁。这将置攻击部队于进退两难的境地，既无法攻击对手"区域拒止"设施，因为"反进入"能力阻止他们将力量投送到战区，又无法摧毁对手"反进入"装备，因为它们受到"区域拒止"能力的高度保护。

在今天的背景下，"反进入"的目的是迫使美军的能力在其有效范围之外采取行动，无论是在空中、太空、网络空间、陆地或海上。这些威胁包括配备远程武器的航空设施，比如携带先进巡航导弹的远程轰炸机、短程或中程弹道制导导弹等。重要的是，"反进入"威胁不限于空中领域，甚至不限于物理领域。反卫星系统是一个明显的例子。陆基反卫星能力通常具有能够在大气层之上造成破坏，并且阻止对手利用卫星进行情报、监视和侦察、通信或其他活动的能力。同样，网络空间能力可用于对抗空中或太空能力，或对抗美军的网络部队。这些威胁可能会阻碍飞机使用前沿区域的后勤设施，或强迫网络操作员转向以防御为重点——这相当于在物理领域被拒止进入战斗空间。同时，使用这些武器时，增加了在广阔地域实施作战的风险，甚至可能阻止美国、盟国或合作伙伴在至少一段时间内的行动。"区域拒止"的目的是阻碍美军在特定区域内的行动自由。在海上和空中，这通常使用由雷达、飞机和地对空导弹系统组成的一体化防空系统来实现。在太空，这可以通过散布碎片使轨道不可用来实现。在网络空间中，防火墙和其他保护系统在整个虚拟的战斗空间，以类似的方式阻止友军的行动。总的来说，这些"区域拒止"能力在整个空中、太空和网络空间提供了强大的防御。

一旦不能进行"兵力投送"，美国应对区域性危机或战争的能力势必大为下降，全球干预就变得有名无实，其操纵世界所赖以存在的军事基础也就彻底动摇了。

三、消除"反进入/区域拒止"威胁

"反进入/区域拒止"能力从根本上动摇了美军常规力量优势，削弱了美国常规威慑的基础。美国常规力量优势来源于军事科技上的传统优势，折现为战斗力时则表现于"制导作战网络"的垄断及其所锻造的战场优

势。自古以来战场上的现实优势由两方面构成,即最大程度的"保存自己,消灭敌人","制导作战网络"在作战攻防两方面都提供了绝对优势。该网络由大量节点构成,具备"发现即打击,打击即摧毁"的能力。具体是通过先进的 C^4ISR 系统达到全面侦察、快速反应,通过远距离制导武器完成超越防区的远程精确打击,可以在高效达成毁伤效果的同时保持自身安全,通过隐身平台的突防能力以较低代价获取制空权,通过强大的全球投送能力和众多的前沿阵地将战争资源投送到任何需要的地方,形成局部优势。"反进入/区域拒止"能力是在学习美国"制导作战网络"的基础上,针对该网络优势形成的能力基础进行反制,对该网络的各个节点实施破坏:通过制导武器齐射,毁伤美军前沿基地和设施,通过电子战、网络战和空间战等手段,瘫痪美军的 C^4ISR 系统;通过一体化防空手段,拦截美军隐形飞机和远程导弹,在物理和非物理时空中展开全面拒止,在作战构想上达成"一不让发现,二不让精确,三不让打击"的效果,使美军制导作战网络陷入失能。所以,马丁内奇在《迈向新"抵消战略"》中指出,美军如今面临以下4个核心作战威胁:一是美军驻世界各国的区域性抵近基地(例如港口、机场和地面设施)越来越容易遭受攻击;二是海面大型战舰和航母在对手海岸线的远距离之外,越来越容易被发现、跟踪和打击;三是非隐形战机越来越容易被现代一体化防空系统(IADS)击落;四是太空不再是免遭攻击的庇护所。①

美国前国防部长哈格尔表示:"如果我们现在不认真对待这些挑战,那么在未来战场中,我军就可能会面对拥有颠覆性先进技术对手,这将会压制我们的技术优势,制约我们的行动自由,将美国人民的生命置于危险之中。"②"前沿存在"是现代美军最为重视的概念。冷战时,美军的前沿存在是为了保持自身的行动自由,以显示决心并准备好作战,阻止苏联的侵略。冷战后,美国决定维持前沿存在,但由于缺乏实质挑战,更多的是显示资源,其实际战斗力已经下降。这种为了象征部署必须将部队置于

---

① Robert Martinage, "Toward a New Offset Strategy: Exploiting U. S. Long – Term Advantages to Restore U. S. Global Power Projection Capability," Washington DC: The Center for Strategic and Budgetary Assessments, 2014, pp. 1 – 73.

② Chuck Hagel, "Defense Innovation Days," Opening Keynote, https://www.defense.gov/News/Speeches/Speech – View/Article/605602/, 2014 – 09 – 03.

"显眼"的位置,是以牺牲生存性为代价的,从而大大降低了它们战争实践的益处。后冷战时代,前沿存在固然可以为威慑做出贡献,但其本身不产生威慑效果,因为前沿存在必须以实战能力而非姿态决定威慑。当前,为了应对各地区威胁,部署和保障成本日益高昂,战斗力提升费用也受到侵蚀。现在已不再是美国所熟悉的那种可以在几周甚至几天之内就能依靠自己的绝对优势对对手进行决定性打击的时代了,中俄等国已经具备了对美国的前沿力量进行打击的能力。

第三节 适应经济条件的恶化

第二次世界大战后,美国几乎每10年就发生一次或大或小的经济危机,而且基本上与其所进行的战争大体上同步。朝鲜战争和越南战争结束后,美国经济危机尾随而至。自里根上台到小布什任期即将届满之时,美国经济出现了自1929—1933年大危机后所罕见的连续增长近30年的奇迹,即使在海湾战争和科索沃战争之后,经济危机也未像历史上那样如期发生。然而,2008年,部分由于阿富汗反恐战争和伊拉克战争的拖累,美国又爆发了严重的"次贷"金融危机,并迅速波及全球,经济遭到重创。2008年以来,美国经济虽然又保持了10年的微弱增长,但是并没有改变总体萎靡的态势。

一、债务规模上升

金融危机爆发后,美国经济发展严重受阻,2008年GDP增长率为-0.29%,2009年达-2.8%,2008—2014年的6年间没有一年突破3%(见表3.1),这是历任美国总统都没有经历过的。美国总体失业率飙升,2010年一度达到惊人的9.63%,并一直居高不下(见表3.2)。联邦政府财政赤字急剧上升,2009—2011财年分别达到1.41万亿美元、1.29万亿美元和1.56万亿美元。为弥补巨额赤字,缓解流动性不足,挽救和刺激经济复苏,美国政府先后出台了两轮"量化宽松"政策,大量增发货币,导致国债爆发性增长,截至2010年末,美国国债突破14万亿美元,创下历史新高,接近14.29万亿美元的上限,国债总额占GDP的96.5%,远超国际警戒线的60%。在此背景下,2011年4月18日,国际三大信用评级机构之一"标准普尔"将美国的债务前景调降为"负面"。2011年8月5日,"标准普尔"宣布将美国长期主权信用评级从"AAA"下调至"AA+",评级展望为"负面",这是美国首次失去3A主权信用评级。① 美国遭遇了近乎前所未有的债务危机。

表3.1 2008—2014年美国GDP增长率

年份	2008	2009	2010	2011	2012	2013	2014
GDP增长率(%)	-0.292	-2.776	2.531	1.601	2.224	1.677	2.569

表3.2 2008—2014年美国国家总体失业率

年份	2008	2009	2010	2011	2012	2013	2014
失业率(%)	5.78	9.25	9.63	8.95	8.07	7.38	6.17

为避免政府关门和债务违约,2011年8月,美国两党围绕提高债务上限问题达成一项削减联邦政府赤字的妥协方案——《2011年预算控制法案》(Budget Control Act,BCA),同意将国债上限提高到16.39万亿美元,但同时规定在2021年前减少2.1万亿美元财政支出,使债务减回至14.29万亿美元的上限。该方案分为"主动减赤"和"自动减赤"两部分执行:第一部分要求在2011—2021财年10年内削减赤字9170亿美元,其中国防部预算上限总计削减4869亿美元;第二部分要求国会成立一个"超级委员会"负责在2011年11月23日前就自动减赤部分债务上限以及削减1.2万亿美元以上赤字的具体内容提出建议。由于"超级委员会"未能如期提出解决方案,2013年3月1日总统奥巴马签署行政命令,正式启动"自动减赤"计划。

特朗普上台后,对国会通过的预算控制法置若罔闻,致使美国债务规模不断扩大,导致府院争执严重,政府几度"停摆"。2018年9月28日,

---

① 王艳:《美国债务危机的演进、影响及前景展望》,《世界经济与贸易》2011年第10期,第83页。

美国国债已达21.52万亿美元,占GDP总额的105%。① 到了2019年,更是突破了22万亿美元。债务规模的不断扩大,对于美国的经济发展来说,绝不是好征兆。

二、军费开支锐减

受《2011年预算控制法案》影响,美国国防开支大幅缩减。根据计划,联邦政府每财年预算自动削减至少1090亿美元,其中包括每年547亿美元基础国防预算。按照这一方案,2021年前国防预算削减总额已高达9792亿美元。2013财年期间,国防经费减少约430亿,占美军2013财年预算近10%,最后实际削减额度为372.17亿美元,削减比例7.1%。② 其中,采购经费削减97.9亿美元,削减比例6.7%,科研经费削减60.55亿美元,削减比例8.1%,远高于其他项目的削减比例。③ 这迫使美军不得不停止空军天基红外系统等项目的研发,以及"F-35"战斗机和"弗吉尼亚"级核潜艇等平台的采购,同时降低战备水平,取消陆军7个旅级战斗队和所有非战斗部队在合成训练中心的轮训,削减18%的空军飞行训练时间,取消在西太地区1/3的海军演习。④ 美国国防部"海外部署预算"大幅削减,用于伊拉克和阿富汗作战行动的经费降至了最低点。由于预算削减导致美军某些训练和装备状况甚至不如2001年,以美空军和海军陆战队为例,两者均无法大力采购新型作战飞机,且空军和海军分别减少了90%和30%的装备维修,空军所装备的飞机平均超过服役期26年,使其成为

---

① 《美国债务总额大于GDP总额,政府为什么还不破产》,《第一财经日报》,2018年11月26日,http://www.finance.ifeng.com/a/20181126/16588207-0.shtml。

② 刘丽娜、蒋旭峰:《美专家认为国会减赤"超级委员会"将错失良机》,人民网,http://www.world.people.com.cn/GB/157278/16334307.html,2011-11-22;吕强:《自动减赤将对美国国防工业带来负面影响》,《装备参考》2013年第43期,第5页;张玉华等:《财政减赤对美国国防建设的影响》,《军事经济研究》2015年第10期,第70页。

③ Office of the Under Secretary of Defense (Comptroller), "Department of Defense Report on the Joint Committee Sequestration for Fiscal Year 2013," Washington D.C.: Department of Defense, 2013, 1A.

④ 张玉华等:《财政减赤对美国国防建设的影响》,《军事经济研究》2015年第10期,第70页。

历史上装备最老旧的部队。① 美国军事界普遍认为，这些举措严重阻碍了美军作战能力和战备能力。

表3.3 世界银行统计2008—2015财年美国国防预算总额

年份	2008	2009	2010	2011	2012	2013	2014	2015
军费（亿美元）	6211.31	6685.67	6981.8	7113.38	6847.8	6397.04	6099.14	5960.1

这里需要说明的是，特朗普上台后，置《预算控制法案》于一边，着手提高国防费用支出。在其任期里，国防开支持续增加，2019财年的预算达到7160亿美元，创下美国军费开支的新高。2020年财年的国防预算更是高达7500亿美元之巨；尽管遭受新冠肺炎疫情影响，经济增长乏力，2021年美国军费开支大约为7400亿美元，2022财年，竟然达到7680亿美元。

三、国防研发费用下降

截至2015年预算（2014年编报），2015财年国防预算为RDT&E（研发、训练和验证）申请635亿美元，按实际价值计算略低于2014财年的拨款额，比2009财年达到的RDT&E资金峰值少28%。事实上，截至2014年的近10年里，美军的各类型科研经费一直保持下降趋势，其中，美国陆军和导弹防御局的研发预算下滑近50%，海军的研发预算降低20%，专门负责保持美国务技术优势的国防部高级研究项目局的预算减少18%，甚至在国会眼中向来优先的空军研发预算也减少了14%。成本压力导致军方只能投入短期研究项目，一些极具战略优势的长期项目被迫搁置。② 时任负责采办、技术与后勤的美国国防部副部长弗兰克·肯德尔表示，"如果自动减赤继续执行，在未来五年国防计划中科研经费将减少230亿美元，

---

① David Ochmanek, "The Role of Mar Itime and Air Power in DoD's Third Offset Strategy," http：//www.rand.org, 2014-12-02.
② 杨航：《浅析美国第三次"抵消战略"》，《国际问题调研》2015年第4期，第33页。

这意味着要取消四到五个主要的研发项目。"①，美国国防部在全球科技创新领域的影响力和竞争力将明显下降。

综上所述，困顿的经济状况使美国在应对现实军事挑战时捉襟见肘，不可持续，直接削弱了美军的威慑能力和实战能力。又一次，美国需要在战略资源极度受限，战略扩张受阻而被迫收缩，战略地位受到对手不断挑战，战略威慑被严重削弱的条件下恢复日益被缩小的军事优势，护持世界领导权。

第四节 重祭"抵消战略"的旗号

在面临大国挑战、"反进入/区域拒止"战略和作战威胁、国防经费不断下降的情况下，美国的忧患意识迅速上升，极力寻求破解之策。经过一段时间的摸索之后，美国正式推出了第三次"抵消战略"。

一、抛出第三次"抵消战略"概念

2014年8月5日，沃克在美国国防大学发表演讲，首次提出第三个"抵消战略"概念。他指出，基于战略实践活动中的互动性，对手们正通过研究和模仿，加速发展军事科技，使美军在未来作战中面临严峻挑战。为获得"不平等的竞争优势"（unfair competitive advantage），② 美军需要开展一次新的"抵消战略"，不仅要重获技术优势，而且要创新思维模式、作战概念、组织架构和战略设计。

2014年9月3日，哈格尔在"国防创新日"的主旨发言中正式提出美军将展开并推动第三次"抵消战略"。他充分肯定了沃克在国防大学演讲的内容，着重强调了国防部将进行资源调控：削减军队总体规模、削减不需要的设施、逐步淘汰老旧的或者能力不足的武器平台、适当调整军费；

---

① Bob Work, "Speech on Center for Strategic and International Studies Fifth Annual Global Security Forum 2014," https：//www.defense.gov/News/Speeches/Speech - View/Article/606631/，2014 - 11 - 12.

② 所谓"不平等竞争优势"，就是指在其他竞争者所不具备的要素上建立起来的优势。美国认为，靠平等竞争，它是难以赢得获得优势，只有利用自己独占的一些要素，才能谋取优势。

技术上提出重点发展机器人、计算机、微型化、3D 打印等颠覆性技术等。

接着,哈格尔指派肯德尔主持制定"远期研究与发展规划"(LRRDP)。12 月,美国国防部在"联邦商业机会"网站发布 LRRDP 信息征询书,标志着美国新一轮"抵消战略"的正式启动。

二、发布《国防创新倡议》(DII)

2014 年 11 月 15 日,哈格尔在"里根防务论坛"上发表主题演讲,提出了未来国防投入的两个核心:重振国防创新能力和重塑国防运行体制。为此,他发布了第三次"抵消战略"的纲领性文件——《国防创新倡议》(DII),并宣布成立"先进能力和威慑小组"(Advanced Capability and Deterrent Panel,ACDP),作为推行该战略的指挥机构。在演讲中,哈格尔就为何提出及如何实施该战略做了详尽阐释,强调该战略的目的是恢复力量投送能力。随后,美国国防部相关官员对"抵消战略"的内涵和做法又进行更为深入的解读。

2015 年 1 月,沃克发表了题为《美国第三次"抵消战略"及其对伙伴和盟友的意义》的讲话,强调美国要与其盟友一道推行第三次"抵消战略"。3 月,新任国防部长阿什顿·卡特表示,美国国防部将继续贯彻《国防创新倡议》,大力推动第三次"抵消战略",并指出这是维护美国在未来 25 年军事优势的重大举措。

3 月 17 日,沃克于麦卡里斯/瑞士信贷公司国防项目论坛上发表讲话,披露了第三次"抵消战略"的更多具体内容,如提出"两步走"的分阶段分类型实施计划,明确美军在作战层面的威胁,提出"突袭破坏者"(Raid Breaker)计划,主张创建电子战委员会等。4 月 8 日,他又在陆军战争学院发表演说,除了更加具体地描述了"突袭破坏者"的技术重点外,还向陆军提出了探索进入战斗区域之后如何行动的问题,要求陆军研究"空地一体战 2.0"(Airland Battle 2.0)概念。自此,美国官方在第三次"抵消战略"上,已转向更有实际内容的作战威胁与战略实施层面。

三、明确"三位一体"的架构体系

2015 年 6 月,沃克在美智库"中国航空航天研究所"成立大会上发表讲话,强调应对"中国威胁"是美国的重要战略任务,并将中国作为美国头号假想敌，同时就如何落实第三次"抵消战略"、抵消中国在航空航天领域不断提升的优势，提出具体规划。他还强调，2017财年美国国防部将安排180亿美元用于"抵消战略"的项目实施。这样，第三次"抵消战略"就从构想变成了具体行动。此次讲话史无前例地详细阐明了第三次"抵消战略"的技术构想：以人工智能和无人技术为核心，构建五种能力，明确动能武器、电子战和赛博作战三位一体代表未来战争样式。

12月14日，沃克在"新美国安全中心"发表讲话，明确指出第三次"抵消战略"的目的是威慑大国，并提出"拒止威慑"概念，并称其为最有效的常规威慑。2016年4月28日，沃克在比利时布鲁塞尔发表演说，强调了第三次"抵消战略"的"三位一体"是技术、作战概念和组织架构结合。①

综上所述，我们可以看出，美国国防部所提出的第三次"抵消战略"，是以《国防创新倡议》为纲领，以技术创新为抓手，以智能无人技术为核心，协同推进国防机制体制和作战概念创新，全面恢复投送能力，重塑美国常规威慑。

---

① 以上内容均来自相关网站。

第四章

第三次"抵消战略"的思维逻辑

所谓思维，就是认识和思考问题的方式与视角。战略思维是战略实践中的经验物，深受战略文化传统经验和传统运用经验的影响，将经验模式结合特殊时情，对具体战略进行思考，对战略意图解决的问题进行谋划。建国之后，美国成为近代以来海外用兵最多的国家，形成了独特的战略文化，其核心内涵就是对"战"与"力"的信仰崇拜。第二次世界大战前，美国战略思维的逻辑起点是"力胜"，而战后则转向以力为基础的"塑造"。此前两次"抵消战略"，美国均着眼自身优长，着眼重构造"力"方式、用"力"规则、打破（既成的或将近的）均势、重拾优势，获得"先胜"；在提出第三次"抵消战略"时，它也遵循着机理上同质的逻辑，通过目标确定、非对称策略选择、规则改变，以恢复常规威慑和作战优势，使对手追赶和超越的努力归于无效。

第一节 确定"战略属性"

所谓"属性"，就是事物本身所固有的性质，战略属性，就是战略所固有的性质。战略最根本的属性就是全局性，整个世界、一个地区、一个国家抑或一个领域、一个方向都存在全局问题，因而从筹划的角度看，都存在着战略。正因如此，安全战略、防务战略、军事战略、军种发展战略、战区战略等概念才衍生出来。尽管它们在本质上都具有全局性，但因为涉及的范围与领域不同，从而必然存在着"种差"，拥有各自的属性。

对于第三次"抵消战略"，人们可做多种解读：可以将它看作是美国维护世界霸权的政治野心，是"霸权稳定理论"的产物，是对威胁不确定性的清晰反应，是对技术革命的机会运用，以及试图解除自动减赤计划的政治投机，反过来也能够促进和反哺美国国防工业和更广大的技术供应产业生态。① 但是，作为一项战略，它首先必须具有清晰的概念边界和建立在概念基础上的基本逻辑，而这种逻辑必有其独有特性，以区别于其他战略选择项，有成其所是的"种差"——特征属性。从历史的和逻辑的分析结果看，美国国防部在架构"抵消战略"时，主要以非对称性、成本属性、时空属性、话语权属性和间接威慑属性等特征为基础视角和前提而展开逻辑推理，以完成第三次"抵消战略"的理论基础。

一、非对称性

美国"抵消战略"的核心是在均势条件下利用国家总体竞争优势来获取战场上不平等的竞争优势，确保威慑效果，将战争样式引向新的领域或模式以维持其世界霸权的竞争战略。基于最后一点，"非对称性"就成了美国构思"抵消战略"的逻辑本质。

概念的意义在于区分，在于定位"属"与寻求"种差"。② 为使概念的讨论能够准确，有必要将战略的非对称性与战争的非对称性、战略的差异性和战略的非对等性几个临近概念做出区分，以厘清战略非对称性的确切内涵。

首先，战略的非对称性不等于战争的非对称性，两者不同"属"。战略的非对称性是对博弈策略选择的描述，而战争的非对称性是对战场态势的描述。战争的非对称性来源于"非对称战争"一词，指的是战争双方在战场上的作战实力具有巨大差异，而这种差异本身就可以决定战争胜负。如 2003 年的伊拉克战争就是一场典型的非对称战争，战争双方因在武器装备和作战理念上的代际差异使美军在作战中占有压倒性优势，并以非对称的方式赢得了战争。战争中的非对称优势有不同来源，如伊拉克战争中的装备效能优势，传统战争中常使用的以多胜少、以百敌一的数量优势等。战略的非对称性则是指为谋求在战争中获得优势，甚至非对称优势，而在战略对抗中采用与对方完全不同的策略。

其次，战略的非对称性不等于战略的差异性，差异性是非对称性的

---

① John Louth and Christian Moelling, *Technological Innovation: The US Third Offset Strategy and the Future Transatlantic Defense*, France: The Armament Industry European Reseach Group, 2016, pp. 1–12.

② 参见本书"绪论"对于"属种定义"的介绍。

"属概念"。如果两者等同,那么只要与对手的战略中存在不同之处就是非对称战略,而世界上不可能存在完全相同的战略,在这样的概念之下,所有的战略都互为非对称战略,战略的非对称性这个概念就丧失了意义。非对称性只是差异性概念中的一个子集,是表达差异性的一种方式。所以,我们今天之所以要谈非对称性,关注的并不是两者之间存着多少不同之处,并在量变层上给出一个临界标准,而是在于找出定义非对称性"差异"的范畴。

最后,战略的非对称性不等于战略的非对等性,两者同属于战略的差异性,互有交叉但存在"种差"。战略实践是为达成特定目的而进行调配资源的一种活动,① 不同战略的差异性在于资源调配方式的不同,而战略的非对等性与非对称性作为两类差异性指标描述了两种资源调配的思路,两者重视的战略环节不同。战略优势获取有两种方式:一种是在战场之上获得更有效的火力效果,即最大程度地"保存自己,消灭敌人";另一种是在战争之外对战斗力运用的筹划,即克劳塞维茨所言"对战斗的运用"。战略的非对等性是指通过与对手战斗力使用方式的不同在对抗中谋求战略优势。战略的非对称性是指通过与对手战斗力生成模式的不同在对抗中谋求战略优势。军事对抗中,双方都在争取战略优势,为此就必须构建一整套生产系统,这个系统以某一种战争哲学作为指导,遵循着某种逻辑信念,在某些选定的领域依照特定的程序,形成一个具有生产性的战略构型。战略上的非对称就是由对抗双方战略构型不同所决定的,即构件和构成关系的不对称、不对等。战略上的对称就是对抗双方的战斗力生成模式相同,着重在同一领域内展开竞争。二战中,美军在与德军作战时使用的就是对称战略:美军的战斗力生成模式与德军相同,都是依靠规模化高机动的机械部队作战,不过美军在同一种模式中具有更大的规模,所以形成了战略上的优势。因此,非对称性主要是指战斗力生成领域与方法论上的不同。非对等性可以是在同一战略构型和战略模式之下(即战略对称),对战斗力使用方法的不同(对称非对等),如资源充足时和资源匮乏时所使用的战略就具有明显差异,《孙子兵法》中有言:"十则围之,五则攻之,倍则分之"。另一方面,由于物质基础决定上层建筑,因此战略的非

---

① 见本书"绪论"第一节"概念界定"部分。

对称性也可能造就战略的非对等性。

非对称性作为一种战略特征,通过采取与对手不同的战斗力生成方式而获取战略优势,这种战略特征更有利于最大限度发挥自身优势,更有利于战略主动权的竞争,生产效率更大,同样风险也更高,因为对于新的战斗力生成模式是否确凿地可生产出战斗力是无人保证的,而原有的战斗力生成模式是经过历史检验有效的,一旦新模式失效必将导致战略上的失败。

与前两次一样,美国在勾勒第三次"抵消战略"时,也是从"非对称性"入手。当前美国对手的战斗力生成方式主要由两个部分共同配合构成:一是区域"制导均势"(甚至优势);二是地理优势。与第二次"抵消战略"的选择相同,第三次"抵消战略"的非对称性也体现在了当前自己最擅长、最有竞争优势和非对称效果的生产战斗力领域,即科技创新。

美国提出第三次"抵消战略"时,面对的战略环境和前两次有很大不同。首先,中俄等国目前虽已具备了较强的"反进入/区域拒止"能力,但还并没有完全达到美国人所宣染的程度,虽然在素来抱有浓烈忧患意识的美国人看来,这些国家内生有巨大的动力和潜力去发展并完全获取这项能力。尤其当前中美在国防投入上距离日益拉近,趋势上此消彼长,中国军事能力提升日渐加快,使美国倍感不安。为维持其全球军事霸权,美国未雨绸缪,为杜绝一切使自己处于被动的可能性,保证自身"行动自由",必须认真严肃地应对"反进入/区域拒止"能力,所以第三次"抵消战略"带有强烈的"谋事在先"的预防色彩。其次,第三次"抵消战略"的针对对象能力有限且数量分散,但单一对手不具有全面数量优势,只具有地理优势加"制导作战网络"优势形成的区域火力规模优势。所以,第三次"抵消战略"在时间的紧迫性上比前两次都较为宽松,可以更从容地做更长远的规划。

二、成本强加

出于战略固有的"有限性",一切战略都须要维持"足够安全"与"可持续发展"之间微妙而脆弱的平衡。历史地看,美国的三次"抵消战略"都是在严重的经济危机之后,国家经济不景气、军费大幅削减的背景之下提出的,这凸显了"抵消战略"效费比高的特点,主要体现在两方面：成本效益与成本强加。

成本效益的首要原则是"少花钱多办事"和"花小钱办大事"。首先,从纯粹物质角度讲,常规战争胜败取决于武器装备,武器装备取决于军事科技。当前,创新技术仍是最有效的"力量倍增器",是提高战斗力的捷径,新技术带来的武器装备的代际差,代表着绝对作战优势,"科技优势—装备优势—实力优势—战略优势"的投资逻辑代表的产出投入比是极为巨大的。

其次,"抵消战略"的非对称性旨在最大程度利用自己最擅长的领域,在这一领域中己方不管是基础还是经验都占有优势,"熟练劳动力"与"成熟生产结构"渗透进生产过程和结果中,使战斗力生产速度提高,生产成本降低。一方面,通过创新技术尤其是颠覆性技术从"质料因"和"形式因"上发展新型战斗力和作战方式,虽在新技术研发阶段投入较高,但产生的效果却是巨大的。第二次"抵消战略"的持续科研投入创造的"制导作战网络"换取了美国在军事领域近25年的垄断性优势,效费比非常高。另一方面,先进技术可以更高效地取代人力工作,节省大量的人力成本以及相关附带成本(如训练、后勤、福利、伤亡成本等),降低整个生产全过程成本,这一点已经在工业生产领域得到了验证。

最后,在战斗力生产过程中,技术创新并不是美国面临的最大挑战,如何更快速有效地将新技术转化为战斗力才是美国需要解决的最大问题。所以,第三次"抵消战略"的一大特色就是在美国国防部内部展开采办改革,以便能够更好地利用当前的商业技术,缩短战斗力转化的经济成本和时间成本。

战略在任何时候都是一种成本博弈,博弈双方彼此辩证互动,"此消彼长"是自然规律。"抵消战略"的一个重要作用就是以对抗、抵消或旁置(set-off)的方式,寻求以较小的自身代价迫使敌人付出高昂代价,充分运用常规优势遏制潜在对手。和平时期军事竞争的主要方式是军备竞赛,第三次"抵消战略"率先抛出新的竞争议题与领域,意图强迫对手必须对应展开竞争。但由于美国在选定领域上占有先发优势和技术优势,迫使对手必须在该领域付出更多成本,丧失原有的战略专注度,削弱其非对称性优势,以此拖垮对手,达到不战而屈人之兵的目的。"在前两次'抵消战略'中,技术确实是不可或缺的因素,但也只是总体战略的一部分。

更确切地说，技术优势不过是投资战略的推动者，在这种投资战略中，美国试图让能力提升的速度和效率最大化，并希望将运行和投资压力施加于对手。"① 这就使第三次"抵消战略"具有"成本强加"的属性。

三、时空运用

拿破仑说过，"战略，就是运用时间和空间的艺术。"美国推行第二次"抵消战略"前，时空因素是有利于苏联的，苏联故据此提出了"战役机动群理论"。第二次"抵消战略"所提出的"后续部队打击"理念，是美国及北约盟友军队通过使用先进的指控系统和精确打击手段的快速性和准确性，利用纵深空间对苏联后续部队的打击来获得"机会窗口"，实施反击的指导理念。而通过制导作战网络进行纵深打击来获得机会窗口的时空利用方式也被对手反复研究，最终的成果是形成了"反进入/区域拒止"理论：利用精确打击能力和综合防控能力，将美国为获得机会窗口而必须使用的能力推回到他们的打击范围之外，创造一个拒止空间，为自己的打击创造时间。

所以，现在第三次"抵消战略"须解决的仍是这个空间与时间的古老战略问题，即时间上对战略突袭或区域进攻进行快速决定性反应和空间上在前沿地区对抗具有远程打击系统的对手。因此，第二次"抵消战略"所发展出来的技术、能力概念和经验不是必须摒弃的陈旧，而是发展的基础，是必须加以利用的。

四、话语主导

马克思主义哲学原理清楚地表述了理论与实践的交互关系。战略是抽象观念的产物，但反过来也可以塑造观念，进而反馈给现实世界。"抵消战略"作为所谓全球领导国家提出的概念本身就具有一种象征意义，是能够帮助塑造自身、对手以及更长远世界的行为。首先，"抵消战略"曾有效帮助美国获得冷战胜利，是成功战略的符号，是高度的"象征性资源"。第三次"抵消战略"的纲领性文件《国防创新倡议》与里根政府的《战

---

① ［美］瑟·马贝特、约翰·科瓦奇：《美国专业人士建议换个角度思考第三次"抵消战略"》，《防务视点》2017年第4期，第19—20页。

略防御倡议》又有着某种不可言说的形似。将这些带有历史光环的符号重新拿出来使用并加以宣传，有利于建立国内对于该战略心理上的天然信心，以及美国国防部为实施该战略争取经费。其次，这种着眼未来的"非对称"应对方式具有鲜明的美国特色。美军20余年来的军事优势垄断源于其对"制导作战模式"的话语权垄断，通俗地讲就是"仗怎么打由美国人说了算"。不在同领域内与对手展开正面对称的竞赛，而是依靠自身整体国家实力上的非对称优势，率先发展出下一代高科技武器系统和作战理念，提前进入战争史的下一个阶段，塑造符合自身又具有主宰性的新型战争样式，并抢占这个历史阶段的"游戏规则"制定权高地，使其他国家必须按照这一规则与自己进行博弈，从而掌握完全的战略主动权和定义权，这既是实际作战能力的较量，也是战争话语权的争夺。

五、间接威慑

历次"抵消战略"的目的都是重塑大国威慑。威慑的原理是通过明确显示军事实力上的对比绝对优势吓阻对手的侵害企图，"抵消战略"获取这种优势的方式不是正面竞争，而是从非对称性入手。所以从目的论上讲，"抵消战略"是一种威慑战略，从方法论上讲，"抵消战略"是一种间接路线战略。

威慑战略方面。军事实力优势是通过战争模式上的代际差体现出来，包括武器装备、人员素质、作战方法和组织体制等方面，使对手迫于彼此间巨大差距而不敢妄动。第一次"抵消战略"是在常规力量规模均势的情况下通过核武器来恢复威慑，第二次"抵消战略"是在核均势的情况下通过制导武器恢复威慑，而第三次"抵消战略"则是在制导均势的情况下通过发展颠覆性技术恢复威慑。其核心逻辑都是通过"非对称"的战略设计完成战斗力跃升，迫使对手认识到差距而处于落后追赶状态，其核心目的都是为了巩固美国的全球霸权。

间接路线方面。当今世界，一切大国军事竞争都笼罩在达摩克利斯之剑的幽灵之下，即核恐怖平衡。"抵消战略"不仅要在常规领域恢复自身的威慑，也要避免具有核打击能力的对手进行战争升级。故此，"抵消战略"手段运用的非对称性、效能呈现的成本属性和历史语境的话语权属性展现了其在威慑过程中的间接路线特质。"抵消战略"在作战表述上（也只是表述上）的防御性设定，即遭遇对手精确武器齐射和电磁雷达对抗攻击的生存性恢复与快速决定性反击，没有寻求直接对抗或者直接遏制的意图。

无论是非对称性、成本、话语还是从时空、间接威慑方面看，尽管都是从"力胜"观念出发，但仍充满浓厚的"塑造"意蕴。

第二节 完备"力量生成"

战略是使用或威胁使用武力达成国家政策目标的科学与艺术。为实现国家的目的，武装力量必须能战能胜。战争是力的较量，是交战双方指挥员在既定的客观物质条件的基础上，通过主观能动性的发挥，谋取优势，最后战胜对手的一种行为。传统上，这种战争中的"力量"是同质的，只是在组合配置上加以调整，达到以强胜弱的目标而已。那么，在"抵消战略"所构想的战争中，"力胜"的思维并未改变，但"用力"的方式却有了本质差异。在前两次"抵消战略"中，美国所构建的"作战力量"与对手所拥有的作战力量出现了"质"的差异，使其"无的放矢"。所以，近年来，无论是从国防部还是军种、战区层面，美军一直着力打造新型作战力量，变革作战体系，在不放弃硬毁伤能力的同时，将"致盲、瘫痪、失能"置于更重要的地位。

一、检视未来挑战

自海湾战争后的几场局部战争中，美军在正面战场上展现出的作战能力特别是指挥自动化和精确打击在世界范围产生了重大而广泛的震撼效应。1991年的海湾战争中，通过为时半年的"沙漠盾牌""沙漠军刀""沙漠风暴"系列行动，美军及其领导下的多国部队，仅以阵亡100多人的代价就赢得了胜利，拥有百万之众的伊拉克军队几无任何还手之力；1999年的科索沃战争中，一向英勇善战的南联盟军队也只有挨打的份，要么发现不了敌人，要么发现了敌人也打不到；2001年阿富汗反恐战争中，历史上以彪悍著称，曾经打垮英国三次入侵、击败苏联进攻的阿富汗人，很快就被击垮；2003年伊拉克战争，从正面作战上讲，美军也打得干净利落，机动性极强的"左勾拳行动"令人印象深刻。这种情况的出现，主要就归功于第二次"抵消战略"推行中所取得的成果,美军在战争中所运用的力量及其方式完全出乎对手的意料,使双方的作战根本不在一个平台和层级上。

从海湾战争到伊拉克战争,美军所展现出来的作战力量以及运用这种力量的能力,令世界上诸多国家特别是军事大国深刻反思,着力推动军事变革,不仅加紧追赶,而且谋求"弯道超车"。然而,伊拉克战争之后,美国虽然提出了雄心勃勃的军事转型计划,但由于长期陷于反恐战争中,无法推进。2008年,国际金融危机发生后,经济发展受阻,军费开支不断减少,转型也随之进入停滞状态。不仅如此,缩水的战略投入中大量的费用还不得不用于"海外应急行动"(overseas contingency operations)以维持久拖不决的海外军事行动,国防部武器研发项目的投资进一步缩减或取消。小布什政府后期和整个奥巴马时期,美国在军事领域的建设都乏善可陈。

在对手"反进入/区域拒止"能力不断提升的情况下,美国国防部的一些官员和国会的一些议员提高了警觉。从2010年开始,美国的一些国防或战略智库开始深入思考美军未来所面临的挑战,着重研究应对"反进入/区域拒止"战略和作战;国防部的一些高级官员也认为,由于中国、俄罗斯等国正在迎头赶上,建立了对等能力,美国的军事优势地位已大为弱化。美国以"制导作战网络"为核心的作战体系将难以为继,因而必须另辟蹊径。

二、创设作战概念

观念是大脑中的意识,即在实践和经验的基础上形成的价值判断。战争是力的较量,但如何创造"力"和运用"力"就决定于观念。面对军事优势渐失的趋势,美国将怎样才能克服困境呢?它最后选择了从改变观念开始,因为明天的战争已不同于今天的战争,作战概念必须创新。

实践产生观念,观念催生行动。历史上,美国军事力量的建设往往都是观念先行。19世纪中后期,马汉提出"海权论",美国随之把建立强大的海上力量和取得制海权作为军事建设的重心;第一次世界大战后,深受杜黑"制空权"理论的影响,美国又把航空兵建设置于重要地位;第二次世界大战后,根据战争经验与未来预想,美国保持和建立了强大的航母作战群；在第三次浪潮的推动下，美国又充分运用信息发展成果，着手军事变革与转型，引发战争形态与作战方式的巨变。

为了打赢战争，美军不断研发新的作战概念。自20世纪70年代以来，空地一体战、空海一体战、联合作战、全维/全域/全频谱作战、信息战、网络中心战、空天一体战、全球一体化快速作战、知识中心战、动态分布式作战、多域作战等概念先后涌现。这些概念紧贴战略环境变化，具有较强的前瞻性，为美军如何进行实战提供理论引领。

美国所提出的第三次"抵消战略"，从根本上说，是对下一场战争进行设计，颠覆或抵消中俄等国在军事领域所取得的重大进展。而要达成这样一种效果，美军着力从观念上进行更新，重新构建战争与作战规则。

三、深化军事变革

在200多年的历史中，美军的变革从未止步，既有倒逼式的，也有前瞻性的，其目的就是要获取或保持对其他国家的力量优势，以便能打赢战争，更好地维护国家安全，扩展利益空间。虽然每次改革都步履维艰，且存在着或大或小的缺陷，但美军的作战和指挥效能的确得到了很大的提高，新技术应用也得以提速，减少了战争中失败的机率。

首先，善于从挫折中找出路。尽管从美西战争到伊拉克战争，美国打赢了多场战争，但大多靠雄厚的物资基础碾压对手，而在具体的作战行动中却鲜有以少胜多的经典案例可言，付出的代价都比较大。因此，几乎每一场战争之后，美军都要进行反思，继而着手变革。可以说，美军的改革大多是因挫折而来，带有严重的倒逼特性。

其次，注重在困境中抓机遇。美军从一帮乌合之众蜕变为世界一流的军队，其重要的原因之一就在于重视从困境中寻求解决问题之道。由于特殊的地缘环境、特殊的历史文化、特殊的社会生态和特殊的政治理念，美国在军事发展上多次陷入困境。然而，美国常常在法律的框架下和事态的变化中不断地进行探索，开辟出新路。

最后，精于在变革中谋发展。从美军发展历程中可以看出，改革是其不变的主题。自近代以来，美国国防和军事指挥体制变革一直在路上，从模仿到独创，从单向到联合，从树状到扁平，从分立到一体，一步步地向前走。正是这种不懈地改革努力，美军才不断地走出困境，摆脱危机；也正是由于持续地改革,美军才成为了美国称霸世界的四大支柱力量之一。

第二次世界大战前,美军的变革往往带有明显的局部性特征,之后,开始注重顶层设计。从1947年《国家安全法》的制定到1986年《国防部改组法》的通过,进而到21世纪初国防部和各军种部"转型指南"的推出,美国从系统的角度论证和推进自上而下的改革,将人员素质、战备水平、理论发展、体制编制调整等作为一体考虑,形成一个整体系统,以获取军事力量的总体优势。美国联合作战指挥体制的改革充分地体现了这一点。美国在国家最高军事部门建立联合作战指挥机构,其代表进入国家战略决策层,使国家最高指挥当局了解联合作战的现状与需求,并授予指挥官们必要而明确的指挥权限。联合作战指挥机构有了财务权、人事权和指挥权后,就可根据联合作战的实际需要,充分利用权力资源,去从事联合作战及相关问题的研究,并组织和实施联合作战。①

通过变革,美国军事力量的发展指向更清,可持续性更强,运用效率更高,联合作战更实。基于此,美国国防部在构思第三次"抵消战略"时,也从变革的角度出发,通过研发作战概念,完善国防采购体制,提高技术应用效率,打造一支更加致命的联合力量,以使其他国家按照美国选择的方式进行战争。

四、锻造联合部队

在冷战后几场局部战争中,联合作战成效斐然。随着时代条件和作战环境的变化,美军又提出了建设"联合部队"的概念。国防部2018年发布的《国防战略报告》概要强调,美军要建立和运用"联合部队",以便更好地进行"联合作战"。

首先,建立更加致命的联合部队。力量是推行战略的基础,没有力量的支撑,战略就是空中楼阁。《报告》认为,作为一项在未来战略环境中进行竞争、威慑和赢得胜利的战略,②必须建立一个更加致命的军事力量,即联合部队。"我们的目标是在任何可能的冲突中都具有决定性优势的联

---

① 攀高月等:《美军联合作战指挥机构及其运作》《外军联合作战指挥体制的特点与发展趋势》,《外国军事学术》2003年第3期。

② The U. S. Department of Defense, *The Summary of the National Defense Strategy*, Jan., 2018, p. 1.

合部队,同时在整个冲突范围内保持高效。"① 拥有了这样一支部队,国家才能打败敌人,取得可持续的成果,保护美国人民的切身利益。

其次,提升联合部队的关键能力。要赢得战争,联合部队必须具备强大的能力。为此,美国要采取如下几项措施:一是"备战优先",即联合部队"必须获得和保持信息优势,维护、发展和加强美国的安全关系",时刻做好战争准备,具备打败大国的对美国及其盟友的侵略、遏制其他地区国家的机会主义侵略、并打乱迫在眉睫的恐怖主义和大规模杀伤性武器威胁的能力,同时慑止核和无核战略进攻,保卫国土;二是增强关键能力,即有针对性、有计划地增加人员和平台[包括改进核武器、加强太空和网络空间作战和导弹防御能力、完善(C^4ISR)系统、提升后勤保障的弹性和敏捷、构建先进的自治化系统和创新操作概念等],从而巩固其竞争优势,以满足关键能力和潜力需求;三是增大前沿力量机动和态势弹性,即优先发展地面、空中、海上和太空部队,使它们可以在受到攻击时,在各个领域进行部署、保持生存、展开运作、进行机动和获得再生。在基础设施建设上,美军还要致力于从大规模、集中、强化的方式转向小型、分散、弹性,以增强适应性。

最后,改变联合部队的运用方式。在过去的几十年,美军的力量投送基本上不受挑战。但随着时代条件的变化,特别是技术领域的扩散,美军的优势正在丧失,因而在力量的运用上必须有所改变。因此,为了"保持战略可预见,行动不可预测",② 美军要着力"发展一种致命、敏捷、有弹性的力量态势和运用",以便将"更加灵活地利用现成的力量主动塑造战略环境,同时保持应对突发事件的准备,并确保长期备战状态",从而"适应不断变化的全球战略环境中存在的不确定性。"联合部队要在四个层次上(接触、阻隔、升级和国土)具备核、网络、太空、C^4ISR、战略机动和反对大规模杀伤性武器扩散的能力,以便在武装冲突中进行更有效的竞争;推迟、降低或遏制对手的侵略;激增战争胜利力量并加强冲突升级管理,以捍卫美国的家园。

---

① The U. S. Department of Defense, *The Summary of the National Defense Strategy*, Jan., 2018, p. 5.

② *The Summary of the National Defense Strategy*, Jan., 2018, p. 5.

第三节 丰富"发展路径"

战略作为方法论,本质上是提出问题、认识问题并解决问题的思维过程。如前所述,美军当前所面对的主要问题是经济不景气导致的军费大幅削减背景下精确武器的扩散,对手正在形成的"反进入/区域拒止"能力利用地缘优势和制导作战网络对美国的前沿存在和投送能力形成威胁,常规威慑被削弱。为了针对性解决这一问题,美国提出了以技术创新为核心的第三次"抵消战略"。美国之所以在众多选项中选中了该战略,既秉承了文化传统,又吸纳了工程思维,并在此基础上着手创新。

一、汲取战略文化营养

美国在制定和实施第三次"抵消战略"时,汲取了历史经验,承继了文化传统,既带有战略的惯性,又有一些新的创造;既体现了重视技术的特征,又展示了思维的变化。这些都反映了美国的战略文化的传统。

首先,保持"力胜"观念。这一观念与其"力胜"实践交互强化,酿造了中底层的战略潜意识,在其认知中,"国与国之间的竞争就是以先进技术为基础的实力竞争。因此,获取和运用先进技术成为美国战略思维特别重视、战略实施特别倚重的手段,偏重先进科技手段的应用已经成为美国战略思维的重要取向"。[①]

其次,重视技术作用。美国一直重视科技研发对军事实力的提升作用,并形成了工程技术式的途径观——"内涵是技术至上主义或技术决定论,主要表现为军事战略筹划与实施中重技术和重管理的思维模式。军工复合体的形成和企业的科学化管理,也极大深化了技术与管理对美国社会生活和军事事务的影响"。[②] 同时也形成了以纯技术手段来解决战略问题的手段观——"美军往往把战略问题放在技术问题层次上解决。美国军事战略的演变与先进武器装备技术发展几乎同步,美国军方领导人也总是倾向

---

① 许嘉:《美国战略思维研究》,军事科学出版社2003年版,第197页。
② 赵景芳:《美国战略文化研究》,时事出版社2009年版,第125页。

第四章　第三次"抵消战略"的思维逻辑

于围绕武器装备来制定战略原则"。①　因此，面对"反进入/区域拒止"威胁，美国战略决策层脑海中冒出的第一个念头是技术抵消也就不足为奇。

人的行为会依照一定模式产生惯性，成功的经验往往让人产生并强化某种路径依赖，国家也是如此。面对问题，战略决策者出于直觉抛出的第一个问题往往是："以前是否遇到过类似情况？当时我们是怎么办的？最后成功了没有？"如果这一系列问题的答案都是肯定的，过往的成功经验就被作为蓝本直接借鉴，这是思维效率的体现。所以，当美国面临预算紧张，威慑能力下降的情况时，战略决策者们一样将眼光投向历史。他们发现20世纪70年代的卡特政府似与当下境遇相同，再向前20世纪50年代的艾森豪威尔政府似乎也是如此。美国在这两个时期都是在经历了一场大战，扩张受阻的情况下，提出了一种在结构上十分类似的非对称竞争战略，并都取得了较为成功的效果，尤其是卡特政府的"抵消战略"，在美国战略界简直就是成功战略的代名词。因此，美国依据这两次成功战略的战略构型，结合新的战略实际，并借用"抵消战略"的名称作为"象征性资源"，提出了第三次"抵消战略"。这是典型的经验主义思维方式，而战略本身正是一种经验哲学。

另一方面，近代历史表明，科学技术是人类各种生产活动中最活跃、最具革命性的要素，这一点在军事领域也不例外。技术革命导向生产方式的革命最终推动军事领域的革命，这条技术—生产—战争的发展线路从未有过断裂。历史上，第一次工业革命中蒸汽机的出现将人类从冷兵器战争带入真正的热兵器战争时代；第二次工业革命中内燃机的出现使大规模机械化成为可能，飞机、坦克、军舰甚至航母等庞然大物纷纷走向战场，人类战争史从原始的对阵陈兵的线式作战模式走向了分散机动模式，战争图景也从二维平面拓展到三维空间；第三次工业革命，信息技术以其爆炸性的效能增量改变了人类几千年来的基本生产方式，同时也颠覆了军队的组织方式和战争的运作管理方式，人类从机械化战争时代进入信息化战争时代，战争模式从"非制导作战模式"走向"制导作战模式"，从"平台作战网络"转向"制导作战网络"。战争形态的演变史，本质上是军事技术和作战手段的颠覆史。虽然军事活动本质上是一种不具生产性的社会实践

---

① 赵景芳：《美国战略文化研究》，时事出版社2009年版，第231页。

活动,但因处于安全困境中的各个行为体对军事优势的追求,颠覆性生产技术必然带来颠覆性军事技术,从根本上快速改变军事力量平衡,形成非对称作战模式。

二、探索战略创新方法

在第三次"抵消战略"提出之前的几年时间里,美国国防研究界已经产生一些讨论依靠战略创新来解决当前挑战的声音了。这一行动最早由低级军官们所主导,他们意图模仿美国著名战略家约翰·博伊德曾主导的军事创新和改革,并逐渐自发组织起来。一群年轻的海军军官成立了一个名为"国际海上安全中心"的组织(Center for International Maritime Security),致力研究海上安全与战略相关问题;一些来自各个军种、国防工业界和军事学界的研究人员组建了国防企业家论坛(Defense Entrepreneurs Forum),利用社交媒体,在网上形成了一个活跃的社区,不定期举办地区性或全国性的研讨会;各军种也充分利用互联网学习领导哲学、新型作战概念,批评和发展想法;还有一些民间机构的初级分析师、工业界代表和企业家,通过如《小型战争周刊》、美国海军研究所等平台充分交流意见;一些大型的研究机构也逐渐对此表露出兴趣,着手组建相关学术交流平台,如西弗吉尼亚大学成立了"智慧国防中心"和"战略与国际研究中心",建立了"联合军种创新论坛"。① 作为美国防务研究重镇,"战略与预算评估中心"为应对"反进入/区域拒止",于 2010 年 5 月发布了研究报告《空海一体战:一种全新作战概念》,以战役构想的形式提出了著名的"空海一体战"思想。正是该中心 2014 年 10 月发布了马丁内奇的重要研究报告——《迈向新"抵消战略"》,该报告成为研究探索第三次"抵消战略"最早也是最重要的范本。

不仅如此,美国国防部对工程逻辑更是兴趣盎然。肯德尔曾在一次讲话中表示,卡特部长早在 2009—2011 年担任国防部负责采办、技术和后勤的副部长期间,就已经开始采取若干步骤以阻止美国技术优势逐步丧失的

---

① B. J. Armstrong, *More than an Offset: Defense Innovation from the Inside*, https://warontherocks.com/2014/11/more-than-an-offset-defense-innovation-from-the-inside/, 2014-11-26.

趋势，如通过快速响应技术办公室发起"未来技术"（NeX Tech）计划，该计划通过战争推演的方式，对具有"改变游戏规则"潜力的新兴技术及其对未来战事的影响开展评估；2010年推出"更优购买力"国防采办改革方案，为军备采购设置了更严格的监督与汇报程序；创建战略能力办公室（SCO），对那些对国家安全战略能够产生重大影响的新兴技术进行筛选和投资。① 所以，卡特是这次战略筹划的先驱者，而非继任者。

2014年4月，沃克出任美国国防部常务副部长后，他关于第三次"抵消战略"的主张打动了美国国防部高层。肯德尔表示，"沃克和我以及其他一些人用一个夏天来形成思路"通过这项工作，国防部高层内部形成了聚焦自动化、人工智能以及一系列其他技术，以支撑和实现新型国防能力的共识。沃克随后提出的第三次"抵消战略"概念，显然源于他稍早的这一领域工作成果。2003年沃克在"战略与预算评估中心"任战略研究副主任期间，曾与同事共同发表报告《应对"反进入/区域拒止"挑战》，是美国最早研究"反进入/区域拒止"的专家之一。他一直关注最新科技在应对未来战争威胁、塑造战争新样式方面的影响。在他担任"新美国安全中心"CEO不到一年的时间里，该中心接连推出了两项重要报告：2013年9月27日出版的肖恩·布雷姆利、本·菲茨杰拉德（Ben Fitzgerald）② 与凯里·塞勒（Kelley Sayler）合著的《改变游戏规则：颠覆性技术和美国国防战略》（*Game Changers：Disruptive Technology And US Defense Strategy*）③，该报告作为回应"未来技术"（NeX Tech）计划的研究成果，详细论述了积层制造（如3D打印技术）、自主系统、定向能技术、网络技术、人类表现改造等具有改变战争游戏规则潜能的下一代技术，并向美国国防部提出了5条建议，这些建议最终被《国防创新行动》照单全收；2014年1月该中

---

① 参见Ashton B. Carter的简历，美国国防部网站，https://www.defense.gov/About/Biographies/Biography-View/Article/602689/。

② 本·菲茨杰拉德曾任"新美国安全中心"技术与国家安全项目主管和高级研究员，是该中心"超越抵消"项目的主要负责人之一。2017年12月21日，美国国防部主管采办、技术与后勤的副部长艾伦·罗德（Ellen Lord）宣布任命其为战略与设计办公室主任。

③ Ben Fitz Gerald, Kelley Sayler and Shawn Brimley, *Game Changers：Disruptive Technology and U.S. DefenseStrategy*, https://www.cnas.org/publications/reports/game-changers-disruptive-technology-and-u-s-defense-strategy, 2013-09-27.

心出版了沃克本人与布雷姆利合作完成的《20YY年：为机器人时代的战争做好准备》①，明确指出未来的时代将是机器人的时代，无人作战系统将主导未来战争。报告分析指出，基于智能化和自动化的作战模式将改变国家安全和国防战略的基本观念，改变军事态势和全球力量部署，改变诉诸武力的高层决策，颠覆军事战略中的攻防概念，颠覆距离、速度、规模等基本作战概念。② 卡特、沃克和肯德尔成为美国国防部内推动第三次"抵消战略"的"三驾马车"（这与卡特政府时期布朗、佩里和马歇尔的组合颇为相似）。在民间，冲在"抵消战略"理论研究最前沿的机构正是沃克曾工作过的"战略与预算评估中心"与"新美国安全中心"，该领域最知名的专家也大都来自这两家智库，如上文提到的马丁内奇、菲茨杰拉德等。

从上述可以看出，美国在筹划和制定第三次"抵消战略"中，重视历史经验，注重整体设计，强调战争推演，突出周密计划，力求达到目的。

三、运用"核心抵消"策略

在与处于均势的对手博弈时，如要抵消对方力量，逻辑上只有两条进路——对称抵消与非对称抵消，其中，对称抵消又分为数量对称抵消和质量对称抵消两类。

数量对称抵消，就是在"制导作战模式"之下，大量增加现有装备，如航母、潜艇和战斗机等平台的采购数量，达到数量规模上的优势。如二战期间美国采取的全面生产规模优势战略方式，依靠强大的生产能力和经济、人口实力迅速在同等质量水平的规模上形成碾压。这种方式见效快，能基于现有模式迅速形成战斗力和威慑力，但这种消耗战花费较高。

质量对称抵消，就是在"制导作战模式"之下，提高现有装备的质量性能，如进一步提升制导武器的精度和当量，提升战斗机航程等。如冷战结束后，美军在海湾战争中验证了"制导作战网络"基础上继续纵向发展此作战网络，意图巩固自身优势。这种方式能够更好地发挥既有作战网络的效能，产生装备技术差距，但本质上没有突破现有模式，相较数量抵消

---

① Robert O. Work and Shawn Brimley, *20YY: Preparing for War in the Robotic Age*, Washington DC: Center for a New American Security, 2014, pp. 1 – 36.

② 叶建军：《美军"国防创新行动"评析》，《现代国际关系》2015年第1期，第35—40页。

第四章 第三次"抵消战略"的思维逻辑

耗费的时间较长,容易被对手实现反抵消。

非对称抵消,就是通过在既有作战模式之外,利用自己特有的竞争优势,开发与现有模式不同的战斗力增长点和增长模式。如第一次"抵消战略"的核小型化技术与全面核战略优势,第二次"抵消战略"中的精确制导武器和制导作战网络。这种战略能够生产出具有绝对优势的战斗力,使对手被迫处于追赶状态,掌握战略主动,且具有较长远的战略价值,但同时耗费时间最长,要求持续投入研发经费,探索风险也最高。

如前所述,当前美军所面临的首要难题就是军费削减,因此只要军费情况没有好转,那么"数量对称抵消"就不会是美国国防部桌上的选项。其次,美国当前并没有面对现实而紧迫的威胁,因此"质量对等抵消"对于"非对称抵消"的速度优势并没有重大意义。相反,由于时间上相对充裕,美国更倾向于着眼未来,营造更加稳固、更加长远的军事优势,需求与供给的匹配使"非对称抵消"成为美国当前的首选。不过,由于一方面美国要防止战略突袭和技术突袭,因而必须在短时间内巩固自己的战略优势,另一方面国防部需要一个能够向国会争取预算的短期发展计划,所以"对称质量抵消"也是第三次"抵消战略"的一个重要组成部分,是沃克所说的"高低搭配"中"低"的部分,是战略"两步走"的第一步。

在确定了非对称抵消为核心后,下一步就必须确定美国所拥有的竞争优势。沃克指出,第三次"抵消战略"建立在美国已经具有的三个优势的基础上:一是联合程度。没有哪个国家的军队能与美军作战网络的联合性相比,美军将陆、海、空、天、网络部队整合在了一起,这是美军花费了几十年时间才形成的军事体制优势,敌人无法在一夜之间复制。二是工业基础。美国具有开发经过验证的战役级作战系统的可靠能力,具有将技术基础设施,特别是大量单个武器单元组装做成体系化作战网络的丰富工程和管理经验,这是对手无法轻易复制的。三是人员优势。美国青年是在互联网世界和民主体制下成长起来的,他们敢于挑战权威,富有创造力,不怕犯错误,相对世界上任何其他国家,美军更富创新精神和创新能力。①

---

① Sydney J. Freedberg Jr, *People. Not Tech: Dep Sec Def Work On 3rd Offset*, https://breakingdefense.com/2016/02/its-not-about-technology-bob-work-on-the-3rd-offset-strategy/, 2016-02-09.

综合来看，美国具有很强的创新能力，具有将创新技术转化为实际作战能力的军工体系，具有能够快速掌握生成新型军事能力的联合部队。因此，美国第三次"抵消战略"仍旧是沿着第二次"抵消战略"的路径，通过发展颠覆性技术为抓手进行全面抵消的战略选择。

基于此，第三次"抵消战略"可以从四个方面使美国获得技术优势并维持对追赶者的常规威慑优势[1]：一是新技术、新能力使美国在逐步升级过程中拥有更多选择；二是降低弹道导弹和巡航导弹的防御成本，使对手被迫花费更长时间和更多经费来提升自己的武器系统；三是倍增现有有人感知和攻击平台的效率；四是消除对手的地缘内线优势，更好地发动首轮攻击。

第三次"抵消战略"可以抵消敌方的区域拒止能力，保障美军力量投送能力，通过可信的拒止式和惩罚式威慑来增强常规威慑效果，增加潜在对手的成本，形成有效的抵消。

综上所述，美国第三次"抵消战略"的基本逻辑是：将对手引入自己擅长的领域展开竞争，运用"不平等竞争优势"，将它们已取得的成就剔除，获得战略优势；通过成本强加，导致对手资源错配，失去战略平衡，谋求战略主动；着眼颠覆性技术，采取"非对称抵消"手段，恢复常规战略威慑。

---

[1] Brent Sadler, "Fast Followers, Learning Machines, and the Third Offset Strategy," *Joint Force Quarterly*, 2016 (4), pp. 13 – 18.

第五章

第三次"抵消战略"的总体构想

美国在酝酿与提出第三次"抵消战略"过程中,逐步形成并完善了其总体构想。从已知的开源信息观察,第三次"抵消战略"的总体构想已充分地展现出来:锁定战略对手——中国;明确战略目的——恢复常规威慑;确定战略方针——创新;清晰战略任务——设计未来战争。换言之,第三次"抵消战略"终极目的就是要使美国维持当前以及未来相当长一个时期内军事领域的绝对优势。

第一节 锁定战略对手

一个国家,特别是美国这样的首要"守成大国",面对的战略环境非常复杂,需要解决的战略问题也同样繁多,正如绪论中所言,"战略必须在众多需要解决的问题面前排出一个轻重缓急的序列,确定战略所需关注的优先事项"。这个问题在冷战期间是较为容易解决的,因为冷战中美国面对的主要威胁只有苏联一个,无需甄别,其一切战略都围绕着苏联这个对手展开,只是阶段不同任务有别:第一次"抵消战略"的任务是打破规模均势,恢复经济与安全的平衡;第二次"抵消战略"的任务是决胜军事科技,实现作战方式的转换。冷战结束后,美国在制定第三次"抵消战略",选择战略对手的问题上,却经历一个较长时期的徘徊。

一、寻找战略对手

有人说,美国是一个富有挑战性的国家,总喜欢找一个对手,如果没有对手,就设法制造对手,实在找不到对手,就把自己作为对手,特别乐于"折腾"。美国历来坚持通过树立敌人进行战略塑造的传统,因而寻找敌人成为美国战略缔造的第一步。这种"威胁战略观"使美国在很多时候坠入国家利益失落的陷阱,但也为它时刻保持战略活力提供了巨大的动力。从建国后到第一次世界大战结束,英国是其"影子对手",日本成为其"假想对手";两战之间,德国逐渐成为其真正对手,日本变成了作战主要对象;第二次世界后,苏联成了美国唯一的全球性战略对手。从战后到冷战结束,美国的一切战略活动都围绕着苏联展开。在战后近50年的时间里,美国一直奉行遏制战略,无论是军力建设、还是战争构想,抑或是全球军事力量布局都为这一核心目的服务。

冷战结束后,在对外战略问题上,美国朝野展开了辩论,历经短暂的彷徨之后,才决定把重塑世界、建立一个完全由其主导的国际秩序作为战略重心,并没有明确谁是其战略对手。美国著名学者弗朗西斯·福山就写了一部颇受关注的著作——《历史的终结》,高调宣称美国已赢得了冷战,这种以美国为代表的西方国家的社会制度是人类社会最合理制度的明证,今后的世界只能按照这一最优模式发展,没有其他更优解。由此,他得出的结论是,人类社会有关国家制度的创造已走向终结。既然如此,美国在世界上的主导地位也将长期延续,因而也就不可避免地面临一个又一个对手的挑战。所以,美国必然紧盯世界,防止下一个对手的出现,并阻止其崛起。

美国虽然清楚,其世界领导地位的维护,不可避免地会面临各种对手的挑战,但在当时的情况下,继承苏联主体部分的俄罗斯和正在崛起的中国在实力上与美国相距甚远,还不能对其构成严峻的挑战。所以,只是确立了一个比较含糊的战略目标,即防止欧亚大陆出现一个能够挑战其国际地位的大国或大国集团。同时,美国还自信地认为,它能够通过战略塑造,防止俄罗斯局势逆转,将中国纳入其主导国际体系中去。

苏联解体后,美国对中国的战略需求有所降低。按照美国的价值认知,社会主义国家是其致力瓦解的目标、"颜色革命"的对象,因而作为世界上最大的社会主义国家——中国,就成了美国高度关注的国家。故从1992年开始,美国就抛出"中国威胁论"。

但是,作为一个具有些许"理想主义"色彩的国家,也企图将一些与其"志""道"不同的国家纳入其主导的体系,便对华实施"接触+遏制"战略。由于当时的中国在实力上与其差距较大,又曾经对其全球战略的推行有过重大的甚至超过其核心盟国的贡献,美国一度主张通过规制的方法,与中国建立建设性的战略伙伴关系。为此,克林顿任总统期间,美国提出了"战略机遇期"的概念,意在通过"接触与扩展"的手法,着力

第五章　第三次"抵消战略"的总体构想

在世界上尚未出现一个强大的挑战者之前，构建一个由其能够长期主导的国际秩序。

由于俄罗斯的主要精力集中于消化苏联解体后面临的内部矛盾，国家发展陷入停滞，美国虽然没有放松对其警惕，但也未将其视为主要威胁，主要是防止其再回到社会主义的道路上去。在20世纪90年代，中国经济发展迅速，综合实力和国际影响力剧增。于是，美国战略焦虑却开始增加，朝野上下，着力应对中国崛起的呼声再次抬头。

随着中国国力的迅速提升，美国惯有的战略焦虑又生，对华认知开始转变。小布什（George W. Bush）政府于2001年上台后，"中国威胁论"又在美国沉渣泛起。小布什在竞选总统期间和就任总统初期，曾经宣称"中国已是美国的战略竞争者"，特别是中美"撞机事件"发生后，他试图把遏制中国作为其对外战略的重点，把中国视为美国的战略竞争者。时任美国国防部长拉姆斯菲尔德曾扬言，在俄罗斯国力式微的情况下，"中国将取代俄国成为美国未来最主要的潜在敌人"，亚太地区在21世纪最有可能成为美国的主战场。① 这促使布什政府在上台初期对中国采取强硬政策。2001年4月1日，中美"撞机事件"发生后，小布什政府遂于4月下旬批准向中国台湾地区出售包括4艘"基德"级驱逐舰、8艘柴油动力潜艇和12架P-3C反潜巡逻机在内的一大批先进武器，并公开宣称"美国将采取一切手段保卫台湾免遭中国大陆攻击"。②

与此同时，美国政府中也有一部分人认为，"中国目前正处于上升阶段，从经济的角度考虑这是好的因素：为了保持经济活力，中国必须逐渐与世界经济接轨。"③ 借由中国纳入世界经济体系以来，与中国保持良好的关系，美国可以获取巨大的经济利益。不仅如此，美国两党主流派还认识到，中美两国在地区安全、防扩散等国际公共问题上有着许多共同利益，需要进行合作。于是，2001年7月，美国国务卿鲍威尔访华，提出中美应致力于发展"建设性合作关系"，放弃将中国称为"战略竞争者"的说法。

---

① David A. Shlapak, "Chinese Military Modernization and China vs. Taiwan Balance," *American Foreign Policy Interests*, Volume 23, No. 3, June 2001, p. 15.

② *The Washington Post*, April 30, 2001, p. 1.

③ Condoleezza Rice, "For National Interests: The Reality of Post-Cold War," *Foreign Affairs*, Spring Issue, February 2000.

由上述可知，在这一时期，美国虽然认为，中国既不是其敌人，也不是其朋友，但对中国的战略疑虑却日益加重了。

二、指向恐怖主义

2001年9月11日，"基地"组织对美国发动了前所未有的恐怖袭击，美国又有了明确的战略对手和任务，即打击恐怖主义，确保其本土和海外资产绝对安全。可以说，"9·11"事件彻底改变了美国的战略轨道，将原本聚焦中国的战略走势转向从事在全球范围内的反恐战争。为服务此种战略方向转化，美国在处理对华关系上进行了调整，将中国视为反恐联盟的伙伴。

2001年10月，美国发动阿富汗反恐战争，2003年3月，又进行入侵伊拉克战争。从单纯的军事上看，美国很快取得了胜利，推翻了两国的政府，并实施军事占领和秩序重建。同时，美国还以特种作战的方式对其他地区的"基地"组织分支机构实施打击。2002年发布的《国家安全战略报告》中，美国把大规模杀伤性武器与高技术的结合视为其面临的最大威胁。美国政府把打击恐怖主义及支持恐怖主义的国家作为战略的重心，并强调要采取"先发制人"的战略。

2004年5月，布什政府宣布在伊拉克的主要军事行动结束，大规模的对所谓"支持恐怖主义的国家"的战争告一段落。在此情况下，美国又把战略视野投向大国，其中，中国仍是其最大的关切。2005年9月，时任副国务卿罗伯特·佐立克（Robert Zoellick）提出，要根据中美双方赞同什么而不是反对什么来定义双方关系。为此，他把中国定位在"负责任的利益攸关方"（stakeholder）上。这标志着美国在一定程度上改变了中国非敌非友的位置，[1] 而是在一定程度上把中国作为其合作伙伴。

随后的几年间，美国的战略重心仍然放在反恐战争上，一方面在阿富汗和伊拉克展开清剿"基地"组织的残余势力，另外又在非洲之角、地中海南岸、东南亚等地实施特种作战行动。在大国关系上，美国按照"利益攸关者"的定位与中国进行战略对话，建立了各种沟通机制，如经济对

---

[1] 吴嘉荣：《论超越意识形态差异建立中美战略互信关系》，《中共四川省委党校》2010年第3期，第25页。

话、安全对话、文化对话渠道等。奥巴马上台后,开始缩减反恐战争规模,将更多的精力放在解决经济发展上,把处理大国关系提到国家战略的重要位置。

三、正式确定对手

奥巴马政府在重新评估美国所面临的战略环境之后,开始把如何进一步认识中国,如何与中国打交道,视为最重大的战略问题。中美关系已经演化为国际关系中最重要、最复杂的双边关系。2014年11月4日,美国国务卿克里在约翰·霍普金斯大学高级国际研究学院就中美关系发表演讲时表示,中美关系是当今世界上最具影响力的双边关系,两国将主导21世纪的世界走向。① 一方面,美国对中国怀有"希望",企图通过采取接触与合作的手段,将中国纳入其主导的国际体系中,以维护美国的世界领导地位;另一方面,它又对中国战略疑虑甚重,不放弃运用威慑与防范的方法,阻止中国战略空间的拓展,以确保其主导的国际秩序陷于崩溃。正因为如此,美国反复强调,它的"重返亚洲"战略,不是遏制,而是平衡。遏制战略所针对的是敌人或对手,平衡战略所针对的则是一种情势。

2015年发布的《国家安全战略报告》仍然强调:"美国欢迎一个稳定、和平与繁荣的中国的崛起。我们寻求与中国发展建设性的关系,这种关系给我们两国人民带来好处,并促进亚洲和世界各地的安全和繁荣。我们寻求在气候变化、公共卫生、经济增长以及朝鲜半岛无核化等共同区域和全球挑战上的合作。虽然会有竞争,但是我们认为不一定发生对抗。与此同时,我们将从强势地位管控竞争,同时坚持要求中国在从海上安全到贸易和人权等问题上遵守国际规则和规范。我们会密切留意中国的军事现代化和在亚洲不断扩大的军事存在,同时想方设法减少发生误解或误判的风险。关于网络安全,我们将采取必要的行动,以保护我们的企业,捍卫我们网络,防止为商业利益窃取商业机密,不管是私营部门还是中国政府。"②

---

① 《克里:中美关系将主导21世纪世界走向》,《联合早报》2014年11月6日,http://www.zaobao.com/special/report/politic/sino-us/story20141106-408734。

② http://www.whitehouse.gov/sites/default/files/docs/2015_national_security_strategy.pdf, p. 24.

美国"抵消战略"研究

尽管如此,由于美国全球战略的目标是防止欧亚大陆出现一个可以挑战其国际地位的大国或大国军事集团,以实力而非意图来界定威胁是此种战略的一贯标准,因而随着中国实力的不断增长,无论中国做何种诠释,美国的战略焦虑都难以消弭。同时,两国间社会制度和意识形态的差异,曾经长期对立的历史记忆,都在为两国间的"战略互疑"增添了基础。尽管中美双方屡屡表示,要以务实合作的态度处理双方的关系,并在相互交往中得到些许体现。但是,中美两国之间的战略博弈已日渐成为国际关系中的既定事实。第三次"抵消战略"提出之前,关于中美两国可能发生军事冲突的评论日渐增多,特别是当美国宣布将《日美安保条约》适用于钓鱼岛,在南海有主权争议的海域加紧抵近侦察和"航行自由"等行动之后。其理由不外乎两个方面:一是中美存在着难以克服的所谓"结构性矛盾";二是中国在某些周边国家,特别是东海和南海相关国家的岛屿和海洋权益的争端中,都与美国有着重大的关联。因此,两国要成为真正的"利益攸关方",是极其困难的。

于是,有人对此下结论:中美间的敌对已不可避免,双方会对峙甚至发生冲突,现在已到了一个临界点,① 将转向全面竞争。② 我国著名国际关系学者时殷弘曾表示,他对中国是否能够和平崛起已不如五年前确信。③ 我国另一著名国际关系学者金灿荣也认为,中美关系基本面上是对抗性的,双方的战略利益是有冲突的,已陷入"修昔底德陷阱"。与历史上所不同的是,两国之间相互依存,相互往来程度确属罕见。④

2014年,国防部最初提出第三次"抵消战略"的概念时,只是笼统地把目标设定在应对其他国家"反进入/区域拒止"的威胁上。美国认为,伊朗在中东地区、中国在西太平洋地区、朝鲜在半岛地区、俄罗斯在北大西洋和东北太平洋地区具备了较强的"反进入/区域拒止"能力与潜力。

---

① 美国约翰斯·霍普金斯大学中国研究系主任戴维·兰普顿2015年5月12日在亚特兰大举行的世界中国学论坛上的演讲。
② [美]沈大伟(David Shambaugh):《中美关系:从交往到全面竞争》,《南华早报》2015年6月11日。
③ "What China wants," The Economist, Aug 23rd, from the print edition.
④ 金灿荣:《中美已陷入"修昔底德陷阱"》,《大国新外交——学者眼中的中美关系》,http://www.finance.ifeng.com/news/special/SinoUSrelations3/。

第五章　第三次"抵消战略"的总体构想

2010—2012年,美国先后在作战理论方面探索性地提出了"空海一体战"理论、"联合作战进入概念"和"全球公域进入与机动联合概念"等报告和文件。但到了2014年,美国军政高层认识到,"反进入/区域拒止"带来的挑战已经超越了单纯的作战领域而成为一个牵涉全局的战略问题,因而需要针对一个国防领域的新战略,由此诞生了第三次"抵消战略"。

其后,美国战略学界和政界,逐渐把中国、俄罗斯称为国际秩序的"修正主义"国家。在美国的国际关系理论中,把大国分为两类:一类是维持现状的国家;另一类为"修正主义"国家。所谓"修正主义"国家,是指那些致力于改变国际关系现状、企图重建国际秩序的国家。在近年发布的《国家安全战略报告》和军事战略报告中,美国直言不讳地把中国与俄罗斯并称为"修正主义"国家。

2016年2月,美国结合全局的战略判断,进一步聚焦第三次"抵消战略"的指向。沃克在接受记者专访时表示,第三次"抵消战略"的动因是"俄罗斯熊已经回来了""中国正在崛起";[1] 4月28日,他在比利时布鲁塞尔发表演说时进而强调,当今世界已经进入了新的大国竞争时代。这样,美国就明确地为其第三次"抵消战略"指向性锁定了目标。

特朗普政府于2017年底和2018年初发布的《国家安全战略报告》《国防战略报告》和《核态势评估报告》中,明确地把"中国+俄罗斯""朝鲜+伊朗"和"国际恐怖主义"视为主要威胁,强调中国、俄罗斯是其全球战略对手。迈克尔·蓬佩奥就任国务卿以后,多次在谈话中表示,中国与俄罗斯都对美国的安全构成了威胁。[2] 美国总统国家安全事务助理、国防部长等高级军政要员也做过相同或类似的表态,副总统彭斯甚至表示,要与中国、俄罗斯展开一场全新的冷战。可以说,美国朝野上下的战略精英集体在这一问题上已形成了共识。

---

[1] Sydney J. Freedberg Jr, *People. Not Tech: Dep Sec Def Work on 3rd Offset*, https://www.breakingdefense.com/2016/02/its-not-about-technology-bob-work-on-the-3rd-offset-strategy/, 2016-02-09.

[2] 《又渲染"中国威胁"！蓬佩奥宣称中国对美国的威胁大于俄罗斯》,新浪新闻中心,2018年9月22日,http://www.news.sina.com.cn/0/2018-09-22/doc-ihkhfpnt6386851.shtml。

第二节 设定战略目标

既然要推行"抵消战略",那么就必须有明确的目标。在前两次"抵消战略"中,美国所追求的目标都是打破均势,超越对手,恢复威慑。第一次"抵消战略"是谋取对苏联的核优势,以"大规模报复"的方式使苏联不敢以常规力量的优势对北约国家"轻举妄动";第二次"抵消战略"是获得作战优势,以"精确制导打击",使苏联军事力量失去效用,对北约国家的安全不再形成挑战。第三次"抵消战略"以发展非对称作战的手段,使对手"长板不长,短板更短","反进入/区域拒止"的战略构想落空。一句话,美国第三次"抵消战略"所设定的战略目标就是使对手倾力打造的"反进入/区域拒止"能力"归零",以恢复其全球或区域军事行动的自由。

一、重塑常规威慑

"打破均势,恢复威慑"是"抵消战略"的历史目的论基础。第一次"抵消战略"以发展核武器为主轴,打破常规军事均势,形成强大的战略威慑能力。第二次"抵消战略"以创新发展常规力量质量优势为爆点,在"核恐怖平衡"条件下,恢复了常规力量威慑。第三次"抵消战略"更多沿袭第二次"抵消战略"的策略,重以创新为基,打破制导均势,重塑常规威慑能力。

事实上,依靠"创新"带来成功的最好方式——清晰性,即清楚而具体地表述出当前与未来的作战挑战,而非泛泛地提出一些模糊性、概括性的东西。美国在这方面有过失败的教训——"转型战略":2001年,小布什政府的《四年防务报告》中出现了21次"转型",转型战略从一开始便大张旗鼓。但在明眼人看来,这只不过是国防部为争取预算而创设的又一种说辞,因为它没有指出应对任何具体威胁以及要解决的针对性问题,是无的之矢。所以"转型战略"在消耗了大量预算后最终不了了之。第三次"抵消战略"在提出之初与"转型战略"颇为相似,均以创新为旗号,指称对象空泛、缺乏具体指向(声称要解决所有威胁等于不解决任何威胁)、满篇象征符号,但经过长达两年的充分讨论,它渐收窄、具象化,变成锐

第五章 第三次"抵消战略"的总体构想

利的"有的之矢"。

2014年11月26日,第三次"抵消战略"提出之始,沃克曾指出,这一战略是为了一揽子解决大国、地区国家和恐怖主义三个方面的问题。① 但在此之后,"抵消战略"的指向越见清晰。12月,美国国会召开了一次听证会,会上来自各智库和研究机构的专家学者竞相争鸣,对于第三次"抵消战略"是应针对一种威胁还是所有威胁产生了巨大分歧。其中"战略与国际研究中心"(CSIS)认为,应该应对各种威胁,同时只应确认作战概念及相关能力需求,而不应涉及具体作战平台的选择;"战略与预算评估中心"(CSBA)认为,应专注于特定目标,即重塑和保持美国的兵力投送能力;"新美国安全中心"(CNAS)也支持针对性抵消"反进入/区域拒止",恢复美国的力量投送能力,因为如果新的"抵消战略"成为一个"万能钥匙",解决一切问题,那它可能最终就会像上一届美国国防部的"转型战略"一样成为一句好听的废话。②

2015年12月14日,沃克在"新美国安全中心"发表讲话时明确指出,第三次"抵消战略"的目的是威慑大国,并正式提出"拒止威慑"概念,并称其为最有效的常规威慑。自2016年起,美国官方逐渐接受、采纳并表达了"抵消战略"就是专门针对具有"反进入/区域拒止"能力的大国这一战略设定。同年11月,沃克在战略与国际研究中心的演讲中明确指出:第三次"抵消战略"就是为了提高对于拥有先进作战网络对手的常规威慑。

美国国防大学《联合部队季刊》2017年第1期刊载了沃克的专访,他再次强调,第三次"抵消战略"实际上是聚焦常规威慑。它着眼于未来,针对的是中俄等大国的"反进入/区域拒止"能力。因为,中俄所具备的这些能力使美国军事力量难以进入作战地域,而且即使能够进入也无法保持行动自由。这就是美国需要抵消的对象。在他看来,美国只要能够抵消

---

① Vago Muradian, "Interview: Bob Work," US Deputy Defense Secretary, https://www.defensenews.com/global/the-americas/2014/11/26/interview-bob-work-us-deputy-defense-secretary/. 2014-11-26.

② Zachary Keck, *Wanted: An Enemy for America's Third Offset Strategy*, http://nationalinterest.org/feature/wanted-enemy-americas-third-offsets-strategy-11781?page=show, 2014-12-04.

对手的"反进入/区域拒止能力",就可以解决任何地区性问题。①

威慑基于能力。在美国看来,其他军事大国日益提高的"反进入/区域拒止"能力,对其构成了反威慑,使其不能动辄以武力干预地区事务。而以武力干预全球或区域事务是美国100多年来的惯常做法,尤以第二次世界大战以后为甚。因而这是美国难以接受和不能容忍的。为此,美国第三次"抵消战略"的目标就是恢复其常规威慑能力,使其他国家"反进入/区域拒止"的能力对美国全球或区域军事行动失去制约。

二、实现拒止威慑

为了恢复21世纪背景下美军威慑能力,美国展开了广泛讨论。其中,最具有代表性的是马丁内奇在《迈向新"抵消战略"》中提出的两种威慑模式:"拒止威慑"和"惩罚威慑"。但由于战略资源有限,两种威慑不可并重,必须有所偏废,美国需在两者之间做一抉择。

按照马丁内奇的说法,所谓"拒止威慑",就是指降低敌方对于"毕其功于一役"可能性的预期。通过强大的态势感知能力和快速部署能力,在任何威胁态势与既有状况下都能在作战初始阶段就破坏对手的预定计划,削弱对手对实现目标的信心,质疑自己快速造成美军难以改变的既成事实的能力。"拒止威慑"鼓励建设生存性高、可信性强的前沿存在和全球反应能力。这种威慑体系存在两种工作模式:在一些情况下,必须要直接摧毁对手的"反进入/区域拒止"能力相关资产;在另一些情况下,只需要通过改变力量投送方式来使对手的"反进入/区域拒止"能力无法发挥作用。

所谓"惩罚威慑",是指通过威胁对手的高价值目标发动非对称报复性打击,提升对手对实现快速成功所需代价的预期。"惩罚威慑"鼓励建设战略家托马斯·谢林所定义的"伤害"能力,其核心就是,无论对手的这些高价值目标在什么地方,受到何种防护,都会被识别和摧毁。

无论是"拒止威慑",还是"惩罚威慑",虽然都立足于不战而达到屈人之目的,但前者着眼于稳定和维持现状,具有一定的弹性,后者则注重

---

① William T. Eliason, "An Interview with Robert O. Work," *Joint Force Quarterly*, 2017(1), pp. 4–11.

第五章　第三次"抵消战略"的总体构想

于实战,即在前者失败的情况下,以硬摧毁的方式达成目的。因此,两者在建设重点上有所区别。美国国防部通过比较和论证,最终将"拒止威慑"能力作为建设的重点。①

三、设计未来战争

美国现在面临的战略困境是:它要维护自己的世界领导地位,就不得不对那些全球或区域性问题进行军事干预,而其他国家具备的"反进入/区域拒止"能力则限制了其干预行动;而如果失去了军事干预全球或区域性事务的能力,就意味着美国世界领导地位的终结。这是美国不能接受的,必须设法加以克服。

对于中俄等国制导武器技术追赶,美国国防部认为,单纯依靠强化现有制导作战模式的战斗力生产方式取胜几无可能,因而必须"重起炉灶",打破这种均势困境。2015年11月7日,沃克出席"里根防务论坛"时称,第三次"抵消战略"是根据与对抗相匹敌的敌人展开高端常规战争来设计的,但可以适应多种战争环境。对于第三次"抵消战略",他还曾这样言道:美国在谋求打赢战争的问题上,进行了不懈的探索,在世界上处于领先的地位,许多国家都成了"快速学习者"(fast learner),不断地追赶、复制美国的路径。这并不可怕,因为若干年后的美国肯定不是"今日之美国",而复制者就成了"今日之美国"。冷战后,美国接续打赢了四场高技术局部战争和若干特种战争,其实就是今日美国之力打败了"昨日之美国"。在不断的进步中,新我之破旧我是相对容易的,因为深知自己的优点和缺点,并于此更进一步。所以,第三次"抵消战略"就是通过精致的设计,打赢未来的战争。

2018年出台的《国防战略报告》概要,对美国怎样打赢未来5—10年甚至更远期的战争进行了设计。《报告》认为,美国在过去甚至现今的优势都将不复存在,不再可能随心所欲地把部队派遣到它想要去的地方,并且按其想要的方式加以行动。因此,美国长期以来所进行的战争构想的努力都将不合时宜。"我们面临着一个更加致命和破坏性的战场,各个领域

---

①　Bob Work, "Speech on CNAS Defense Forum," https://www.defense.gov/News/Speeches/Speech – View/Article/634214/cnas – defense – forum/, 2015 – 12 – 14.

相互交织，并以越来越快的速度与距离展开行动——从近距离的战斗，到海外战区，并到达美国本土。一些竞争者和对手寻求优化它们针对于我们的战术网络和作战概念，同时利用其他竞争空间来实现其目标（例如，信息战、不明确或否认的代理作战以及颠覆）。"[1] 因此，"美国本土不再是一个避难所"，"可以预计，在冲突期间，我们的关键防务、政府机构、经济能力和基础设施将遭受的攻击"。[2]

怎样才能避免这样的情况出现呢？显然，与第二次"抵消战略"一样，美国要采取的最简明的方法，就是能够打败对手，使其因付出代价太大或即使付出太大代价也无法达成自己的目的，从而避免对美国军事干预行动的挑战。这样，就可使对手放弃抵抗的意志，以不战而胜的方式达成战略目标。

第三节 确定战略方针

第三次"抵消战略"旨在重拾优势、重塑威慑、不战而胜。为此，美国国防部规定了行动方针，即实施"三位一体"创新，着力重点建设方向，推进作战任务规划，从而改变战争规则，将总体作战、制导作战进一步推进到"智能作战"。

一、推进创新驱动

美国第三次"抵消战略"是以《国防创新倡议》为纲领，以技术创新为抓手，以智能无人技术为核心，协同推进国防机制体制和作战概念创新，全面恢复美国兵力投送能力，重塑美军常规威慑。

2014年11月15日，国防部长哈格尔在"里根防务论坛"演讲时正式提出了《国防创新倡议》，并于当日签发了一份《国防创新倡议备忘录》（*Defense Innovation Initiative Memo*），抄送国防部各副部长、各军种部长、参谋长联席会议主席等高级文职与军事官员。哈格尔在"备忘录"中强

---

[1] The U. S. Department of Defense, "the Summary of the National Defense Strategy," Jan. 2018, p. 3.

[2] Ibid.

调，在国防预算处于困境的情况下，为了保持21世纪的美军优势，国防部必须把推动创新作为工作重心加速推进。

第一，提高领导力。"21世纪需要我们将领导力发展实践与新兴的机会结合起来，重新思考我们如何培养管理者和领导者。"人是第一位的，无论是技术进步，还是机制创新，都需要富有领导能力的人来完成。为了使创新能迅速推进，国防部的当务之急，是根据21世纪的特点，发现和培养和启用人才。

第二，推动新计划。"启动一项新的'长期研究发展规划'项目，以识别、开发和资助能够维持和提高美国部队能力的突破性技术和系统，以促进和维持美国军事力量的能力。"鉴于国防开支的限制，在技术创新项目繁多的情况下，国防部必须有所选择。

第三，重振推演法。"重振兵棋推演活动以开发和测试实现国家战略目标的潜在方法，能够帮助我们更清楚地思考未来的安全环境。"作战模拟在美国所从事的战争中曾发挥了巨大的作用。兵棋推演是战争和作战决策与指导的重要辅助手段，旨在通过"精算、细算、深算"测试胜负的可能性。在电脑和信息技术蓬勃发展的时代，兵棋推演更是如虎添翼。在伊拉克战争前，美军做了反复的兵棋推演，其结果与最后实际战争的进程仅相差一天。

第四，研发新概念。"新的作战概念将探索如何利用资源来提高战略效果，并以各种更为创新的方式应对新兴威胁。"美国人所谓的概念，其实就是理论，其作用就是通过逻辑上的认知，牵引实践活动。长期以来，美国国防部及相关机构对概念创新十分重视。前两次"抵消战略"的实施，从本质上说，起始于概念的突破。在概念的引导下，通过数年的努力，美国取得了军事力量的优势。

第五，突出协作性。哈格尔认为，第三次"抵消战略"涉及国防领域的方方面面，政策、采办、技术与后勤、情报、参谋长联席会议和各军种，因而各部门需要通力协作。第三次"抵消战略"的目的是取得国防力量的整体优势，不仅要运用国防部自身的资源，而且还需要商业领域的参与。这就要求国防部各部门之间以及国防部与其相关联的商业领域进行密切协作。

第六，注重实践化。"美国国防部需要继续进一步检查其业务实践，通过学习外部标杆和聚焦内部评审来寻求各种提高效率和效能的方法。"①马蒂斯就任国防部长后，立即着手提高国防部的效率，主张减少不必要的繁琐程序，使国防系统和非国防系统的商业领域的成果实现快速转化。

作为纲领性文件，《国防创新倡议》要求，通过迭新国防战略构型以实现国防系统升级换代。这种迭新不单是指科技方面的创新，而且涵盖了战略构成的各个要素的升级换代。可以说，"倡议"提出了一个包含技术、组织和作战概念相结合的"三位一体"② 战略框架，体现了"以创新求优势"的核心逻辑构想，是指导战略实施的总体遵循。虽然"三位一体"在逻辑上有先后顺序且相互独立，但在实际过程中，它们依然协同统摄在一个战略目的之下。"重塑美军常规威慑"这一目的仍过于抽象，战略实践需要从美军现在所面临的具体威胁出发将抽象的战略目的具象到实战中，明确实际的战略效果。这个从抽象目的到具象任务的展开过程，就是战略的思路设计过程。

二、精确任务规划

美军认为，"反进入/区域拒止"对其"制导作战网络"的威胁在于对该网络中各个节点实施共时性破坏：通过制导武器齐射毁伤美军前沿基地和设施；通过电子战、网络战和空间战等手段瘫痪美军的 C^4ISR 系统；通过一体化防空手段拦截美军隐形飞机和远程导弹，在物理域和非物理域内展开全面拒止，在作战构想上达成"一不让发现，二不让精确，三不让打击"的效果，致使美军"制导作战网络"陷入失能状态。

为应对这种威胁，美军必须具备两种能力：一是从更远距离开展行动的能力，使对手为应对"制导作战网络"而建造的武器不能完全发挥作用。美军前沿存在力量虽然有所退后，但依然能从更远的地方进行打击，克敌制胜。二是摒弃对少量昂贵、高价值设施的依赖，转而采取更为"分布式"的能力生成方案，使关键设施更加难以被锁定，从而增大敌方的攻

---

① Chuck Hager, "The Defense Inonovation Initiative," https：//www. defense. gov/Portals/1/Documents/pubs/OSD013411 - 14. pdf, 2014 - 11 - 15.

② Bob Work, "Remarks on Third Offset Strategy," https：//www. defense. gov/News/Speeches/Speech - View/Article/753482/remarks - by - d%20eputy - secretary - work - on - third - offset - strategy/, 2016 - 04 - 28.

击难度，降低美军维持优势的成本。①

2015年3月17日，沃克在麦卡里斯/瑞士信贷公司国防项目论坛上的讲话中指出，第三次"抵消战略"的两个主要作战任务是"反齐射"和"应对复杂电磁环境"。

首先，沃克认为，当前美国面临为克服对手制导导弹齐射威胁的动能反导成本过高的困境。为改变这一困境，美国国防部参照20世纪70年代的"攻击破坏者"项目提出"突袭破坏者"项目，寻求低成本、非动能的综合性反导手段，避免陷入对手的"成本强加"陷阱。其次，赢得电磁对抗胜利。沃克认为，现在的敌人已经将电磁环境战场化，电磁能力不仅是一种战场辅助能力，更成为一种实在的投入产出比很高的攻防武器。为此，他专门签署了一项备忘录，要求建立一个高级别电子战项目委员会，来统筹应对当前的电磁威胁与挑战。②

其次，沃克又进一步明确了第三次"抵消战略"的首要作战任务，并将其分为时间上的两个阶段（a one-two punch），即反齐射与电磁对抗条件下的战场行动。沃克提出，"突袭破坏者"项目也须发展如电磁轨道炮和高射速弹幕等低成本动能手段，全面降低反齐射成本，解决"反进入"威胁。

再次，沃克又提出开发"空地一体战2.0"新型作战概念③，发展战场无人系统，实战中利用人机协同从多个方向对敌实施纵深打击，以恢复美军在拒止区域内的行动自由。他声称，"如果十年之后在战场上率先突围的不是机器人，那将是一件令人耻辱的事。"④ 近两年来，美国在机器人领域取得了极大的进步，波斯顿动力公司所研制的机器人，已实现两腿自如地跳跃，可以跨越障碍物，可以持枪射击，初步具备了作战应用的

---

① Cheryl Pellerin, *Advanced Tech: New Operational Constructs Underlie Third Offset Strategy*, https://www.defense.gov/News/Article/Article/995201/advanced-tech-new-operational-constructs-underlie-third-offset-strategy/, 2016-11-03.

② Bob Work, "Speech on McAleese/Credit Suisse Defense Programs Conference," http://archive.defense.gov/Speeches/Speech.aspx?SpeechID=1922, 2015-03-17.

③ Bob Work, "Speech on China Aerospace Studies Institute," https://www.defense.gov/News/Speeches/Speech-View/Article/606683/, 2015-06-22.

④ Bob Work, "Speech on Army War College Strategy Conference," April 8, 2015, https://www.defense.gov/News/Speeches/Speech-View/Article/606661/.

条件。

三、构建"智能作战网络"

为按照通过"创新驱动"方针完成"设计未来战争"的任务,美军需要一个统一的战略实体将这些能力技术综合在一起。对此,第三次"抵消战略"的基础构想在于,将当前美国人工智能和无人技术等方面优势嵌入现有作战网络——利用智能化和自动化技术对作战网络中各节点的效能以及节点间的通联关系与方式进行更新升级,如使用无人潜航器(UUV)和无人飞行器(UAV)作为卫星失能后的 ISR(情报、监视、侦察)节点等,搭建起一个全新的作战网络。因该网络以人工智能和无人技术等智能技术为核心,故本书将这个全新的作战网络命名为——"智能作战网络"。"智能作战网络"并非旨在构建一个完全依靠人工智能或无人机器,脱离人类干预的全自动网络,而是将人工智能和无人技术作为提升作战网络效能的赋能器和倍增器,旨在帮助美军指挥官更快更好地决策,并快速准确地传递、落实、再评估这些决策。正如沃克言称,他所想要的并非是像"终结者"那样的自主机器人战士。相反,在新的作战网络中,人必须且"始终在环路之内"。① 至此,美国第三次"抵消战略"的任务就彻底具化为实现从"制导作战网络"到"智能作战网络"作战方式的转变,具体的表现有如下几个方面:

1. 使联合部队能够从更远的距离实施分布式作战或力量投送;

2. 使联合部队能够利用距离(航程、射程等)、精度和速度等方面的优势占据和保持主动权;

3. 使联合部队通过部队分散部署和构建新型作战庇护所,提高生存能力;

4. 使联合部队能够通过众多低成本、协同的"效应器"组合实现整体能力;

5. 使联合部队结合动能、电子战、网络赋能作战,具备新型分布式机

---

① 以上所引用的沃克发言均来自 Sydney J. Freedberg Jr. *People*,*Not Tech*:*Dep Sec Def Work On 3rd Offset*,JICSPOC,February 09,2016,https://breaking defense.com/2016/02/its-not-about-technology-bob-work-on-the-3rd-offset-strategy/。

第五章 第三次"抵消战略"的总体构想

动和近距离战斗技能；

6. 使联合部队作战网络更能抵御网络和电子攻击。①

随着这些新型能力与成熟的已有能力整合，美国的投送能力和主导性优势将得以扩展和加强，对手在"反进入/区域拒止"能力上的投入将无法发挥效力。

另外，基于"三位一体"的设计要求，"第三次'抵消战略'还是一项制度和机制发展战略，是关于在这个日新月异不断变化的环境中，如何组织整个国防部展开竞争的战略……包括从通过'联合能力集成开发系统'（Joint Capabilities Integration And Development System）提出需求到制定条令等一系列程序"。② 美军不仅要构建一个物质上的新型作战网络，更要以此为基础，发展出一整套新型的军事组织架构和作战理念，形成一个新型作战样式——一个全新的战斗生产模式——"智能作战模式"。可以说，第三次"抵消战略"将推动战争从"制导作战模式"到"智能作战模式"的历史转型。

从上述可以看出，美国在制定和推进第三次"抵消战略"时，有着清晰的构想框架，即明确的战略对手、宏大的战略目标、清晰的战略方针。不仅如此，通过这个构想框架还可以看出，第三次"抵消战略"将引起作战方式的巨大改变，即从"制导作战模式"到"智能作战模式"。

---

① 美国国防部负责研究和工程的助理部长史蒂芬·威尔比在参议会军事委员会新兴威胁与能力分委会的内部听证会上作证证词，肖可：《第三次"抵消战略"背景下美国国防科技发展》，《军事文摘》2016 第 6 期，第 14 页。

② Cheryl Peller, *Deputy Secretary*: *Third Offset Strategy Bolsters America's Military Deterrence*, https://www.defense.gov/news/article/article/991434/deputy-secretary-third-offset-strategy-bolsters-americas-military-deterrence/.

第六章

第三次"抵消战略"的能力设计

"9·11"事件后,美国把世界极端主义势力与大规模杀伤武器的结合视为其面临的主要威胁,军事战略的重心也聚焦到先发制人,在全球范围内展开反恐战争。进入21世纪第二个10年后,美国认为,国际恐怖主义固然威胁其国家安全,但不可能动摇其国家安全的根基,而中俄的重新崛起则对其构成长远和根本的威胁,因而不能不高度重视。2015年,奥巴马政府制定的国家安全战略中,把中俄两国界定为"修正主义者"。特朗普政府上台后,于2017—2018年先后发表的国家安全战略、国防战略、核态势评估和军事战略报告中,更是把中国作为其全球战略竞争对手,并提出"全政府战略"加以应对。在美国看来,能力(power)是达成目的的手段前提。在确立了第三次"抵消战略"主要目标和基本方针之后,美国下一个要解决的问题就是明确它应该具备什么样的能力。因此,国防部和军事理论界围绕"智能作战网络"的需求,着手设计美军所要具备的能力、能力样式以及实现此种能力的概念原则、技术领域和核心技术范畴。

第一节 创新战斗力生成准则

战斗力是一支军队能够战胜对手的根本条件。在规模既定的情况下,军队战斗力的大小往往取决于其生成模式。一般来说,军队战斗力的生成模式主要由人、武器装备、技术及它们之间的结合方式来确定。因此,高素质的人才、先进的装备和关键的技术以及将它们结合起来的编制体制、军事训练、指挥机制都是不可或缺的要素。此外,民族特性、士气状态等也发挥着重要的作用。美国清楚地知道,进入21世纪以来,它在军事领域优势的减弱是部队战斗力相对下降所造成的。自20世纪80年代起,美军大力实施军事变革,改变了传统的战斗力生成模式,从机械化转向信息化,使"制导作战网络"成为新的作战样式,在联合作战领域领先世界,从而获得了力量上的优势。然而,在对手不断追赶中,"制导作战"技术

第六章 第三次"抵消战略"的能力设计

的窗纸已被捅破,美军已不再继续垄断,而且维持优势的成本越来越高。在这种情况下,美国决定扬弃创新,从探索新的战斗力生成准则作为切入点,企图再次改变部队战斗力生成模式。

一、人才需求聚焦"智能领域"

美国对高技术在军事领域的运用一直十分重视,而高技术的研发和应用又离不开人才。部队战斗力生成的重点是取得技术的突破,因而美国国防部围绕"智能作战网络"的构建,提出了人才需求计划。

2015年9月初,卡特接替哈格尔就任国防部长后不久,就提出了国防部未来人才计划,主张通过与民用高新企业合作,拓宽国防部人才来源渠道。他在出席国防高级研究计划局(DARPA)技术论坛时的讲话中指出,当前的机遇与挑战"要求我们必须以各种互利方式,加强合作。世界在变化,美军的优势不是与生俱来、稳而不变的,必须不断地去争取。并且时代已发生变化,以往的历史中,大部分技术源自美国,其中多数又是产自政府。而当今,更多的技术来自民用,技术基础扩展至全球"。他还认为,过去数十年来美军所赖以保持优势的技术,正在被其他国家追赶,原本被最先进国家所拥有的技术,现在其他国家甚至非国家行为组织也开始掌握。美国在陆、海、空、网和太空等每个领域的优势都正在逐步削弱,在太空、网络空间的依赖性导致脆弱性的产生。他表示,国防部正寻求打破政府与科学研究和民用技术研究人员之间的玻璃墙,简化程序,尽力加强与创新企业的联系,招募"最佳人员、最佳技术、最佳创新成果,维持军队的全世界最强战斗力"。[①] 他还强调,国防部要设法与硅谷高新企业扩大交流,充分吸引各种人才,要聚众智服务于国防,促进机器人、数据科学、赛博防御、生物技术、高超声速发动机等领域的发展。

2018年,美国国防部又宣布扩大技术人才计划,将更多熟练掌握网络的人才引入部队,以迅速建立和增强美军网络作战能力。由此可以看出,美国国防部人才来源比较广泛。同时,既注重使用国防系统的人才,又延揽高科技企业和民间的特殊人才,把国家甚至盟友的可用高端人才纳入服

---

① 穆果:《美国国防部承诺将简化程序,创造条件引入民用技术与人才》,搜狐网,2015年9月11日,http://www.roll.sohu.com/20150911/n420900834.shtml。

务美国的国防体系之中。

二、装备发展指向"以快制慢"

为了建立"智能作战网络"以获取力量优势,美国决定,设法找出中俄尤其是中国的弱点,采取"以快制慢"的方式,生成非对称战斗力。

在美国看来,在信息技术广泛扩散特别是商用技术迅速发展的条件下,它已很难做到依靠垄断某个或少数领域的装备技术差异取得长期军事优势。因此,美国必须从机制上入手,将新技术更快地投入应用。沃克明确地指出:"美国的采办和需求制定体系必须在对手跟上来之前就将先进技术用于部队……否则,我们就将不断地败退。"2015 年,主管研究与工程的国防部副部长威尔比也特别地强调:"国防部必须成为商用技术的快速追随者,若不能跟上商业世界的步伐,第三个'抵消战略'就会失败。"①

一方面,实现武器装备通用标准。近年来,美军推行"未来机载能力环境"(FACE)标准,使陆海空军的 UH-64 直升机、C-130H 运输机和 AV-8B 战斗机等软件模块通用,以改变软件开发难,成本高的特点;通过"开放式任务系统"(OMS),推进各种装备之间任务载荷的切换,缩短任务转变时装备投入运用的时间;通过"通用武器接口"(UAI),达成各种机载武器的综合,提升武器装备扩容的空间。

另一方面,着眼武器装备远程、精确、智能。为了应对中俄等国"反进入/区域拒止"作战,美军致力于研发新一代武器系统,使其远程化、精确化和智能化。美国目前着力建造、试验和研发的新一代航空母舰(福特级)、战机(第6代)、空天飞机、无人机、轰炸机(B-21)、超高声速导弹以及作战指挥系统、作战概念(多域战、分布式作战、知识中心战等),组建新的职能司令部(太空司令部)等。这些领域的突破,有可能使美国在军事上继续领跑世界相当长一段时间,并对中国、俄罗斯等国所构建的"反进入/区域拒止"能力构成程度较高的挑战。

---

① 张洋:《美军第三次"抵消战略"的核心思路》,东方军事网,http://mil.eastday.com/a/170622021001543.html。

三、人装结合致力"系统集成"

2016年7月,美国战略研究专家艾尔布里奇·科尔比和乔纳森·萨洛蒙在《联合部队季刊》第82期发表了一篇名为《避免成为纸老虎:国防战略中的战斗力因素》的文章。① 文中指出:在讨论特定战略的需求时,不能一味追求技术的"革命性",而是要确保第三次"抵消战略"的技术发展和作战中遇到的挑战紧密联系起来。要充分利用智能技术和无人技术的优势,特别是无人机和赛博武器的技术能力发展战略进攻能力,帮助部队完成升级,实现分散化、网络化、规模化、多样化、小型化、复杂化、远程化、隐身化等目标。技术发展要以确保现实战斗力为基本前提,并遵循四条准则:

一是发展更加适应分散行动的指控系统和相关概念,实现战术级指控。利用盟友体系完善美军前沿部署,如在北约框架下组建多国旅战斗队,通过技术和资金支持打造一体化离岸防卫力量,从亚太地区数量众多、分散部署的军事基地开展行动等。通过分散行动降低相关区域内前沿力量的受迫性,并寻求分散部队的补给方法。

二是远程打击受敌人一体化防空系统防护的固定及移动目标,提供稳健、弹性的末段防御,对抗对手体系完善的战区导弹攻击。远程打击与精确打击不仅是现代战争中的基本作战方式,未来更是如此。美国必须从攻防两个方面着手,做到攻而能破,防而能固。

三是在"反进入/区域拒止"环境中持续开展情报、监视与侦察,提供安全的远距离通信及定位、导航与授时(PNT)能力,精确干扰、欺骗及摧毁敌方 C^4ISR 系统并防御己方 C^4ISR 能力,注重电子战能力,适应复杂电磁环境,提高前沿部署部队的生存力。

四是提供远程、长航时航母舰载海军航空力量,控制及摧毁对手的海上力量。随着对手"反进入/区域拒止"能力的提升,美国现有航母舰载机作战半径已经不能满足现实需要了,因而必须研发航程更远、打击范围

---

① Elbridge Colby and Jonathan F. Solomon, *Avoiding Becoming a Paper Tiger*: *Presence in a Warfighting Defense Strategy*, July 27, 2016, http://ndupress.ndu.edu/JFQ/Joint-Force-Quarterly-82.aspx.

更大的海军航空力量，以便航母处于对手远程打击之外。

从上述可以看出，美军在考虑未来战斗力生成时，主要着力于"系统对抗""分布杀伤""远程攻防""隐形作战"，使敌人难以发现、难以锁定、难以摧毁、难以防御、难以评估。

第二节　构设"全球监视与打击网络"（GSS）

美国认为，其军队的作战任务区主要是远离本土的海外，因此力量运用的基础是战略投送，一旦战略投送受阻，美国的全球军事霸权将无法延续。因此，美国将对手所具备的"反进入/区域拒止"能力视为主要威胁。为了应对这种挑战，马丁内奇在其《迈向新"抵消战略"：利用美国的长期优势恢复美国全球力量投送能力》报告中强调，美国应着手构建"全球监视与打击网络"，以便迅速地发现目标和为打击目标而投送力量。2018年7月，美军参联会发布的军事战略报告中，明确把全球一体化打击能力作为美军力量建设的重要内容。

一、完善侦察预警系统

侦察预警系统是"全球监视与打击网络"的先决条件。20世纪50—80年代末，美国面临的主要威胁来自苏联，因此美国的侦察预警系统的运用主要集中于欧洲和东北亚地区。进入21世纪，随着中国、俄罗斯军事力量的增强，打击能力和行动空间的扩大，美国在提升全球性侦察预警系统能力的同时，还必须提高精确预警能力，加强反侦察和反预警能力建设，使对手的侦察预警能力失效。

美国侦察预警系统已实现立体化，由陆基侦察系统、海基侦察系统、空基侦察系统和太空侦察预警系统组成。这些系统互联互通，反应灵敏，覆盖整个世界。也就是说，世界各地发生的军事行动都难以避开美国的"耳目"。只要这些行动触及美国的利益，美军可以随时做出反应。面对各类隐身和超声速武器的发展，美国着力对其侦察预警系统进行改进和完善，以做到"防"得住，"打"得准。

第一，改进陆基预警侦察系统。美国战略预警体系中的陆基预警系统由远程预警系统、近程预警系统、联合监视系统构成。远程预警系统包括超视距后向散射雷达系统如北方弹道导弹预警系统（BMEWS）、北方预警系统（NWS）、潜射弹道导弹预警系统（SLBMDWS）等，主要用于防御从北极方向来袭的战略轰炸机、低高空巡航导弹及其他远距离空中目标，对超声速飞机可提供 1—1.5 小时预警时间，而常规雷达一般则只能提供约 10 分钟的预警时间；近程预警系统沿美、加交界线加方境内北纬 49 度线配置，横贯加拿大东西海岸，共设有 24 个雷达站，能够对由加拿大上空进入美国本土的敌方战机提供 20 分钟预警时间，该系统能够准确地测定敌机的方位、距离、高度，有效配合各军种实施防空拦截任务；联合监视系统是一个军民两用系统，由美国空军和联邦航空局共同管理，兼负防空、民航空中交通管制的双重任务，保卫美国和加拿大领空，平时用于民航空中管制、对空监视、防空预警与跟踪，战时则监视本土防区的空情，侦察、跟踪和识别来袭的敌机和巡航导弹，并与空中预警系统配合指挥引导防空武器拦截。美国在陆基侦察预警改进方面所做的努力是，增加雷达的探测距离，增强雷达发现附身目标的能力。

第二，增强海基预警侦察系统。美国海基系统由各种舰载雷达系统、声呐系统、电子侦察设备、水声侦察仪、磁异探测仪、潜望镜等观察设备，以及红外、微光、激光、电视等光电侦测设备组成。舰载预警情报侦察系统可不受国界限制，远航持续抵近目标侦察，弥补了空中和地面侦察的不足。舰载雷达又可分为对空警戒雷达和对海警戒雷达，它们与敌我识别系统及声呐系统相配合，用于发现和监视海面、水下及空中目标。最为典型的舰载预警探测系统是由相控阵雷达系统、指挥和决策系统、显示系统、武器控制系统、电子战系统、垂直发射系统等组成"宙斯盾"作战系统。AN/SPY－1 相控阵雷达是该系统的核心，能同时自动搜索、检测、跟踪空中、地面以及掠海飞行的上百个目标，从捕获目标到指挥控制各种舰载武器对来袭目标实施攻击的全过程反应时间仅 3—6 秒。美国一方面改进雷达系统，以捕捉更多的目标；另一方面增加侦察船的部署，以扩大海域探测的范围。

第三，提升空中预警系统。美国空中预警系统由空军 E－3 系列空中预警机、海军 E－2 系列舰载预警机组成，既能侦察、识别和跟踪空中目标，又能指挥引导地面防空武器和空中战斗机实施拦截，从而兼具预警与指挥控制双重职能。美国以 E－3 预警指挥控制机在空中 24 小时巡逻的方式，在其东、西海岸各设置了一道空中预警线，能够同时跟踪1200千米范围内的600个目标，并能从上百个目标中分辨出最具威胁的目标实施跟踪监视，同时还可作为空中指挥平台引导近百架飞机进行空中拦截，指挥陆、海、空三军协同作战。该系统具有机动能力强、情报传输速度快、侦察监视范围广等特点，尤其适合于对低空目标的侦察预警。美国逐步把海军和空军对海侦察机更换为P-8A型飞机。同时将更多的无人机用于中近距侦察。

第四，升级天基预警侦察系统。太空资产是美军最重要的侦察预警方式之一，主要是应对弹道导弹威胁。美国空军一直在研制新一代导弹预警卫星系统。从20世纪50年代末至1995年，先后研制"导弹防御报警系统""国防支援计划""后继预警系统""导弹警报、定位和报告系统计划"等。近年来，美国不断更新侦察卫星，使其精度更高、密度更大，以监视对手导弹试验、航天发射、跟踪敌方弹道导弹发射，从而增加自己的预警时间。美国还重视天基红外预警卫星系统的建设，旨在提供最大限度的预警和监视全球任何地点弹道导弹的发射。美国天基红外预警卫星系统由低轨卫星和高轨卫星组成，低轨卫星主要用于导弹飞行中段和着落前的跟踪和鉴别，同时也可提供导弹发射场和其他技术情报，高轨卫星主要用于导弹点火阶段的侦察和跟踪。

特朗普上台后，进一步加强了太空力量的建设。2019年8月，他签署命令，恢复太空军司令部。同年12月20日，他又签署国会通过的《2020财年国防授权法案》（NDAA），正式批准成立太空部队。副总统彭斯表示，美国的敌人多年来"研发武器，从地面发动电子攻击以撞击、蒙蔽或关闭我们的导航和通信卫星"，美国不能退缩，必须应对挑战。太空军司令部的成立，不仅使美国太空侦察预警力量得到进一步增强，而且使太空作战成为现实。

通过提高侦察预警能力，将全球态势置于美国的掌控之中，以便使美军采取行动的时间更加充裕，措施更加得力，从而抵消对手发动突然袭击的能力。

二、提升力量投送能力

美国改进侦察预警系统，提高了"知"的能力。在军事行动中，仅仅

第六章 第三次"抵消战略"的能力设计

"知"是不够的,还需要强大的"行"的力量。美国远离世界战略棋盘——欧亚大陆的中心,为了将战争挡在离本土之处更远的地方,同时操控欧亚大陆或其他区域的事务,美国必须能够将其本土的力量迅速投送到位,使对手的"反进入/区域拒止"战略归于无效。

"战略与预算评估中心"所发布的《迈向新战略:利用美国优势恢复全球力量投送能力》报告认为,美国的投送力量严重不足。在21世纪初,美国军事力量建设的目标是同时打赢两场局部战争。而到2014年,美国则在《四年防务评估报告》(QDR)中称,国防部"有能力同时保卫国土,开展持久而分散的反恐行动,通过前沿部署与介入在多个地区威慑阻止进攻,并让盟国放心"。但在具体作战构想上,却做了这样的表述:"如果威慑无效,美军就必须能够'在大规模多阶段的战役中击败区域性对手,并且拒止另一地区另一进攻者的目的,或是对其施加无法接受的成本'。"也就是说,"美国武装部队的规模和结构应该要能在一个战区内威慑并击败大规模进犯,最好是与区域盟国和友邦一起,同时在其他多个战区内决定性地威慑或挫败趁乱而来的进犯,不让对手达到目的或是给它们施加无法承担的代价,其间还要保卫美国国土和坚持履行诸如主动的全球反恐行动的其他使命"。①

2014年《四年防务评估报告》虽然在应对"反进入/区域拒止"战略方面有所设想,如注重发展先进空中与导弹防御、采购第五代战机以及升级海军舰只战斗能力等,但这与以往的力量投送方式并没有本质的区别。从"抵消战略"来说,美国不仅要在击败一个对手的同时,"拒止"一个趁机而来的进犯者,而且必须能够拒止一个以上的潜在对手趁乱而来的进犯。为此,美军要构建的投送方式是能够解决逐渐增大的作战风险和战略风险(例如危机动荡性加剧、美国的威慑承诺可信度降低,以及对美国施加的难以负担的长期成本)。②

---

① 美国国防部:《四年防务评估报告》(2014),*The Quadrennial Defense Review 2014*, p. 22。

② Robert Martinage, *Toward a New Offset Strategy: Exploiting U. S. Long – Term Advantages to Restore U. S. Global Power Projection Capability*, p. 22.

三、建立全球打击体系

美军应充分利用自身在无人系统、增程空中行动、隐身能力、水下作战、复杂系统工程与集成等方面的优势，建立一个全球打击一体化体系。

无人系统：因为在任务周期和寿命成本等方面具有无与伦比的优势，无人系统和平台将构成（Global Scmvarlance Syctem，GSS）的核心。无人系统无人员伤亡的可能性，战损承受性高，同时不受人的生理限制，这不仅体现在诸如重力负担这类战术因素上，更体现在它们不会因疲倦丧失思考能力，所以可以保持持续存在，任务时间更长，成本相对更低。得益于智能系统的辅助，无人平台可以执行更加复杂的任务，同时这种智能自主性大幅降低了因数据流受到攻击而使无人平台失控或失能的风险。

增程行动：将加油机保持在敌方一体化防空系统覆盖范围之外，通过无人作战系统和全球空中加油能力的结合提供极长距离的任务续航能力，少量无人机即可完成对广泛地域实施持续的情报监视侦察与打击行动。这种能力使美军可以不受限于基地位置，对突袭迅速做出反应。

隐身能力：尽管现有技术可以增加探测隐形飞机的几率，但总的来说，发现、跟踪并打击最先进隐形机还是十分困难的，尤其是在先进电子攻击的配合下，所以隐身飞机较适合遂行高强度精确打击任务，包括"反进入/区域拒止"节点在内的设防目标、内陆纵深目标以及坚固深埋目标。增程空中行动和隐身能力都着重要求发展：隐形高空长航时情报监视侦察无人机（优先执行情报监视侦察与电子攻击任务），隐形无人作战飞机（在"反进入/区域拒止"环境下发现和摧毁广大区域内的机动目标）。

水下作战：尽管现在对手在发展反潜能力，但总的来说，反潜仍非常困难。随着美国在水下兵力的不断投入，隐身性能的不断增强，手段样式的不断增多，对手的反潜行动必将更加困难。因此，水下仍是获取作战优势的重要领域，水下平台可对敌人高价值目标进行战役战术突袭打击，完成反雷达、反舰、反机等作战任务，成为全球监视与打击持续情报监视侦察网络的节点。水下战斗的构成部分主要是核潜艇，潜航器（UUV）和各类有效载荷模块（如"弗吉尼亚"有效载荷模块、升降式有效载荷模块、拖曳式有效载荷模块等）。

综合系统工程集成与操作：美国在该种能力上的绝对优势决定了对手

难以在复杂技术研发领域与美国展开竞争,如互用性、互通性、集成性的复杂指挥控制通信架构(节点数量众多,类型各异,数据联接形式多种多样)和战斗管理系统(能够融合和关联情报监视侦察数据,识别出有关的对手行为方式,并能灵活有效地分配可用的情报监视侦察资源)等的研发,确保抵消的速度与效率。①

就内容而言,马丁内奇提出的多种技术方向可归总为两类:一类是对现有技术的再创造,另一类是具有广泛前景的新技术。所以,GSS 也并非什么激进的概念,它主要是在第二次"抵消战略"的成果——"制导作战网络"的基础上向前推进了一步,是"网络中心战"理论的一个扩展版。GSS 重点强调与精确打击能力相关的监视能力,总体上削弱了固定基地和地面部队的角色,重点发展空中加油技术和远程隐身飞机,通过无人系统、自动系统和隐身功能结合,增强 ISR 平台和打击平台的生存能力。但是,GSS 真正的革命性,就是企图构建一个真正意义上的一体化集成战争网络,而这个网络是以智能系统和无人系统为基础的,预言了战争史从有人制导到无人智能的世代转变,真正进入了"平台 VS 平台"阶段。

第三节 获取关键领域核心技术

技术是战斗力生成的倍增器。现代条件下,在经济领域,科学技术是第一生产力,在军事领域,它就是第一战斗力。美国若要实现上述设想,技术突破成为关键性因素。为此,美国明确了未来突破性技术领域,提出了长期技术发展规划,并确定了所要获取的核心战略能力。

一、确定关键技术投资领域

世界军事史上,拥有先进技术的一方,往往能够比较容易地战胜技术落后的一方,每一支军队都竭力把最先进的技术用于装备的制造,设施的改进,并随之调整编制体制,建立新的兵种或军种。长期以来,美军一直

---

① Robert Martinage, *Toward a New Offset Strategy: Exploiting U. S. Long – Term Advantages to Restore U. S. Global Power Projection Capability*, October 27, 2014, https://csbaonline.org/research/publications/toward – a – new – offset – strategy – exploiting – u – s – long – term – advantages – to – restore.

注重技术的开发与应用,依靠先进的武器装备,打了诸多胜仗,甚至赢得了冷战。在前两次"抵消战略"的推行中,美军都是通过新技术的运用,获取了战斗力的优势。在第三次"抵消战略"中,美国依然沿袭老路,企图通过技术的突破,再次拉开与对手的距离。

2015年3月26日,DARPA发布了名为《服务于国家安全的突破性技术》[①]的战略文件,阐述了DARPA的四个重点投资领域:

1. 重构军事系统(rethink the complex military systems):在一个加速发展的世界,其他国家都已经认识到系统模块化的好处,正在进行着硬件和软件系统的快速改进与升级,美军过分依靠复杂系统的作法已经不合时宜了,必须要采用更加灵活的系统。

2. 掌控信息爆炸(master the information explosion):开发大数据技术、建立起信息系统的信任。

3. 整合生物技术(harness the biology as technology):加快合成生物学进程、克服传染病、掌握新型神经元技术。

扩展技术前沿(expand the technological frontier):深化数学能力、发明新化学试剂、工艺和材料,量子物理技术。

2014年,肯德尔指派美国国防部科学委员会(DSB)开展"2015年战略突袭夏季研究"。2015年10月该委员会发布了《关于战略突袭》的报告,报告重点研究了2014—2024年10年间美国可能遭受"战略突袭"的八个领域:核扩散、弹道导弹与巡航导弹防御、太空安全、水下作战、网络、通信与PNT(定位、导航与授时)、反情报和后勤保障系统,并就如何在未来十年反制"潜在敌人",免遭突袭给出了一系列重要建议。[②]

这些关键技术领域,涵盖了作战流程的各个节点。投资这些领域的建设,可能使美军实现力量增强、系统集成、侦察全面、决策高效、通联便捷、打击精准、防御得力、保障聚焦的目标。

---

① Defense Advanced Research Projects Agency, *Breakthrough Technologies For National Security*, March, 2015, http://www.airforcemag.com/DRArchive/Documents/2015/March%202015/DARPA%202015%20FINAL-1.pdf.

② 袁政英:《DSB报告研究未来10年美国将如何应对潜在战略突袭》,《防务视点》2016年第2期,第4页。

第六章 第三次"抵消战略"的能力设计

二、提出"长期研究和发展规划"(LRRDP)

20世纪70年代的LRRDP旨在评估美国国防研发计划的潜在重心转移方向,确定美国及其盟友赢得未来战争的方法和能力,评估先进武器系统的可能贡献。其最终结果是形成了一系列国防投资建议,如先进制导武器传感器等关键技术等,重塑了战争样式。事实上,在过去30年里,美国军事力量的核心技术和运作方式都发端于LRRDP。

因袭就顾,2014年10月29日肯德尔签署备忘录,宣布正式启动新一轮LRRDP,并任命美国国防部首席技术官、负责系统工程的助理副国防部长史蒂芬·威尔比具体负责。备忘录指出,LRRDP应专注于识别高回报的使能性技术投资,特别是未来5年内可立项的技术,为美军未来重要投资奠定基础。[1]

2014年12月,美国国防部根据LRRDP要求,在国防创新网站上发布了一份"信息征询书"[2],旨在面向全社会征集新技术、新概念,帮助美国国防部更好地理解和优化新兴或非传统技术的应用,为美国及其盟友在2025—2030年的战略竞争提供技术优势和军事优势。威尔比称,此次信息征询的截止日期延期了两次[3],共接到了300余份回复。[4]

征询的目标包括三类重点技术信息:一是可通过新应用方式获取不同能力的成熟技术;二是能够提供新型作战能力的可迅速成熟的新兴技术;三是可通过重新设计提供新军事能力的在研或非军技术。征询的技术信息重点在五个领域:一是空间领域;二是水下领域;三是空中主宰与打击领

---

[1] Frank Kendall, "LRRDP Direction and Tasking Memo Clean," http://www.defenseinno vationmarketplace.mil/resources/LRRDP _ DirectionandTaskingMemoClean.pdf, 2014-10-29.

[2] Department of Defense, "Long Range Research and Development Plan (LRRDP) Request for Information," http://www.defensein novationmarketplace.mil/resources/LongRangeResearchandDevelopmentPlanRFI_Final.pdf.

[3] 信息征询书2014年12月2日生效,原定的截止日期是2015年1月14日,后延期至4月15日,最终于2015年7月底完成制定。

[4] Cheryl Pellerin, "DoD Seeks Novel Ideas to Shape its Technological Future," https://www.defense.gov/News/Article/Article/604159/dod-seeks-novel-ideas-to-shape-its-technological-future/

域；四是防空反导领域；五是其他技术驱动的新概念。

这五个重点领域是美国根据当前威胁内容、性质、形成方式以及自身竞争优势综合选定的，极具针对性。首先，对手的"反进入/区域拒止"的作战威胁在于其有能力通过打击美军太空设施"致盲"美军 C^4ISR 系统，通过一体化防空将美空中力量阻绝在一定范围之外免遭空中侦查和打击，通过实施制导武器齐射"瘫痪"美军前沿阵地，所以美军在空间技术、空中主宰与打击技术领域、防空反导技术三个方面必须给出针对性回应，降低对手对于通过一次性突袭达成既定战略效果的预期，从而巩固自身优势，提升威慑能力。其次，由于当前世界各国在水下领域与美军不管是现实实力还是技术能力都存在较大差距，美军在水下领域行动自由最有保障，具有绝对非对称作战优势。最后，第三次"抵消战略"的核心逻辑是"以创新求优势"，因而对于"创新"，尤其是技术创新本身的关注事关战略的根本。

三、选定核心能力构建方式

基于美国国防部科学机构的报告以及其 LRRDP 的研究成果，沃克在 2015 年 11 月的"里根防务论坛"首次对第三次"抵消战略"的能力设计方案进行阐释。他指出，第三次"抵消战略"以人工智能和无人技术（Artificial Intelligence and Autonomy）[①] 为核心，发展五种核心"能力构建方式"。

第一，五项核心能力成为战略支柱。具体来说：一是深度自主学习系统。在当前战争伦理中，进攻行动中的致命打击（killings）仍需由人决策完成。但在防御时，深度自主学习系统可以依托大数据分析预警和主动防御能力在防空领域、赛博领域和电磁对抗领域迅速做出反应，对人类无法快速反应的情况提前预设指令。目前，美军已对巡洋舰和驱逐舰上的"宙斯盾"系统进行了自动设定。

二是人机协同。该系统旨在通过机器的信息处理能力辅助作战人员进行战场决策。研究证明，人机协同模式要比单纯依靠人类或者单纯依靠机

---

① 此处的 Autonomy 原意为自动化，自主化实际就是无人技术，为寻求统一，贴合美军当前发展的实际，本书统一将其译为无人系统或无人技术。

第六章 第三次"抵消战略"的能力设计

器决策都更有效率。沃克将人机协同模式称为"人头马"模式,当前最典型的"人头马"是 F-35 飞机的飞行员头盔,它能够综合 360 个系统的数据形成分析结果,通过特殊呈象技术显示在头盔内屏幕上,帮助飞行员快速了解战情,准确决策。

三是人类作战辅助系统。该系统旨在通过可穿戴电子设备、成像技术、外骨骼技术等辅助人类在战斗活动中获得额外能力。

四是人机编队。如果说人机协同是机器辅助决策,那人机编队则是人类与机器合作遂行作战和侦查活动。如陆军"阿帕奇"直升机与"灰鹰"无人机组成的混合编队,海军 P-8"海神"侦察机与 MQ-4C"人鱼海神"无人侦察机的协同使用。

五是经强化可在复杂电磁环境和赛博环境中行动的网络赋能武器。这种武器旨在解决沃克提出的"后齐射"阶段美军在敌人综合拒止范围内的行动自由问题。如 F-15 战机挂载的"小直径炸弹",这种炸弹相互间可以分享数据,使它们在复杂电磁对抗环境下,即使丢失了 GPS 信号仍能通过共享信息校轨击中目标。①

事实上,在第三次"抵消战略"提出以前,以上技术或能力创新就已经逐渐出现,对它们的追求呼吁更是屡见不鲜,并非新东西。第三次"抵消战略"的创新之处在于:它并非以单纯追求个别或多个独立高技术为目的,而是以一个战略实体的方式将分散技术集成,构建一个综合性作战网络("智能作战网络"/"21 世纪察打复合体"),整体性地推动美军的竞争优势发展。

第二,人工智能和无人系统成为核心。人工智能和无人技术将带来生产方式的革命。美国国防部科学委员会认为,人类当前处于人工智能和无人技术的转折点。美国著名私人研究机构"林奇机器人和人工智能研究所"也表示,人工智能的崛起将定义下一次工业革命,是当前最重要的技术领域。这并非个别人或机构的洞见,而是企业界普遍的共识——到 2025 年将有 45% 的工作将被人工智能取代。人工智能和无人技术已经成为最具

---

① 《美国空军部长谈空军如何支持第三个"抵消战略"》,国防科技信息网,http://www.dsti.net/Information/News/98571,2016-02-28。

革命性的技术，它将同蒸汽机、燃气机和信息技术一样带领人类走进新时代。①

人类生产的方式就是军队作战的方式，人工智能和无人技术也将产生新的作战方式。美国国防部科学委员会在研究了众多技术后提出：要提升当前美军作战网络性能，完成质的跃升，就必须赶上人工智能和无人技术的浪潮，构建一个更为先进的人机联合战斗网络，即"智能作战网络"。沃克对此评论道："这个构想非常符合唯变不变的时代特征，军事技术和战争样式都在不断发展变化、充满挑战，各种行动——尤其是网络战、电子战和制导武器齐射——都在高速运转……'OODA'环（观察—判断—决策—行动）周期将被大大缩短，所以我们必须富有针对性地开发这些技术，为部队决策赢取时间，以获得战术战役优势。"② 当前，世界各国都已普遍意识到这一点，并加紧了投资。美国波士顿咨询集团的数据显示，2000—2015 年间，全球军用无人驾驶工具支出增加了两倍，从 24 亿美元增至 75 亿美元，预计到 2025 年将再翻一番，达到 165 亿美元。③

美军在智能无人系统方面一直具有巨大的技术优势以及丰富的实战经验。经过 10 余年反恐战争实践，美军已经建立起一套完整的无人装备训练维护体系，并具有熟练操作经验和作战管理能力。从 2003—2007 年，美军装备的无人车辆从 163 辆增加至 6000 辆，拥有班组任务支援车、"粉碎机"高机动无人战车、"阿特拉斯"双足机器人等多型地面无人平台，能够执行侦察监视、后勤支援、布雷扫雷、排爆救援、对地攻击等多种任务。从 2003—2010 年，美陆军在伊拉克战场部署的无人机从 3 套 13 架增加到 337 套 1013 架，执行了约 80% 的侦察监视任务。截至到 2012 年，无人机在美空中力量中所占比率已达 31%。美军已装备的无人机近 80 种、7000 余架，其中 2013 年研制的 X-47B 多功能隐身无人攻击机和 2014 年

---

① Bob Work, "Speech on CNAS Defense Forum," https://www.defense.gov/News/Speeches/Speech-View/Article/634214/cnas-defense-forum/, 2015-12-14.

② Cheryl Pellerin, *Deputy Secretary Discusses Third Offset, First Organizational Construct*, https://www.defense.gov/News/Article/Article/951689/deputy-secretary-discusses-third-offset-first-organizational-construct/, 2016-09-21.

③ 石纯民：《军事智能化时不我待》，《中国国防报》2017 年 12 月 11 日，第 1 版。

第六章　第三次"抵消战略"的能力设计

研制的 X-37B 无人空天飞机堪为翘楚。①

2010 年以来，美国运用无人机进行定点清除的战例不断地增多。在巴基斯坦和阿富汗，美国投入无人机打击恐怖主义分子；在叙利亚、也门、伊拉克，也把无人机作战侦察和打击"伊斯兰国"以及其他恐怖主义分子的重要工具。仅在 2019 年下半年和 2020 年初，美国就使用无人机侦察，以特种作战的方式清除了"伊斯兰国"的头目巴格达迪；用无人机袭击的手段，击毙了伊朗革命卫队"圣战旅"旅长苏莱曼尼少将。美国把无人技术作为第三次"抵消战略"的重点发展对象已具备坚实的基础条件。

第三，人机协同和人机编队作战作为主题。人工智能和无人技术能够带来巨大的战略及作战优势，但美国国防部仍坚持"人必须始终在环路之内"，并扮演核心角色，技术只是效能倍增器和决策辅助器。沃克在讲话中称，要将人机协同和人机编队的"半人马"模式作为能力建设主题，②其基本思路就是让机器和人形成"共生关系"，将彼此最擅长的部分——机器的速度、准确性、可靠性和人的判断力、能动性、灵活性——结合在一起，使人类从纷繁复杂的信息处理中解放出来，聚焦于主要决策。其中，人始终是核心，可以随时进入机器的工作链进行干涉。这样做的原因有三：

一是伦理和法律安全上的考量。自人工智能技术和机器人技术出现以来，各界对于其伦理上的关注不亚于对于克隆技术的关注，无数科幻小说和电影向民众描绘了人工智能反客为主的恐怖场景，所以全世界对于人工智能的伦理关注都十分强烈。作为一个建立在基督教文明基础上的国家，美国对此的态度一向十分谨慎，大量保守主义者甚至要求停止发展人工智能。另一方面，"民众同意"对于美国军事的影响一向巨大，越战终止的很大一部分原因正来自于国内民众的反战呼声。而且，美国的战争行动受到国内法律严格限制，目前美国法律仍没有给予美国政府和军队使用机器人进行杀伤任务的权力，所以美国的国防决策者也绝不敢越雷池一步。因

---

① 陈杰、代文新：《无人作战系统：颠覆未来战争规则》，《解放军报》2016 年 11 月 3 日，第 7 版。

② Sydney J. Freedberg Jr, *Centaur Army：Bob Work, Robotics & The Third Offset Strategy*, https://breakingdefense.com/2015/11/centaur-army-bob-work-robotics-the-third-offset-strategy/, 2015-11-09.

此,"半人马"模式是美国伦理与法律上的必然。

二是人在从事军事活动时有独特优势。2005年的一次国际象棋比赛中,两个业余棋手连同三台计算机的组合,击败了众多独立的国际象棋大师和超级计算机,赢得了冠军。① 这证明"半人马"模式比单独的全人类或者全机器模式都要有效。虽然现在人工智能技术已十分发达,在很多领域比人更加快速准确,但由于技术限制,仍主要以遵循系统程序执行既定任务为主,在临场决策的灵活性上远逊色于人。虽然深度学习技术已经使人工智能初步具有了学习能力,能够超越程序进行灵活处理,但人类的感觉经验自觉以及身处战争迷雾之中的受迫性创造力,仍是人工智能无法模拟的。虽然现代战争愈来愈趋向于技术化、程序化、管理化,但作为一种独特的人类实践活动,仍存在巨大的艺术性,而艺术性则被视为人与机器最本质的区别之一。所以,"半人马"模式可以最好地发挥人与机器各自优势的方式。

三是人本身就是优势。沃克指出,美国开展第三次"抵消战略"最大的非对称竞争优势是人力优势。美国拥有世界最富创造性的科学界人才,拥有全世界素质最高的职业军人,此皆为美国新时期获取战略优势的依靠,对手实难追赶。当今世界,全球化下技术流通迅捷,互联网的普及使对手窃取美国核心技术比任何时候都容易,所以单纯依靠人工智能或者无人系统等技术维持战略优势必不稳固,只有充分发挥人的优势,才能确保美国长久而持续的战略优势。

总之,第三次"抵消战略"依然基于"力胜"理念,主张通过运用美国的科技优势,提升作战力量,以"非对称"的方式,恢复常规威慑,最大限度地削弱对手"反进入/区域拒止"能力。

---

① Bob Work,"Speech on CNAS Defense Forum,"https:∥www.defense.gov/News/Speeches/Speech-View/Article/634214/cnas-defense-forum/,2015-12-14.

第七章

第三次"抵消战略"的机制保障

体制能够调配、优化资源,贯通上下左右关系,营造工作环境,是创新的重要保证。《国防创新倡议》中指出要进行组织制度的改革:"美国国防部需要继续进一步检查其业务实践,通过外部评估和内部建议提高工作效率",其目的就是通过组织制度调整,获取所需的新型能力。

第一节 完善国防创新体系

无论是概念还是技术创新,都需要机构引领协调和提供资源保障。美国为推行第三次"抵消战略",在《国防创新倡议》中明确强调,"国防部需要继续进一步检查其业务实践,通过外部评估和内部建议提高工作效率"。因此,美国进一步优化国防创新体系,以提高效率,力图早出和多出成果。

一、突出政府机构的作用

虽然偶然性在创新活动中扮演着十分重要的角色,但技术创新并不是一个顿悟式的运气式的活动,它隶属于人类社会实践活动,遵循着一定的规律。国家参与技术创新,获取创新成果主要借助于"国家创新体系"来发挥作用。创新是一种在社会生产实践中,生产单位和用户在有组织的市场中的互动过程,其特征体现为将新知识和新技术转换成商品和服务进而提供重要新价值,包含生产单位的创造与供给和用户的认可与消费。国家创新体系是指由政府、生产单位、中介机构和用户构成并相互作用,从事创造、流通、应用和扩散创新产品活动的自组织网络系统。在构件与责任上,政府负责提供公共服务(政策引导、建立机制、规则维护、基础设施供给等),生产单位(企业、大学和研究机构等)负责供给创新产品(新知识、新技能和新技术等),中介机构负责创新产品的转化、加工、包装以及推送,是创新流通的关节,用户是创新产品的消费者与最终目的,并提供反馈和再生产需求。与单纯的市场创新活动不同，在国家创新体系中，政府是协调、组织的主体。

国防创新体系是国家创新体系在国防领域内的分形子系统。一方面，与其母系统的全自主相比，国防创新体系是一个半开放半自组织系统，具有明显的目的输入性，资源分配上也并非完全遵循系统自身意志，系统运转各环节均有明显的外力干预，政府的组织作用更加凸显，但这种目的性和资源干预只在形式上明显，力度上却实不可计量，甚至不是决定性要素，更像是掩藏在一切环节背后的"幽灵"。另一方面，作为子系统，国防创新活动基本遵循一般性创性能活动的规律，系统在运转时更多地是依靠自组织系统的自觉。

自组织系统网络由两类"原料"架构，即相互区别的构件（硬件部分）和构件间复杂的相互关系（软件部分），它不断与外部环境进行适应性互动，对外部环境变动做出反应，通过系统内部自我调整，等待"涌现"，完成自我演进，适应新环境。这种演进要求有别于"旧"系统的新构件、构成关系和交换品。不能完成演进或者演进不适应新环境的系统会在耗散中走向崩溃。在权势运转和军事博弈的环境中，国防创新体系必须不断对战略环境的变化做出反应，引入新的国防创新组织机构及组织间关系，调整国防创新模式，最终产生新的物质（新装备、新作战网络）和非物质（新组织、新概念）成果，完成系统演进，在新的斗争环境中保持适应性，使国家军事力量保持领先。

尽管2008年金融危机后美国经济出现了些微衰退迹象，但仍无愧于世界上创新能力最强、创意最活跃的国家，其拥有的世界知识产权组织（WIPO）"专利合作协定"（PCT）认定的专利数量远超其他国家，2016年美国申请PCT专利数量为56595项，比第二名日本45239项多出约25%（见图7.1）。这要归功于美国民族性中经久不息的创新探索传统（动力因）和全世界最成熟、高效的国家创新体系（形式因）。

第七章 第三次"抵消战略"的机制保障

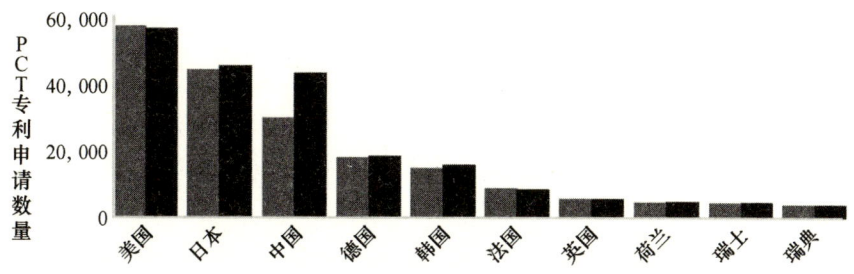

图7.1 2015—2016年PCT专利申请数量排名前十的国家对比①

二、注重国家力量的引入

二战后,由于联邦政府和大公司主导以及科学系统创新的出现,大型联邦或企业研发实验室纷纷建立,推动了许多领域的创新,包括电子、制药、航空航天等。联邦政府虽先后尝试对创新活动进行自觉地、系统地规划,如肯尼迪政府的"民用工业技术计划"、约翰逊政府的"国家技术服务计划"、尼克松政府的"新科技机遇计划",但大都没有得到国会的批准,所以这一时期的美国创新由于并没有受到实质性挑战仍处于一种惯性状态之下,没有形成成熟体系。这种情况在20世纪70年代后期逐渐发生变化。随着第三次工业革命的开启,为应对来自苏联和盟友的创新挑战,卡特总统及其后来的里根和老布什,开始认真思考国家创新体系的构建问题,启动了一系列政策实践,如《国家技术转让法案》和《综合贸易与竞争力法案》;推出了一系列创新促进项目,如小企业创新研究(SBIR)项目;建立一系列合作研究机构,如国家科学基金(NSF)科学技术中心、工程研究中心、美国国家标准及技术研究所(NIST)等。美国国家创新体系初步形成。进入21世纪,为迎接正在形成的第四次工业革命,应对来自中国等新兴国家的技术挑战,奥巴马政府提出了一系列措施,如建立国家制造业创新网络,扩大研发经费税收抵免范围,增加科研机构研究经费等,美国国家创新进入新阶段。因此,以技术创新为核心内容的第三次"抵消战略"必须建立在美国现有的国防创新体系基础之上。

---

① 《2017年PCT年鉴》,国际知识产权组织官方网站,http://www.wipo.int/edocs/pubdocs/en/wipo_pub_901_2017.pdf。

美国国防创新体系同样是由生产单位、中介机构、用户、美国国防部和各要素之间的相互关系构成，创新生产环节主要由前三者完成。由此可以推导出，创新成果出现的关键在于四个环节的突破：与生产单位相关的技术研究突破、与中介机构相关的中间环节突破、与用户相关的市场需求拉动、与政府干预有关的组织设置以保证各个环节运转顺畅。但不同的是，在第三次"抵消战略"中创新不是目的而是手段，最终目的是获取作战优势，恢复威慑。第三次"抵消战略"的目标不是零散的敌人，而是与中俄这样综合国力相对较强的"世界大国"的战略较量。这种对抗不是一个人与一个人的对抗，不是一家公司与一家公司的对抗，甚至不是一个国家与一个国家的对抗，而是一个国家与多个潜在大国的对抗，这种战略对抗需要统筹协调巨大的国家资源，牵涉广泛的部门与企业，要求生产出一系列的创新产品，形成一个全新的作战网络体系。如此繁复的体系创新需要权威的战略安排和精细把控，通过对方向的把握、资源的分配、关系的协调、行为的规范，使这架巨大的"机器"顺利运转并适时做出调整，而这只有通过将国家力量渗入到每个环节才能得到实现。

三、加速创新成果的转换

如前所述，美国国防创新体系是一个半开放的自组织系统，国防部在其中每个环节都发挥了较为重要的作用，甚至直接参与到各环节中去（参见表7.1）。因此，国防部的职责是针对四个创新生成环节进行干预，采取相关举措，如颁布政策、改革制度、整合或设置工作结构等，其中在组织层面的创新重点在于采办工作的创新调整。

表7.1

美国国防部	国防部	用户	政府
	采办机构	中介机构	
	承包商		
	科研机构	生产单位	

第七章 第三次"抵消战略"的机制保障

在这里，创新与创新体系将被作为战略术语的形式看待，研究目的在于明确创新体系在环境适应中通过内部结构设置和相互作用最终生产出创新产品的机理，尤其是其中人为干预部分的作用模式。目前学界对美国现有国防创新体系已经有较为系统的研究①，赘述无益。2014年新"抵消战略"提出以来，美国国防部范围内进行了大大小小数不胜数的机构变动，其中有些与"抵消战略"有关，有些则并不相干，对此进行"流水账"式的全面描述进而演变成为"美国国防部改革"综述纵然富有意义，但对"抵消战略"研究来说却是离题，因此必须把握与"抵消战略"关系最为密切的重点。回到第三次"抵消战略"的逻辑起点，美军优势的主要来源是装备优势，装备优势源于技术优势，技术优势在于美国强大的科技研发能力，所以在这之间存在着一个科研能力——技术优势—装备优势—战略优势的转化链，美国国防创新体系职能就是确保这一转化链上的每一个构建、每一个步骤都顺利高效。如今，这一转化链的开端"创新源"发生了根本性转变，科技创新的主力从国立机构转向了民间商业体系，整个转化链都必须要做出适应性调整。因此，国防部及国防采办机构都要相应地进行改革。

第二节 调整国防部机构

推进实施"抵消战略"，首要解决"谁来做"的问题。近年来，为加快推进"抵消战略"，推动采办改革，美国国防部对原有机构进行了改革，并组建了一批新的机构。所有机构都围绕着同一个任务——"获取先进技术"展开。获取先进技术要从纵横两条线来分解，纵向上按照技术研发时长可分为长期技术和中近期技术；横向上按照技术来源分为从外引进和自主研发。目前，美国国防部形成了以"先进能力及威慑委员会"为领导机构，以国防高级研究计划局（侧重于远期和内部）、战略能力办公室

---

① 陈劲：《有组织的创新：美国繁荣复兴之蓝图》，清华大学出版社2017年版；[美]迈克尔·克罗、巴里·博兹曼：《美国国家创新体系中的研究与开发实验室：设计带来的局限》，科学技术文献出版社2005年版；《对美国国家创新体系演进的几点认识——突出特征、决策过程和创新战略动态》，国务院发展研究中心，http://www.ixueshu.com/document/6b81ae270051e73e318947a18e7f9386.html#pdfpreview 等。

(SCO,侧重于中近期和内部)和"国防创新实验单元"(DIUx,侧重于外部)三大机构为核心的创新机构综合体,建立起"内外结合、远近兼顾、软硬并推"的技术创新模式,助力颠覆性技术创新"突围",推进第三次"抵消战略"实施。其中,作为国防部创新领域最负盛名的机构,DARPA负责试验和开发颠覆性新技术,它以至少超前20年的眼光寻找一切可能对未来作战有益的技术。2012年成立的SCO主要负责通过改造或创新运用现有平台和系统,获取未来5—10年内便可兑现的新能力,使老平台焕发新活力,特点是聚焦当前、着眼近期,核心作用是为美国国防部发展第三次"抵消战略"争取时间;2015年以来,美国国防部相继成立了3个DIUx,主要负责在商业行业中寻找愿意解决军事难题的方法,以军民合作方式,广泛吸纳商业先进技术。[①] 此外,美国国防部还新设了多个具有特定功能的机构,以做辅助和补充。所有这些机构都是为了获取第三次"抵消战略"所设计的能力而服务的。由于美国国防创新体系中机构设置已经基本成型,且机构的运转模式已经相对成熟,国内外论述分析颇多,所以本书对现有机构和职能不做通盘综述,重点陈述为适应第三次"抵消战略"而新设的机构与已有机构的革新举措,结合《国防创新倡议》要求,突出一个"新"字。

一、成立先进能力及威慑委员会(ACDP)

2014年11月15日,哈格尔在"里根防务论坛"上发表主题演讲,宣布美国国防部将建立"先进能力及威慑委员会"(ACDP),该委员会是第三次"抵消战略"的指挥机构,由美国国防部副部长、参联会副主席和国家情报副总监共同领导,成员包括来自技术、政策与采办委员会,各军种以及参谋长联席会议的高级官员。ACDP主要有三项工作:首先,它集合了与第三次"抵消战略"密切相关的国防决策、作战和情报领域有关机构,使它们有一个平台可以共同审议确定潜在的国防和作战需求以及能力发展方向,指导DARPA等国防创新部门工作。其次,该委员会下设多个

[①] William T. Eliason,"An Interview with Robert O. Work,"Jan. 26, 2017, http://ndupress.ndu.edu/Media/News/News - Article - View/Article/1038783/an - interview - with - robert - o - work/.

组织，具体负责处理技术成果展示、兵棋推演、作战实验室工作等具体事务。① 委员会三位负责人至少每季度会面一次，在"成本估算与项目评估办公室"的协助下对各军种和美国国防部的"快速能力办公室"的工作以及"兵棋推演倡议"的推进情况进行审查，并审核下一季度的计划，监督"抵消战略"的执行推进情况。最后，ACDP 还要负责审批拨给作战实验室项目的经费，向部队推广其发展出的新型作战概念。

二、加强创新领头羊 DARPA 的地位

1958 年建立至今，DARPA 已经成为全世界最负盛名的国家创新机构，为保持美国领先的技术优势作出了卓越的贡献，成了国防创新的"领头羊"，其技术成果，如互联网、GPS 等从根本上塑造了现代人类生活。这要归功于 DARPA 素来长远的眼光和恰当的组织形态。为进一步发挥 DARPA 在第三次"抵消战略"中的支柱作用，美国国防部对 DARPA 的行政关系进行了调整，将其由研究与工程助理部长办公室的下属机构，升格为由肯德尔本人直接领导的机构。此举提升了 DARPA 的决策权限，缩短了决策链条，进一步强化了其开展研发管理工作的自主性与灵活性，能够更充分地发挥 DARPA 创造突破性技术的优势。

一是研发远期项目。20 世纪 60 年以来，DARPA 着眼长远性和颠覆性的技术创新发展，不仅从军事技术视角，更从国家安全高度，瞄准未来 10—15 年超前推动颠覆性前沿技术研究，综合调配分散的研究资源产生合力，将科技机遇转化为实在的战略优势。在基础研究、应用研究和先期技术发展研究方面的投入占总经费的 93% 左右。DARPA 拥有预算自主权和稳定的政府资金，自 1999 财年以来在国防科技预算中稳定占 23% 左右（2017 财年为 29.7 亿美元，2018 财年为 31.7 亿美元，2020 年财年更高），② 能够长期支持具有超前性和巨大潜力的项目。

二是完善竞争机制。DARPA 组织结构精简，只有 6 个技术办公室和 5

---

① William T. Eliason, "An Interview with Robert O. Work," Jan. 26, 2017, http://ndupress.ndu.edu/Media/News/News-Article-View/Article/1038783/an-interview-with-robert-o-work/.

② 魏俊峰、赵超阳等：《美国国防高级研究计划局（DARPA）透视：跨越现实与未来边界》，国防工业出版社 2015 年版。

个职能办公室,从上到下只有局长—办公室主管—项目经理3个层级,大力压缩官僚机构以获得脱离官僚制度束缚的自治和自由。虽然官僚职能部门精简,但创新能力却无与伦比,这要归功于其独一无二的、广泛的项目经理网络。DARPA按照企业模式,雇佣近200名项目经理团队管理着约250个研发项目。项目经理权限很大,可自行发起项目和管理预算,但竞争压力同样巨大。项目经理任期约3—5年,而且会定期更换,每年会更替25%左右的人员。[①] 为避免淘汰,项目经理会不遗余力地收罗人才,推进技术研发进度,创新项目管理模式,发掘新的增长点,提高创新效率。项目经理人制度以市场竞争内在逻辑构建的模式避免了官僚机构的程式化,不断更迭的人员对驱动创新,维持机构的独立性和前瞻性发挥了重要作用。[②]

三是弥补短板弱项。如上所述,DARPA在第三次"抵消战略"的机构设置中主要负责具有颠覆性意义的"长远技术"。进入21世纪后,以信息技术为代表的战略前沿技术发展迅猛,迭代速度空前,技术创新出现了大众创新和军民融合等新趋势,面对第三次"抵消战略"提出的新要求,DARPA出现了一些水土不服的问题。2015年12月,美国政府问责局(GAO)发布题为《关键因素推动技术转移,但更好的培训和数据传播可提高成功率》的报告[③],通过对2010—2014财年DARPA技术转化工作进行评估,指出当前DARPA在创新技术研发尤其是转化上主要存在以下问题:

从文化传统上看,DARPA技术转化工作并不被重视。首先,作为世界上最知名、最成功的创新机构,DARPA在运转过程中难免会形成"高高在上,唯我独尊"的自大情绪。DARPA的成就来自其诸多颠覆性技术成果,因此在机构内部形成了一种"重研发,轻转化"的文化氛围,认为对于一个研创机构来说"技术就是一切",而DARPA单是出品的技术就已经

---

① 李元龙:《DARPA的创新特点及启示》,《科技导报》2018年第4期,第22—25页。

② DARPA的结构与运转情况参见李强:《DARPA创新计划》,国防工业出版社2015年版。

③ 方力:《DARPA技术转化存在的主要问题》,《防务视点》2016年第4期,第12—15页。

足够重要，剩下的工作不需要也不值得堂堂 DARPA 费心，转化工作应主要由用户方军种研究机构和实验室完成。这种心态在现实工作实践中表现为，对项目的定期评审不包含转化成绩，没有设置技术转移方面的强制性规则，对美国国防部开展的技术转移项目缺少热情等。其次，目前 DARPA 技术转移的任务几乎全权由项目经理负责，但他们几乎都没有接受专门的转化培训，机构内也缺乏相应的遵循规则，所以转化工作开展得并不理想。短期项目经理制虽然有效减低了官僚约束，带来了灵活性，但是同样的，其代价是项目经理无法对项目转化进行长久后续跟踪，项目经理一旦离开，该项目也就失去了技术转移推力。

从供需关系上看，DARPA 与军方用户的沟通并不顺利。首先，DARPA 的任务是着眼未来战争发展具有长远前景的颠覆技术，而这些技术往往由于过分颠覆，不能解决眼前的实际问题，不符合军种用户的任务需求，供需关系的不匹配以及长远与现实的矛盾使军种不愿接受——更不要说转化 DARPA 的技术成果。其次，由于 DARPA 的技术成果过分超前，所以转化成现实能力需要较长时间和资金成本。各军种研究机构和实验室都有自己的计划和优先任务，这种外来的高成本项目必然会扰乱自身研究项目的预算，因此往往不愿接受 DARPA 有巨大前景却"不接地气"的技术。由于 DARPA 自己没有基础设施，无法也无意独自完成转化，仍需与用户方合作，在这种"你不情我不愿"的氛围中，颠覆性技术转化就会一拖再拖，失去颠覆性。

从民间交流上看，渠道和形式也不太通畅。目前，DARPA 没有充分利用政府以及美国国防部资源共享技术数据，使内外交流产生了阻滞。目前 DARPA 只是有选择性地通过国防部"国防技术信息中心"网站对外发布技术信息，没有充分利用联邦政府发起的关键数据库实现信息共享，这些数据库允许用户通过网站搜索相关技术，以便他们在考虑新项目或新产品时使用。

四是改革工作方式。为了解决上述问题，围绕第三次"抵消战略"所赋予的"获取长远颠覆性技术"任务，DARPA 近些年来采取了一系列针对性措施，主要通过设立专职部门、设置专职岗位、拓宽交流途径等多种途径推动项目研发和技术转移。主要包括：

首先，加强对转化工作的重视。DARPA 在局长办公室下增设自适应执行办公室，专职负责转化工作。该办公室负责规划与实施 DARPA 在研项目的技术演示验证活动，监督和审查 DARPA 的技术转型策略，对项目经理进行适度的成果转化培训，支持项目经理制定技术转移计划，通过加强与作战部门交流，推动 DARPA 科技成果转化。

其次，加强与军方用户的沟通协调。2016 年初，DARPA 在局长办公室增设了一名参谋长，并陆续增设 4 个有实战经验和高学历的局长特别助理，旨在加强与军方机构联系，为局长提供具有军事专业角度的建议。2015 年 DARPA 与美空军、海军联合建立了航空航天计划办公室、远程反舰导弹部署办公室等联合研发部门，旨在加强与军种研发部门合作。启动"工作联络员计划倡议"，各军种、联合作战司令部、国家地理空间情报局、国防信息系统局等机构与 DARPA 相互派驻联络员，旨在加强与作战单位的联系，使 DARPA 能够了解到用户实际需求，协调长远与现实的矛盾关系，使技术成果尽快转化为实际作战能力。

最后，加强与民间企业和科研机构的交流。加强网络建设，2014 年 2 月，DARPA 设立名为"DARPA 开放目录"的网站，通过网站发布了 DARPA 支持的所有计算机科学、网络技术等领域的开发计划和经同行审查的可公开出版物。在"推出去"方面，DARPA 近年来主办和参与了诸多研讨会、成果展示会，宣传推广 DARPA 思想和技术成果；在"引进来"方面，通过举办各类工业日、开放日、提议日、发布综合性部局通告等活动，面向全世界公开征集最新创意。此外，DARPA 每年都会举办各式竞赛征集全民创意，每次竞赛都有针对特定技术领域难题的主题，如 2016 年 3 月的无线频谱协作挑战赛等。此外，DARPA 广泛开展"众包"活动。"众包"是指"一个公司或组织机构将过去由员工或承包商完成的工作任务以自由自愿的形式，通过在线社区或独立的互联网创新平台外包给非特定的大众网络或虚拟社区"①。它是 DARPA 促进军民融合，接入民间智慧的重要手段。DARPA 以前开发一个项目，需要把项目整体交付给一个特定承包商或者科研机构，由该机构全权负责项目研发，而"众包"模式是将项目需求投放到互联网上，由分散于各处、各俱特长、原先毫无联系的技术人

---

① 夏恩君等：《国外众包研究现状和趋势》，《技术经济》2015 年第 1 期，第 28 页。

员，基于对项目的共同兴趣临时组成一支研发团队，并在研发过程中不断进行人员流动，从而完成一个项目的模式。这种模式能够最大程度、以最快速度调动来自全体社会的创意和技术，更好、更快、更有效地获取创新设计方案。如2011年10月，DARPA实施的"众包"无人机研制项目，吸引了数万人的浏览，800多人成为注册用户，为无人机设计、制造吸收了大量创新策略和方案。为进一步促进"众包"模式发展，2012年4月，DARPA联合通用电气公司和麻省理工学院，着手构建适用于"众包"模式的"基于进化设计的群众驱动型生态系统"，以变革产品设计和制造模式。①

2017年初，DARPA前任局长、第三次"抵消战略"重要人物阿拉提·普拉巴卡尔随总统奥巴马离职，深受普拉巴卡尔信任的原副局长、航空航天工程专家、DARPA高超声速飞行器项目领导者史蒂文·沃克接任局长。他明确表示，新一届DARPA的任务仍是深度推进军民融合，应对安全挑战，恢复美国威慑能力，赢得"与俄中等国的竞争"。他着重强调，人工智能和自动化等第三次"抵消战略"所指认的技术仍是DARPA未来工作的重点。②

三、设置"急先锋"战略能力办公室（SCO）

为应对来自中、俄的战略挑战，以及更新迭代周期越发短暂的技术挑战，2012年8月，时任美国国防部副部长的阿什顿·卡特一手建立起战略能力办公室（SCO），与DARPA在同一栋办公楼，并与DARPA一同成为国防创新最重要的组成部分。与DARPA着眼未来战争，聚焦未来10—15年的技术项目，以求获取原创性的颠覆性能力不同，SCO更强调速度，注重当下紧迫的作战需求，聚焦未来5—10年甚至更短的中近期技术项目，以求通过新方法快速解决问题。在很大程度上，SCO是卡特创新计划的集中体现，表现了他对美国国防部繁冗的，并且经常延期、超支的采办程序

---

① 齐卓砾、谢冰峰等：《DARPA加强管理与技术创新助力第三次"抵消战略"》，《军事文摘》2016年第11期，第10—13页。
② 《新任DARPA局长谈有前景的未来技术》，中国国防科技信息中心，2018年3月15日，https://www.sohu.com/a/225621201_313834。

的不满。① 所以，SCO 的成立是新"抵消战略"的前奏，是美国国防创新和"抵消战略"的"急先锋"。

一是明确任务要求。战略能力办公室自成立起，就一直处于秘密运行状态，直到 2016 年 2 月，已升任美国国防部长的卡特在介绍 2017 年预算时才首次将其公之于众，并明确赋予了它更大职责——"新瓶装旧酒"，探索利用现有武器系统的新方式，最大限度地发挥现有系统的潜能，获得具有竞争优势的颠覆性能力。"这样做既有效利用了此前的军事资产，又为未来新技术的应用争取到更多时间。更重要的是，该办公室使国防部在解决长期问题过程中保持创新的紧迫感，考虑硬件和软件的约束，明确项目终止的准则，不做长期项目投资，以快速形成颠覆性能力。"② 此外，用以维持未来战略优势的颠覆性技术大多需要较长时间，在这期间为了持续维持美国的绝对优势，美军需要快速获得一些"即需即有，即拿即用"的新型能力，以应对可能到来的挑战和威胁。所以 SCO 所负担的任务本质上是作为 DARPA 的补充，为 DARPA 开发颠覆性技术、打造未来美军优势争取时间。

二是回应现实需求。SCO 的人员构成包括 6 名政府雇员、13 名军职人员、约 20 名合同制技术工程师，以及其他一些设计人员。机构虽小影响力却巨大，卡特任职期间，由于其本人的钟爱，SCO 有权直接向美国国防部长本人汇报。这种小编制也证明，SCO 更多是一个战略机构而非一个采办或研发机构，它的任务是通过与军种快速能力办公室和承包商合作，对项目进行寻找、识别、评估和监管，而不是过多参与技术和概念研发本身。SCO 的工作流程设置也充分与其微型编制相适应，与其快速转化生成能力的任务需求相匹配，主要有两个特点：一是高度专注、任务明确、目标有限、运转周期短；二是广泛与其他机构开展合作。

每年 1 月，SCO 都会推出 5—6 个新项目向美国国防部申请预算，经验证明这是 SCO 一个比较健康的创新任务节奏，且这些项目都有明确且有限

---

① Dave Majumdar, *The Pentagon's Strategic Capabilities Office（SCO）Takes Center Stage*, November 17, 2016, https：//nationalinterest. org/blog/the - buzz/the - pentagons - strategic - capabilities - office - sco - takes - center - 18435.

② 岳松堂、童真：《美国第三次"抵消战略"全面解析》，《现代兵器》2017 年第 4 期，第 91—96 页。

的目标，绝不"贪大求全"，依靠现有系统，解决现实问题。由于 SCO 的年度预算不包括为未来可能的项目预先规划的预留经费，所以办公室主任罗珀称，"如果我们不能提出新项目，这一机构就将消亡，从而使我们一直保持不断创新的紧迫感"。① 每个项目实施周期为 3—4 年，之后还要在军兵种项目办公室框架下资助完成为期 2—4 年的验证和原型转化工作，为未来的技术转化做好准备，提高技术转化的成功率，相比美军目前平均 14 年的武器系统研发周期 SCO 的速度显然快的多。

一方面，SCO 的任务要求寻求发挥各军兵种已有系统的最大潜能，集成不同能力，就必须精准了解用户需求和已有能力，打破军兵种界限。另一方面，"小骨架"的 SCO 要发挥大作用必须广泛寻找帮手，依靠各军种专门机构独特的工程与项目规划专业能力，形成"一个好汉三个帮"的局面。因此 SCO 必须加强与各军种、作战司令部的联系。

目前，SCO 与各军种及导弹防御局建立了合作伙伴关系。美国太平洋司令部（现为印太司令部）与美国欧洲司令部专门创立了地区 SCO 小组，并设有常驻的 SCO 附属机构，完成了 SCO 总部与战区领导层的联通。2016 年，SCO 启动了与美国战略司令部及特种作战司令部的相关新工作。每年 SCO 都会召开年度"特别专项"会议，向各军种征求项目建议，介绍项目进展，"武库机"项目就是在 2015 年的"特别专项"会议上由空军提出的。对于 SCO 人员来说，与军兵种项目办公室合作框架下工作也是一个重要的力量倍增器，令一个小型、灵活团队可以同时启动很多项目。②

罗珀在多个场合表示，SCO 主要任务是以前所未见并且令对手束手无策的方式，运用已投入巨大资金的系统。为实现这种目标，他指出 SCO 主要采用三种途径：

首先，改造系统的用途（integrating systems）。SCO 通过软件升级、加载新任务模块或者设计方案重构等方法，对已有的为特定任务或需求研发的成熟系统进行改造，使之具有新能力，完成新任务。这种做法能够最大程度开发利用已有系统，降低成本、缩短研发周期，符合快速形成新能力

---

① 方勇、王璐菲、申淼：《美国国防部战略能力办公室如何推动科技创新》，《军事文摘》2016 年第 6 期，第 6—9 页。

② 王璐菲：《美 SCO 的创新过程与创新机制》，《防务视点》2016 年第 8 期，第 7—9 页。

的任务要求。例如在不改动硬件仅使用新软件的情况下，SCO通过与海军合作，将已有的防御性武器，如海军"标准-6"（SM-6）防空反导导弹升级为具有反舰能力的进攻性武器，这是SCO实施的首个非保密的案例。此外，SCO还将战斧式巡航导弹从对地攻击武器发展为具有反舰和反潜能力的导弹，成为美国首款同时具备防空、反导和反舰作战能力的多功能导弹。之后，仿照这一项目，SCO继续与海军合作将对舰艇或潜艇对地攻击用"战斧"导弹进行改造，使其发展出反舰能力。

其次，将系统集成为编队（repurposing systems）。通过将现有的多个系统集成组合在一起成为一个"系统的系统"（system of systems）——集成系统，来解决当前依靠单个系统无法解决的问题。各子系统在集成系统中相互取长补短，达到"1+1>2"的效果。如SCO与空军合作并着重推进的"武库机"项目就是将现有如B-52、C-130等大型飞机改装为可携带大量精确制导弹药的"武库机"，与F-35和F-22等隐身战斗机协同作战，使之无需中途着陆进行武器补给。"海上蜂群"项目将现有舰艇转变成自主航行舰艇，通过组网完成舰队防御及岛屿抵近侦察任务。"第三只眼"项目则是将不同传感器和射击武器融合在一起建立起一个多军兵种合作弹性"杀伤网"，取代现有线性"拒止杀伤链"，防止单独节点被破坏后影响整个杀伤系统。

最后，融合商用技术（fusing commercial technology）。罗珀认为，"商用技术正在改变一切"，而当前美国国防部技术引入流程周期过程，使最终引入的技术面临"服役即淘汰"的困境，因此"必须改变技术引入流程以跟上商业世界的发展步伐"，使用商业技术及灵活的制造技术升级旧有军用资产。2016年和2017年，SCO两次发布"广泛机构公告"（BAA）公开征集自主系统、深度学习、赛博、跨域杀伤链和非传统防御技术领域可以快速应用的费效比较高的创新思想。例如，SCO委托麻省理工学院和林肯实验室联合成立的"海狸工作室"负责的"灰山鹑"无人机项目。该项目是利用商用3D打印技术批量生产手掌大小的微型无人机"蜂群"，在行动中将它们挂载在先进战斗机外（如F-16、F-18等），当战斗机快速进入目标地区后投放出"灰山鹑"，执行危险区域有效搜索或者分布式杀伤任务。与之前的无人机相比，"灰山鹑"项目最大特点在于整个无人机群共享一台计算机作为大脑，相互间可自主协调行动。2016年10月，美军

第七章　第三次"抵消战略"的机制保障

在加利福尼亚州进行了验证性试验，3架F/A-18"超级大黄蜂"战机完成了103架"灰山鹑"的释放。目前，该项目已进入第七代原型机的研制。SCO与美国太平洋司令部及海军陆战队合作，引入商用大数据和深度学习技术来处理战场网络中涌入的海量传感数据，对现行通用作战图（COP）进行升级，开发一种新型信息通用作战图（iCOP），使指挥官能够更全面、快速、准确地了解和响应不断变化的战场环境，战场信息力得到质的提升，确保战场"OODA 环"快过对手。[①]

三是厘清工作机制。可查的最新公开资料显示，截至2016年底，SCO共管理着26个项目（2019年项目数量规模也为20+，但没有具体数据），已完成15个项目，共包含23种能力，其中6个项目已从样机阶段转为正式装备项目，尚未出现失败案例，足见SCO工作的高效。[②] 在卡特卸任前，他于2016年11月初签署备忘录，要求将SCO纳入美国国防部正式行政体系内，并永久保留。但事实上，SCO的前景并不乐观。

2018年4月美众议院新兴威胁与能力小组委员在2019财年国防授权法案补充说明及其他场合多次发表言论，要求美国国防部在2019年3月1日之前提交关于关闭SCO及将其权限转移到其他部门的相关计划。根据该指导意见，SCO将最迟于2020年10月1日后不复存在。不过补充说明只是国会制定国防政策法案的第一步，因此SCO前景尚未确定。

2018年2月，SCO主任罗珀被任命为空军负责采办的助理部长后，该办公室一直无人领导。此前，罗珀一直在争取保留SCO直接向美国国防部长汇报的级别，但根据《2017年国防授权法案》所规定的美国国防部采办系统改革方案，该办公室最终还是遭到降级，失去了直接向美国国防部长汇报的级别。

虽然SCO遭遇了领导人空缺，行政降级，可能撤销等打击，但从2019财年预算申请可以看出，美国国防部领导层仍在支持SCO的工作：2019财年SCO预算申请约为15亿美元，较2018财年增长逾20%，在美国国防部的非机密研发类预算中仅此于"老牌劲旅"DARPA，排名第二。预算还包

---

① 方勇、王璐菲、申淼：《美国国防部战略能力办公室如何推动科技创新》，《军事文摘》2016年第6期，第6—9页。

② 同上。

含了7个先前未公布过的项目申请4.38亿美元资金,大幅资助新项目证明SCO的工作是受到美国国防部肯定的。事实上,自6年前成立以来,SCO的预算申请呈指数级增长趋势(见图7.2)。①时隔半年之后,负责研究和工程的国防部副部长迈克尔·格里芬透露,SCO已经拥有了全新的领导人,2018年8月2日美国《防务新闻》网站报道,新主任是前NASA战略投资部门的主任克里斯·尚克(Chris Shank)②。

图7.2 SCO 历年预算情况

四、创建"小快灵"的"国防创新实验单元"(DIUx)

前述 DARPA 和 SCO 虽有与地方合作研发的渠道,但主要还是从国防

---

① 数据来源:《2018 财年美国防部为战略能力办公室机密项目申请额外 3.07 亿美元经费》,国防科技要闻,2017 - 11 - 29,http://www.sohu.com/a/207306782_635792;《美战略能力办预算大增,添 7 个项目》,国防科技要闻,2018 - 03 - 14,http://www.sohu.com/a/225564034_819742;《美国国防部战略能力办公室将从工业界寻求可快速制造突袭的新创意》,国防科技信息网,2016 - 03 - 30,http://www.dsti.net/Information/News/99055;方勇、王璐菲、申淼:《美国国防部战略能力办公室如何推动科技创新》,《军事文摘》2016 年第 6 期,第 6—9 页等。

② Aaron Mehta, "Meet the new head of the Pentagon's strategic tech office," 2018 年 8 月 2 日, https://www.defensenews.com/pentagon/2018/08/02/meet - the - new - head - of - the - pentagons - strategic - tech - office/。

第七章　第三次"抵消战略"的机制保障

体系内部出发开展工作。随着技术创新的重心从官方转移到了商业部门，处于激烈竞争中的商业公司不断迭代前进，发展出了丰富和先进的技术与经验，《国防创新倡议》要求，利用先进的民用技术和经验来解决国防问题，而原有的国防采办模式中，国防部与商业公司之间缺少直接联系，主要是与传统承包商进行合作，制度惯性使商业界的创新血液无法注入美国国防部，所以美国国防部急需建立一条新的通道，突破旧有模式，帮助美国国防部与商业公司建立广泛而密切的联系，使民间新兴前沿技术更多更快地为美国国防部所用，以更好地解决当前面临的各种问题。为适应第三次"抵消战略"加大军民融合的各项要求，2015年4月卡特宣布在硅谷新设首个"国防创新实验单元"（DIUx），通过直接进驻创新中心园区的方式，与广大创新企业进行广泛密切交流，现时现地观察、沟通、识别、注资，快速无障碍完成民用技术引进，提高美国国防部从高科技新兴公司获取创新前沿技术的效率。DIUx 的建立是美国组织创新的一项重大举措。DIUx 隶属于负责采办、技术与后勤的美国国防部副部长管辖，由负责研究和工程的助理部长分管。2016年5月11日，卡特再次造访硅谷宣布对DIUx 进行结构和模式调整，更换了 DIUx 主任，授权其可直接向美国国防部长汇报，完成了为去官僚化的组织升级；2016年7月26日，美国国防部在波士顿成立了第二家 DIUx 东岸办公室；2016年9月，卡特宣布在得克萨斯州奥斯汀市成立第三家 DIUx 办公室。

对于 DIUx 办公室的选址，硅谷作为全球技术创新中心自然无需多言，而波士顿则是仅次于硅谷的科技中心，这得益于作为世界最负盛名的大学城，如哈佛大学、麻省理工学院、波士顿大学、塔夫茨大学和布兰迪斯大学等世界知名研究型大学都坐落在此，这些大学不仅擅长科研，而且擅长技术转让。奥斯汀是得州首府，是美国增长最快的科技中心之一，尤其是在软件开发与应用程序经济方面，此外它还拥有独特的充满活力的创业文化。

对于 DIUx 的设立，美国国防部参照中央情报局（CIA）的 In-Q-Tel 模式，采用风投方式对民间企业进行甄别与注资。[①] 20世纪90年代信息技

---

① Bob Work, "Speech on CNAS Defense Forum," Dec. 14, 2015, https://www.defense.gov/News/Speeches/Speech-View/Article/634214/cnas-defense-forum/.

术革命兴起,时任 CIA 局长乔治·特尼特敏锐地察觉到,在新世界中,CIA 的"老一套"根本无法适应任务需求,必须借助民间信息技术成果才能解决当时与未来面临的各类问题。于是在 1999 年 CIA 创建了独立非盈利性组织 In‐Q‐Tel(IQT)——帕琉斯高科技风险投资公司,作为沟通商业公司和情报界的桥梁。今天它已经投资了 180 多家投资组合公司,吸引了 39 亿多美元的商业投资资金,支持了 17 家情报机构,重点是信息通信、物理和生物技术。它的特点是能够广泛密切地与商业公司进行沟通,能够吸引市场风投资金对目标项目进行投资。

在组织上,作为军民沟通枢纽,DIUx 必须突破官僚体制避免风险保守求稳,以时间换成功率的工作模式,保持快速与灵活,能够高速处理、传递技术信息。为此美国国防部授权 DIUx 参照硅谷商业公司模式:实行合伙人领导,合伙人主要包括技术专家、投资人、企业高管,包含了军民双方的人员便于双方沟通和交流。运行团队简练,主要包括 1 名主任、1 名副主任、4 名专家、1 名律师、来自各军种的工作人员以及进驻各军种、司令部和美国国防部的联络官等,在必要时可据需临时招募企业技术专家,整体规模约 50 人,管理结构简明,整体工作高效。为使 DIUx 能放开手脚,打造成一个"小快灵"的单位,美国国防部还授予 DIUx 两项特权:一是人事自主权。《2017 国防授权法》允许 DIUx 以自主聘用聘期不超过 18 个月的工作人员,之后沃克将这一聘期延长至 36 个月。二是行政自主权。DUIx 可以跳过常规采办流程全权签订 500 万美元以下的合同,批准费用 50 万美元以下的各类推介会,自行发布广告、通告和方案。

在职能设置上,DIUx 旨在加强美国国防部和商业公司的联系。DIUx 通过驻扎在创新中心与创新企业广泛的双向接触,建立起作战需求和技术供给之间的联结。它一头连着企业,一头连着美国国防部,在与企业的接触中,其主要任务是时刻关注企业界的技术储备和技术创新动向,向企业界传达国防需求,并根据需求识别出富有国防前景的颠覆性和新兴技术;在与美国国防部的接触中,其任务是向美国国防部尤其是投资部门反馈技术发现,引导投资与采办活动,全面了解国防需求。为此,DIUx 在美国国防部实验室、采办机构、企业都设立了联络员,加强美国国防部与企业界的联系与合作;针对特定技术领域,DIUx 还会组织由技术企业、美国国防部以及军队代表参加技术展示会(类似于小型军博会),加速供需双方的

第七章　第三次"抵消战略"的机制保障

沟通。

在职能运行上，DIUx预设运行模式如下：

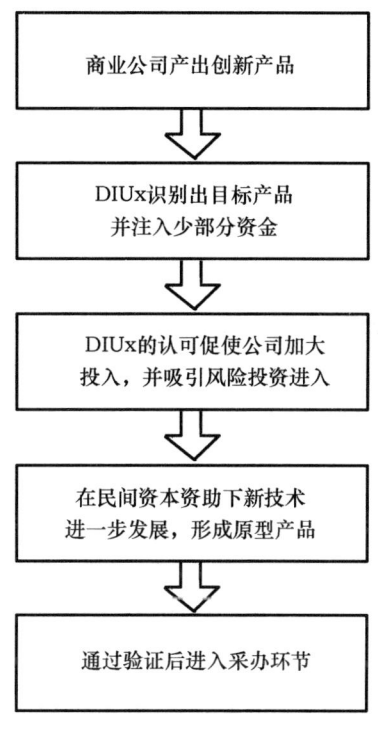

图7.3　DIUx运行模式

从成本的角度看，这样做的优势一目了然：因为公司已经承担了研发费用，所以美国国防部不必支付这部分费用。DIUx也不必支付采购成本，这些费用将由同意将产品投入使用的军方来支付，DIUx只扮演一个"精明的中间介绍人"角色，将它全部的聪明才智发挥在军民融合上。例如，2016年4月，DIUx在硅谷举办了一次技术展示会，5家技术机构向美国国防部长卡特展示了动态网络测绘、风能和太阳能无人海上航行器等新技术。从DIUx目前的发展态势来看成效显著，仅2016年的第四季度，该机构就签订了12个、总金额高达3600万美元的合同，项目包括超级计算机、网络技术、纳米技术、燃料电池等。目前，DIUx已召集500多家创新企业举行了类似的会议，确立了22个试点项目，其中5个项目已开始实施，17

个项目正处在不同的商谈阶段。

　　DIUx 作为美国国防部常新设机构，是美国国防部应对新形势的重要尝试，名称中的"X"体现了其"实验"的性质，作为一个摆脱了耗时却稳健的官僚做派，追求新技术的新机构，不管是在自身组织运行上还是在业务工作上失败是在所难免的。所以，卡特明确表示该机构的投资和运转中允许"快速失败"。截至目前，DIUx 受到越来越多的信任，2015 财年 DIUx 预算为 175 万美元，2017 财年预算申请升至 3000 万美元（实际获批 1000 万美元），2018 财年预算申请 5400 万美元（实际获批 2960 万美元），2019 财年预算申请再次升高到 7100 万。

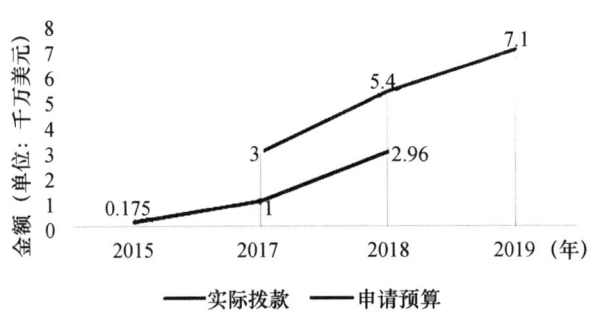

图 7.4　DIUx 预算情况

　　2017 年，美国政府换届，外界对于 DIUx 的前途产生了担忧，但 2017 年 8 月 9 日，现任美国国防部长马蒂斯（James Mattis）在西海岸之行中访问了 DIUx，表现出对该机构的欣赏和支持态度，并表示"毫无疑问 DIUx 将继续存在，并将逐步扩大对国防部的影响力"。随后，肯德尔的继任者艾伦·劳德（Ellen M. Lord，以下简称劳德）在向国会作证时也肯定了 DIUx 的成绩，欲将其树立为采办改革的典型，推广其成功经验，以全面减少国防采办时间，目标是将大型国防采办项目的周期由当前的 30 个月降至 12 个月左右。但 2018 年 2 月，由于国防部组织机构改革 DIUx 失去了直接向国防部长汇报的权利，改由向国防部改组后的负责研究与工程的副部长负责。随后 DIUx 主任拉吉·沙赫（Raj Shah）宣布辞职，目前美国国防部便任命迈克尔·马德森（Michael Madsen）为华盛顿特区工作负责人，与临时主任肖恩·赫里特奇（Sean Heritage）一同领导该机构。

第七章 第三次"抵消战略"的机制保障

五、增设其他工作机构

鉴于创新是第三次"抵消战略"的着力点,而政府机构又扮演着领导指导、配置资源、协调合作等重要职能,美国国防部和相关部门设立了一些新机构或恢复原部分曾经存在的机构。

第一,创立国防创新咨询委员会(DIAB)。2016年3月2日,美国国防部宣布成立国防创新咨询委员会,由谷歌母公司Alphabet的CEO埃里克·施密特担任主席,委员会成员均来自硅谷企业界和技术界,人选由卡特和施密特共同决定。DIAB旨在依托成员的企业创新经验为美国国防部提供"创新资讯",为美国国防部的创新实践提供新的思路和方法,使美国国防部能听到"外面的新声音",了解"流行的新办法",以求多角度应对当前各方面的挑战,如委员会会提供特定问题的技术解决方案,快速项目管理经验,产品研发策略,决策中的复杂数据传递、处理与分析等。但委员会只负责就科技创新领域提出建议,不参与军事作战与战略制定。[①]2017年1月9日,美国国防创新咨询委员会在华盛顿召开了第二次会议,就技术、文化、作战和运行等方面向美国国防部总结提供了11条建议。此前,卡特已于2016年10月宣布正式采纳委员会关于建立首席创新官、将计算机科学视为核心能力、创建人工智能和机器学习中心三项建议。

第二,重设技术净评估办公室。20世纪70年代初,美国国防部根据"蓝绶带"防务小组1970年6月提出的建议,决定在研究与工程署下设立技术净评估办公室,任务是对比美国与苏联的技术发展情况,为美国技术发展战略的制定和相关决策提供支撑。苏联解体后,这一机构逐渐失去作用,并于21世纪初被裁撤。2015年9月,美国国防部宣布在研究与工程助理部长办公室下重设技术净评估办公室,任务是根据其他机构提供的世界技术发展情报,采用净评估和比较研究的方法,评估美国军事技术能力、潜力和未来的趋势、威胁与机遇,为美国国防部决策提供参考。[②]

第三,建立电子战项目委员会。2014年7月,美国国防科学委员向美

[①] 谢冰峰:《第三次"抵消战略"下美国国防采办改革与发展》,《军事文摘》2016年第7期,第10—13页。

[②] 同上。

国国防部递交了题为《21世纪复杂电磁环境下的军事行动》的报告,建议成立高级别电子战机构。2015年3月17日,沃克签署备忘录,宣布成立"电子战项目委员会"(Electronic Warfare Programs Council)。由美国国防部采办、技术与后勤副部长和参联会副主席共同负责,委员会下设"电子战能力小组"(EWCT)负责委员会的具体事务,由美国国防部副部长办公室电子战采办负责人担任组长。后这一机构改名为"电子战执行委员会"(EW EXCOM)。2017年1月,该委员会发布了第一份《电子战战略》。

第四,组建多军种和多国联合跨机构航天作战中心(JICSPOC)。JICSPOC是美军实施第三次"抵消战略"以来成立的首个作战和组织机构,2015年10月投入运行,负责协调美国战略司令部、国家侦察办公室、空军航天司令部、空军研究实验室、情报界和商业数据提供商等机构。旨在执行太空战斗资产管理,在遭到攻击威胁时对太空设施实施指挥和控制,为联合部队提供太空支援。卡特表示JICSPOC旨在整合美国整体国防——国防部和情报部门——的太空力量,研究GPS受到干扰或攻击时的解决措施和替代方案。沃克认为未来战争必然延伸至太空,美国的卫星群将面临威胁。当前,美军尚不具备指挥和控制太空作战的组织机构。JICSPOC便是这样的一个试验性平台,它通过不同类型的空间态势感知和自主习得机器探明太空态势,通过人机协作为指挥官提供先进的可视化战斗网络工具,最终确定美军需要何种指挥与控制。沃克表示美国国防部此前从未有过类似机构,第三次"抵消战略"开始重新强调和扩展作战优势的第一步。美军太空司令部成立后,这些职能机构也随即转入。

第五,成立快速能力办公室(RCO)。各军种为了回应第三次"抵消战略"对于创新能力的要求,加速能力转化,协同美国国防部进行了采办机构和程序改革,其中在机构创新方面最主要举措是建立快速能力办公室。早在2003年空军就成立了空军快速能力办公室(AFRCO),成为快速采办改革的先驱和模板,第三次"抵消战略"提出后,其他军种纷纷效仿,2016年2月海军成立海上能力加速办公室(MARCO),2016年8月陆军部成立陆军快速能力办公室(ARCO),2016年9月美海军陆战队成立了海军陆战队快速能力办公室(MCRCO)。这些机构职能和架构相似,旨在快速发展各自优势能力,致力于发展可快速成型的近中期颠覆性军事能力。其"快速"主要体现在职能运转快和能力成型快两方面:

第七章　第三次"抵消战略"的机制保障

一是职能运转快。RCO 领导链简短，均是由一个供需方和决策者构成的理事会管理，理事会由军种部长直接领导，成员包括分管作战的参谋长和分管采办的采办主管。这使 RCO 可以直接向军种最高层直接汇报，省去大量中间环节，缩短了决策时间。此外，RCO 在预算申请上得到较大支持，在预算使用上具有更大灵活性，与军种合同司令部的合作或者合并（如 2017 年 4 月 26 日 ARCO 与陆军合同司令部合并）使 RCO 在签订合同方面能够更加自主便捷。这些优势使 RCO 在采办流程上可节约 2—3 年时间，能够快速响应作战需求。

二是能力成型快。与 DARPA 这种重在长远颠覆性技术项目研发的模式恰恰相反，RCO 设立之初被赋予的职责就是紧盯眼前，针对当下作战需求，严格限定有限目标，绝不贪大求全，专注于 5 年内就能够部署的能力。因此 RCO 能够集中资源和力量，快速突破一个又一个小目标。在这一过程中，RCO 与 SCO 紧密合作，使 RCO 可以得到来自美国国防部的技术支持和信息支持，增加解决方案的选项，在更短时间内以更低成本促进优选项目的转化最终达到技术的快速应用。

第三节　改革国防采办制度

推进实施"抵消战略"，第二步要解决的就是"如何做"的问题。诚如沃克所言，"第三次'抵消战略'是一项制度和机制发展战略，是关于在这个日新月异不断变化的环境中，如何组织整个国防部开展竞争的战略"。[1] 军事先进技术产生和获取方式的变化以及不断紧缩的国防开支要求国防的研发与采购模式要主动适应，美国国防部围绕第三次"抵消战略"中"成本"和"创新"两个关键，对现行采办制度进行了一系列调整。

一、制定"更佳购买力3.0"（BBP 3.0）

由于战略优势转化链的创新源发生了变化，国防采办也必须做出调

---

[1] Cheryl Pellerin, Deputy Secretary, "Third Offset Strategy Bolsters America's Military Deterrence," https://www.defense.gov/News/Article/Article/991434/deputy-secretary-third-offset-strategy-bolsters-americas-military-deterrence/, 2016-10-31.

整。在新环境下，国防采购需要移除购买商业产品的障碍，提高在全球市场中的技术搜索识别能力，以确保防务部门能够更好地获取关键技术。2014 年 9 月 3 日，时任美国国防部长哈格尔宣布要推进采购政策改革，主要举措是启动"更佳购买力 3.0"计划，并提出"更多使用模块化和公开系统设计；尽早为工业界提供需求清单；移除采购商用产品的障碍；在全球市场中提高我们的技术研发和拓展；扩大对原型设计的使用"等方面的要求。① 2015 年 4 月 19 日，肯德尔正式签发了《更佳购买力 3.0：通过卓越技术和创新实现主导能力》指令。②

BBP 三个版本的升级迭代不是方向的改变，而是重点（priority）的改变。BBP 的核心方向始终都是追求项目的可负担性，识别"应付成本"（should cost）优化方案，激励国防工业界，强调竞争，减少官僚主义，改进采办合同模式，建立专业精神。区别在于，作为第三次"抵消战略"的"配套工程"，BBP 3.0 在前两版的基础上将重点转向"通过创新和技术进步获得确保美国军队拥有应对未来国家安全需求的主导能力"。所以，BBP 3.0 的目标就是：在成本意识和专业性基础上，重点突出技术创新致胜的核心地位。③

为完成上述目标，BBP 3.0 提出了一系列具有实际意义的新举措，其中主要包括：将 BBP 3.0 与 LRRDP 项目紧密联系起来，推进"基于能力"的采办改革；增加原型和实验的使用范围和频率；在项目规划中强调技术插入和更新能力；加大小型企业研究和发展参与度和回报率；尽早向工业界提供技术要求草案，并参与到企业的内部研发过程中，进行指导和干预；向工业界提供清晰、客观（有关项目和能力）"最有价值"的定义；使用模块化开放系统架构来刺激创新，调整采办程序文件（DODI 5000.02）以适应新的采办模式。

---

① Chuck Hagel, "Defense Innovation Days" Opening Keynot, https://www.defense.gov/News/Speeches/Speech – View/Article/605602/, 2014 – 09 – 03.

② Frank Kendall, "Better Buying Power 3.0," http://www.acq.osd.mil/fo/docs/betterBuyingPower3.0（April 9, 15）.pdf, 2015 – 04 – 09.

③ BBP 3.0 文件的口号是：Cost Consciousness, Professionalism and Technical Excellence。

第七章 第三次"抵消战略"的机制保障

二、发布《国防采办系统的运行》文件

2015年1月7日,美国国防部发布第5000.02号指示(DODI 5000.02),即《国防采办系统的运行》文件(以下简称"文件")。这一文件是国防采办程序的主要政策遵循,是为适应新形势下第三次"抵消战略"对国防采办程序提出的新要求,从程序改革角度将BBP 3.0的"成本意识、专业性和技术优势"理念以法律形式固定下来。

"文件"最大的看点在于增加了采办模式。随着国防采办的重点从专业性转向创新性,特别是越来越多的创新产品来自民间,为与之配合,国防采办程序的要求也具有灵活性和适应性,因而文件将单一国防采办模式扩展为六种,以适应不同类别项目的采办特点。文件中规定了"硬件密集项目"采办模式(见图7.5),其基本程序为:装备方案分析—里程碑A—技术成熟与风险降低—里程碑B—工程与制造开发—里程碑C—生产与部署—使用与保障,包括五个步骤、三个里程碑决策点和四个其他决策点。不同模式间的区别主要在于采办程序中步骤和"里程碑"的设置和要求不同,如第四种模式"加速采办项目"模式中(见图7.6),合并了技术成熟与风险降低和研制工作、里程碑A和B,缩短了采办周期。[①]

"文件"着重强调了技术安全与知识产权保护。一方面,在这个技术市场化、全球化的时代,先进技术的垄断时间不会很长,为了尽可能地延长这个时间,创造更大的战略价值(技术优势垄断时间越久,全寿命平均成本就越低,战略价值就越大),美国需要根据网络时代的特征加强知识产权和网络安全的管控,防止技术成果被窃取,尤其是加强供应链安全管理,美军认为其很多技术成果都是在供应商那里被窃取的。另一方面,第三次"抵消战略"试图引进和利用先进的民间技术来解决军事问题,而原有的知识产权分权模式不利于民营企业的后期盈利,因此为了消除民间企业对于知识产权被剥夺的担忧,美国国防部对企业知识产权加强了保护,为创新提供制度保障。

2017年2月2日,美国国防部发布了最新一版第5000.02号指示,对

---

① The U. S. Department of Defense Instruction Number 5000.02, https://www.navysbir.com/docs/500002p.pdf, 2015 - 01 - 07.

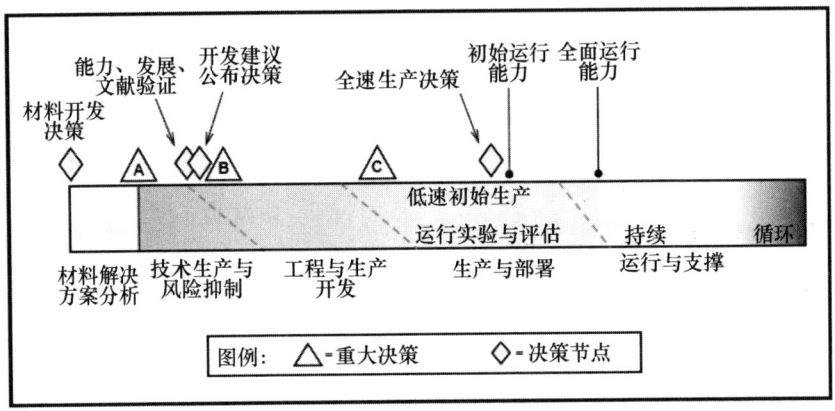

图 7.5 硬件密集项目模式

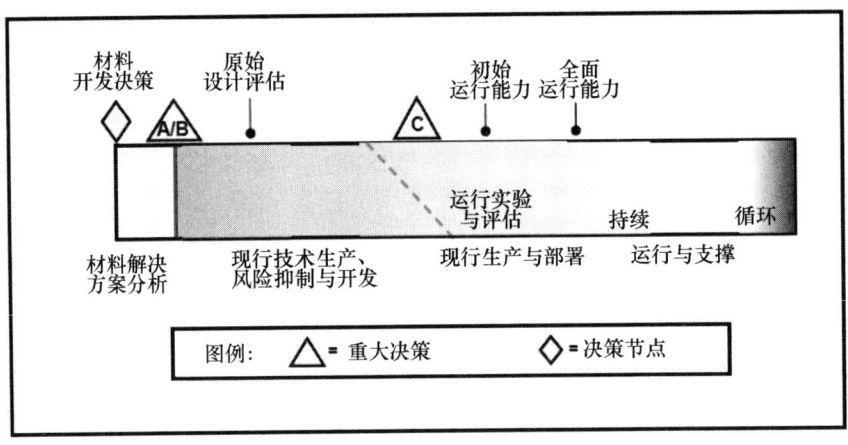

图 7.6 加速采办项目模式

2015 年版进行了小范围修订：一是新增"国防采办系统中的网络安全"独立附件，进一步提高网络安全在采办管理中的地位；二是将军种部长与军种参谋长纳入采办管理决策链，明确他们在采办管理中的权限，加强军种在采办环节上的权力，为采办权下放铺路。

三、下放采办决策权力

2016 年，美国众议院军事委员会拟制《采办灵活度法案》草案，要求增加军种的国防采办权。参议院军事委员会主席约翰·麦凯恩也致力于推动重大项目决策权的下放，并将相关改革内容打包纳入《2016 财年国防授权法案》中。但由于遭到相关机构的抵制，这项工作进展迟缓，直到特朗普政府上台后才有所变化，美国国防部开始配合国会推动采办权下放的行动。最新版 DODI 5000.02 要求，军种领导进入采办决策链，在采办开始前的权衡与决策需征得军种参谋长及军种部长的一致同意。

2017 年 8 月 1 日，国防部向国会提交的《重组国防部采办、技术与后勤组织以及首席管理官组织》报告中规定，向军种下放采办权力。10 月，劳德表示随着采办权力的转移，国防部开始着手推动采办专业人员的转移，"下放行动"进入到新阶段。

四、调整采办机构设置

根据《2016 财年国防授权法案》要求美国国防部成立独立咨询组，研究国防采办新途径，咨询组的最终报告指出：增量式调整加剧了采办系统的问题恶化，美国国防部必须采取更加大胆的方案实现真正的改革。2016 年 3 月 15 日，美国众议院军事委员会表示正在草拟《采办灵活度法案》，要求加速推动国防采办系统的重大改革。2016 年 12 月 23 日，奥巴马总统签署了《2017 财年国防授权法案》。这一法案提出了采办改革任务，目的是使美国国防部整体研发采办流程和组织结构更加精简高效，助力第三次"抵消战略"目标达成，改革最主要的举措是拆分肯德尔担任的负责采办、技术与后勤（AT&L）的副国防部长（以下简称采办、技术与后勤副部长）职能，分设负责研究与工程（R&E）的副国防部长（以下简称研究与工程副部长）和负责采办与保障（A&S）的副国防部长（以下简称采办与保障副部长），法案规定新体制于 2018 年 2 月 1 日正式运行。这是自冷战结束以来，国防采办领域最大规模的改革，是奥巴马政府为第三次"抵消战略"做的最后一次努力，也是为下一届美国国防部布置的一份"作业"。

2017 年 8 月 1 日，美国国防部向国会提交题为《重组美国国防部采办、技术与后勤组织以及首席管理官组织》（Restructuring the Department of Defense Acquisition, Technology and Logistics Organization and Chief Management Officer Organization）报告，阐释了国防部改组的实施方案。

2018 年 1 月 5 日，马蒂斯发布改组备忘录，以支持改组工作，并为阶段性职责与资源分配调整提供指导。1月31日，沙纳汉发布关于改组的实施指南备忘录，对原采办、技术与后勤副部长下属的98个办公室和机构的职能交接做出说明，改组从2月1日正式生效实施。

1957年"新面貌"战略时期，美国国防部设立研究与工程助理部长，在其麾下组建DARPA的前身ARPA，形成了第一次"抵消战略"的基本组织架构。1977年第二次"抵消战略"时期，美国国防部将研究与工程助理部长调升为研究与工程副部长，任命佩里担职，为第二次"抵消战略"提供了制度保障。1986年，为消除军种分散采办造成的重复冗建等积弊，美国国防部设立采办副部长，将采办权收归美国国防部；1994年，为加强武器装备集成管理，推进联合部队武器装备互操作性，研究与工程副部长与采办副部长合并为采办与技术副部长，1999年改为采办、技术与后勤副部长。① 然而随着时间的推移和环境的变化，这一模式开始出现一系列弊端，其主要根源是，采办、技术与后勤副部长办公室的权力过分庞大而集中，主要表现为以下三点：

一是权力集中会增大腐败率，不利于监管。英国思想史学家阿克顿曾指出："权力导致腐败，绝对权力导致绝对腐败。"采办、技术与后勤副部长作为美国国防部的三把手，分管多项工作，每年负责的国防经费额度约占国防总经费一半。这使崇尚"分权"的美国感到不安。国会就认为，如此庞大集中的权力必然导致管理不透明、监管难度大。

二是集中权力会导向官僚化，阻碍创新。第一，官僚化导致程序繁琐。技术创新项目每一步都要面临无尽的程序审查，极大地打击了创新的积极性，增加了创新的难度。第二，官僚化审慎死板的工作模式，采办项目的时间越来越长，项目延期时有发生，与第三次"抵消战略"快速创新的精神背道而驰。第三，官僚化使国防创新和采办活动与外界的交流十分贫乏且困难，当前技术创新由民营企业引领，无法沟通无法融合就必然导致创新乏力，跟不上时代的更新脚步。

三是权力集中引发模糊性，混淆职责。采办、技术与后勤副部长分管采办和技术创新两项完全不同的工作，尤其是随着第三次"抵消战略"的

---

① 付征南：《美国防部启动新一轮战略管理体制改革》，《解放军报》2018年2月1日，第11版。

第七章　第三次"抵消战略"的机制保障

提出,两项工作的重要性都上升到核心位置,而集中统管模式会在庞大的、共生的工作中模糊掉彼此的重点。

基于以上原因,美国国防部决定进行改革,将采办、技术与后勤副部长拆分,分设研究与工程副部长和采办与保障副部长,分掌技术与采办等工作。美国人再次使用"分权"手段去解决权力集中造成的一系列问题。

授权法规定,研究与工程副部长在职级上仅次于美国国防部长和常务副国防部长,在美国国防部中排名第三。该副部长主要承接原研究与工程助理国防部长的职能,负责第三次"抵消战略"的上游工作,具体有三大任务:制定美国国防部技术战略;解决美军关键技术挑战;提出技术解决方案,推动创新,加快作战能力发展。

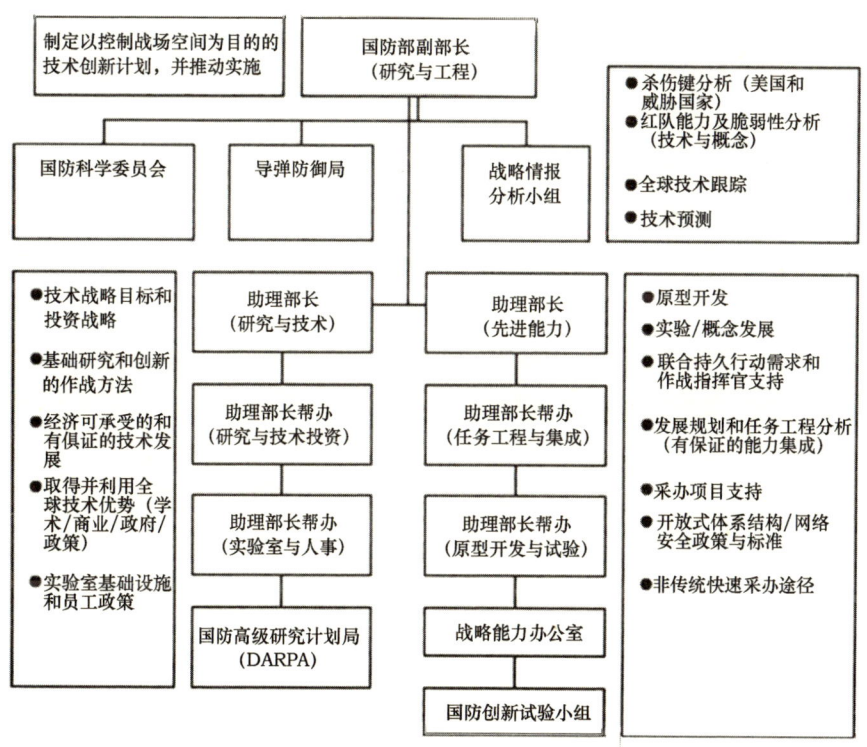

图7.7　负责研究与工程的副部长隶属关系

研究与工程副国防部长组织体系主要是在原研究与工程助理国防部长

组织体系的基础上构建，下设 5 个机构：其中 2 个是现行部门，分别是国防科学委员会和导弹防御局，另外 3 个新建部门都是职能机构：

一是研究与技术局，其局长级别与助理国防部长相同，也称研究与技术助理部长，主要继承了原研究帮办和系统工程帮办的组织体系，聚焦长远的颠覆性技术，负责国防基础研究、应用研究和先期技术开发。

二是先期能力局，其局长级别与助理国防部长相同，也称先期能力助理部长，主要集成了原快速部署帮办和研制试验与鉴定帮办的组织体系，聚焦近期技术发展，强调原型、概念开发、采办项目保障和非传统快速采办。

三是战略情报分析小组，其职责是评估对手与自己的能力、技术趋势、潜在/新兴威胁，为美国国防部的资源配置提供指导。①

这一组织体系中，还包括四个附属和直属部门，负责相关业务工作。

研究与工程副部长单独设立，说明美军对国防科技工作更加重视。改革后国防科技工作将不再直接服务于国防采办工作，而是服务于整个国防建设与联合作战，有利于改变以往重型号轻技术、重应用轻基础等问题。值得注意的是，之前由卡特部长一手创建并视若珍宝的 SCO 和 DIUx 从直接向国防部长报告级别连降数级，转为向先进能力助理国防部长报告，但 SCO 主任将继续担任美国国防部长和副部长的顾问。这样做的目的是让这些办公室的知识和业务成果扩散到负责研究与工程副部长的其他团队，同时减少美国国防部长的压力，但这也使它们的地位极大削弱。

授权法规定，采办与保障副部长排在研究与工程副部长之后，在美国国防部中位居第四。该副部长主要负责原技术、采办与后勤副部长下除技术以外的以采办为主的工作核心任务，负责第三次"抵消战略"的下游工作，根据研究与工程副部长的工作成果，进行后续验证，成果转化，成本压缩，使新能力更快更廉价地输送到作战人员手中，主要任务包括：制定国防采办政策和指南；对主要联合项目和军种采购实行采办监督，提供建议和支持；寿命周期维持计划，软件集成以及工业基地评估和管理等。

采办与保障副部长下设机构都是已有机构，包括：采办助理部长、维

---

① 姚红霞、房一丁：《美国防部最新机构改组计划》，《现代军事》2017 年第 10 期，第 87—91 页。

第七章 第三次"抵消战略"的机制保障

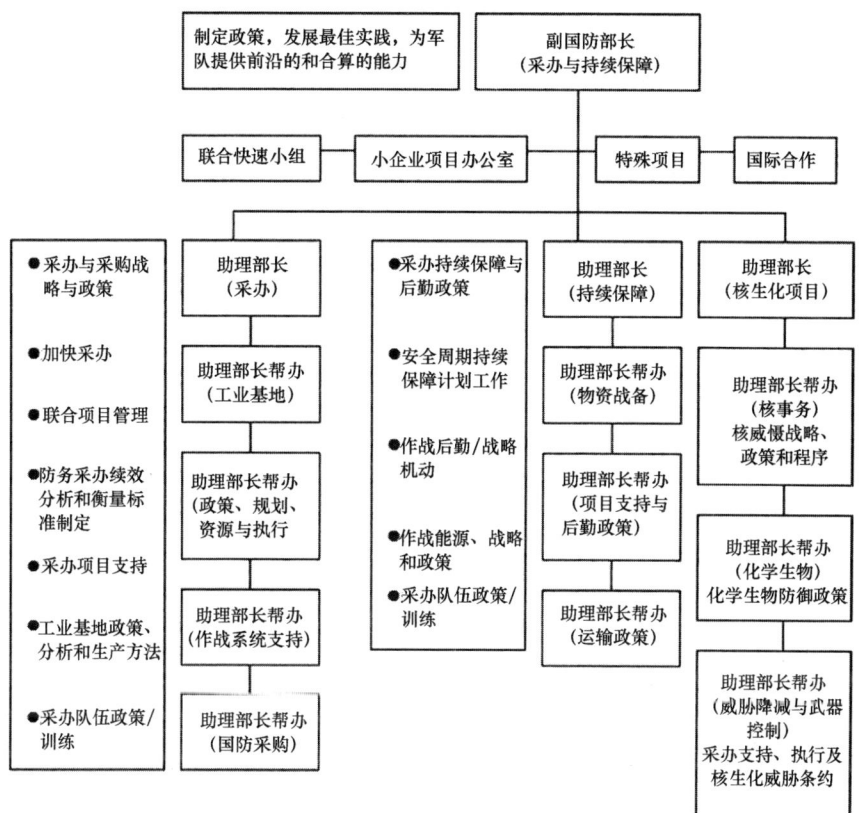

图7.8 负责采办与维护的副部长隶属关系图

持助理部长和核生化项目助理部长,这些助理部长将分管采办、后勤、物资战备、设施战备及核战备等事务。该副部长当前的任务是减少层级,并将大部分采办决策的实权交还各军种部。

采办与保障副部长继承了大部分原先属于采办、技术与后勤副部长的官僚行政职能,这是重组改革的初因和症结所在,是"使美国国防部整体研发采办流程和组织结构更加精简高效"的重头戏所在,因此采办与维持副部长在此次改组中担负了更重的组织改革任务。为此,早在2017年12月21日,劳德宣布任命"新美国安全中心"技术与国家安全项目主管、高级研究员本·菲茨杰拉德为战略与设计办公室主任,战略与设计办公室将隶属于采办与保障副部长,是国防采办、后勤管理机制改革直接领导者，是副部长与其他美国国防部门之间的交流纽带。这一任命在2018年1月2日生效。

改革后，与第三次"抵消战略"密切相关的技术创新与采办两项关键事务可以通过副部长直达美国国防部长和常务副部长。研究与工程副部长在工作流程的上游，是美国国防部这间"公司"的"技术研发部"，学术气较重。采办与保障副部长则是"市场部"，负责将上游的技术成果折现推广还要控制成本，烟火气较重。这样的职能设置使具有不同气质的两类工作分工更为明确，相互干扰更少，提升单位工作效率，更有利第三次"抵消战略"的实施。

相应地，由于多设置了一个高级副部长，也加大了美国国防部部长和副部长的负担，在本就繁重的工作压力下增加过多负荷，尤其是千头万绪的美国国防部门、业务局的业务行政工作必然会使部长、副部长本人以及整个部门效率低下，成为国防改革的重大阻碍。为此，美国国防部独立设置了首席管理官（以前由常务副部长兼任）负责美国国防部业务管理工作，推进人力资源、后勤与供应链、IT业务系统、不动产、社会服务、医疗保障六大领域管理模式转型，以提升部门工作效率和人力成本效益，[①]并降级一些原先有权直接向美国国防部长汇报的机构（如SCO、DIUx），有效减轻了美国国防部长和副部长需应对的具体事务，使他们能够更聚焦于决策。

特朗普政府时期，美国国防部任命前NASA局长迈克尔·格里芬（Michael Griffin）博士担任研究与工程副部长，艾伦·劳德则担任采办与保障副部长，原副首席管理官约翰·吉布森（John Gibson）担任首席管理官。2018年7月13日，沙纳汉签署了一份备忘录，对机构重组做出了一些调整，在两位副部长下分设了研究与工程办公室和采办与保障办公室协助副部长工作，其中DIUx、SCO、DARPA、战略情报分析小组和导弹防御局改为向研究与工程办公室汇报。此外，研究与工程办公室还管理着研究和技术办公室和先进能力办公室，研究和技术办公室下设五位助理分管：微电子学、网络、量子科学、定向能源、机器学习；先进能力办公室下设四个

[①] 付征南：《美国防部启动新一轮战略管理体制改革》，《解放军报》2018年2月1日，第11版。

助理分管：网络 C^3、空间、自治武器、超声速。① 2019 年 7 月，马克·埃斯珀就任国防部长后，未再对已有的国防部机构进行调整或改变。

通过完善国防创新体系、调整国防部机构设置、改进采办机制，美国提高了政府的组织作用，投入了更多的战略资源；明确了各部门的职责，整合了攻关力量；简化了采购流程，加速了创新成果的转化应用。

---

① Aaron Mehta, *Revealed: The new structure for the Pentagon's tech and acquisition offices*, 2018. 7. 17, https：//www.defensenews.com/pentagon/2018/07/17/revealed‐the‐new‐structure‐for‐the‐pentagons‐tech‐and‐acquisition‐offices/.

第八章

第三次"抵消战略"的领域推进

自第三次"抵消战略"提出后,美国一方面进行概念研发,谋求理论突破,调整国防机构,提供组织保障,改进采购体制,加快成果转化;另一方面又着手实践探索,重振兵棋推演,验证作战构想,构筑智力支撑,训练运用能力。从现实情况看,美国已在人才培养、理论概念和技术领域等方面取得了较大程度的进展。

第一节 重振兵棋推演

兵棋推演(wargaming)是指由多方独立决策者参与,在给定规则下,随着决策而变化的环境,相互竞争,完成任务的虚拟互动"游戏",旨在探索战略互动或作战对抗中尚未明确的问题,识别有待检验的假设、实验、概念和计划,评估推演结果可行性,以及训练和教育参与者的接受度。兵棋推演是美军为适应技术变革与作战不确定性,应对多重战略威胁,探寻多维应对方式的常用工具,主要通过分类或综合评估各类威胁,明确威胁性质及可能出现的具体军事挑战,验证或得出利用技术应对威胁的方法。在美军联合作战筹划中,兵棋推演是重要的一环,只有经过兵棋推演验证,作战方案才能成为作战计划。

一、提高兵棋推演作用

早在第一次世界大战之后和第二次世界大战之前时,面对大量涌现的新技术,美国就依托军队院校积极开展兵棋推演。海军战争学院探索了新出现的航母和潜艇的作战使用;海军陆战队学院通过推演发展了两栖作战和登陆作战新模式;陆军战争学院开发了远离本土的坦克和炮兵战场使用及后勤保障新模式。这些新作战模式使美军在二战战场,尤其是太平洋战场上游刃有余,最终赢得了战争。第二次世界大战后,由于美国面临的威胁相对明确,已有了一套成熟的应对方法,因而对兵棋推演的重视程度有所降低。20世纪80年代，美国陆军又重建兵棋推演机构，组建了"国家训练中心"，并陆续在每个基地都建立了兵棋推演演训中心。与此同时，国防大学、各军种战争学院和参谋学院以及军官学院都开设了兵棋推演课程，并将计算机引入兵棋推演运用。

兵棋推演是美国高级军官必修课之一，所有将军在担任现职之前都必须经过作战模拟和战略对抗模拟对抗训练。国防大学为此建立了作战模拟与仿真中心（WGSC）。此类训练主要有三种：一是政治—军事仿真；二是计算机作战模拟；三是定性与定量模拟。其中，政治—军事仿真是训练高级军官的主要手段，主要包括"危机决策演习""联合与协同决策演习""夜间活动演习"等。如今，美国国防部虽开展了大量推演活动，但因内部协调不佳，很多洞见不被对应职能部门了解，成果转化效率低下。

面对严峻的现实威胁和糟糕的财政状况，战略容错空间的不断压缩，为确保行动效果，美国国防部认为，美军必须创新概念和计划，并进行周密验证，求"先胜而后战"。兵棋推演能在虚拟环境中以较低成本验证新概念，在反馈中修订新概念，形成闭环，最终得出成熟的概念，从而作用于军队建设，提供更好战场表现，确保常规威慑。[1] 因此，《国防创新倡议》指出，要"重振兵棋推演活动，以开发和测试实现国家战略目标的潜在方法，并帮助我们更清楚地思考未来的安全环境"。

二、制定兵棋推演举措

为重振兵棋推演，美国国防界纷纷展开行动，在制度机构建立、方法创新和实践活动上多有建树。国防部制定了诸多文件，建立了一些机构，使兵棋推演得以顺利进行。2015年2月9日，沃克面向参联会、各军种部及作战司令部等美国国防部门和作战指挥机构签发了21世纪以来首份《兵棋推演与创新》备忘录。文件指出，重振兵棋推演是《国防创新倡议》的重要组成部分，必须大力发展，以助力21世纪美军军事变革。备忘录分近期（5年内）、中期（5—15年）和远期（15年以上）三个阶段实施，

---

[1] William T. Eliason, *An Interview with Robert O. Work*, Jan. 26, 2017, ndupress. ndu. edu/Media/News/News – Article – View/Article/1038783/an – interview – with – robert – o – work/.

其中远期规划工作由大名鼎鼎的战略净评估办公室（ONA）负责。在这一文件指导下，2015—2016年美军共进行了200余场各类型兵棋推演活动。

3月，沃克与参联会副主席桑迪·文内菲尔德上将联合主持召开了一场"兵棋推演峰会"。根据峰会成果而快速推出的计划直接影响了美国国防部2017财年的预算。沃克指出，必须通过预算行为保障作战分析为核心的兵棋推演活动。最终，2017财年兵棋推演预算申请5500万美元，"未来五年防务计划"中预算申请超过5.25亿美元。①

12月8日，沃克与参联会副主席塞尔保罗·赛尔瓦联合发表专题文章《重振兵棋推演是未来战争准备必由之路》（*Revitalizing Wargaming Is Necessary to Be Prepared for Future Wars*），呼吁着眼未来，开创兵棋推演新时代。文章列举了美国国防部为推动兵棋推演发展所做的一系列努力：②

首先，建立"国防兵棋推演联合小组"（DWAG）。该小组旨在建立美国国防部高层与兵棋推演机构间联系，帮助机构了解高层的优先关切，帮助高层获得与之相关的兵棋推演活动所得出的洞见和反馈，使兵棋推演活动独立于官僚体系之外，增大灵活性。此外，该小组还按照部门、军种、战区的不同作战需求对推演进行分类，识别出需要填补的空白。

其次，建立兵棋推演数据库。该数据库旨在使整个国防部内部能够共享推演成果，向特定用户提供一个集中了解推演成果和建议的平台，理解指导现有与即将开展的推演活动。数据库允许用户上传推演结果报告、工具和数据。截至到2017年1月，库中已有超过550个推演项目、260个组织和212种支持工具。数据库通过"成本估算与项目评估办公室"定期向"副部长级管理行动小组"做简报。目前，它的作用已经得到了各军种和所有联合作战司令的认可。③

最后，设立1000万美元/年的兵棋推演专项奖励基金。该基金主要用

---

① 中国指挥与控制学会：《人工智能在兵棋推演中首胜人类》，2017年9月28日，https：//www.sohu.com/a/195128488_358040。

② Bob Work and Gen. Paul Selva, *Revitalizing Wargaming is Necessary to Be Prepared for Future Wars*, December 8, 2015, https：//warontherocks.com/2015/12/revitalizing-wargaming-is-necessary-to-be-prepared-for-future-wars/.

③ William T. Eliason, *An Interview with Robert O. Work*, Jan. 26, 2017, http：//ndupress.ndu.edu/Media/News/News-Article-View/Article/1038783/an-interview-with-robert-o-work/.

来推动为高层提供建议的战略级和纲领性推演活动,奖励范围包含:与高层领导优先事项有关的推演;有潜力的计划和战略建议;创新性概念或能力;针对当前缺陷的弥补方案;兵棋推演史研究;推演捷径;能有效提高基金投资回报率和博弈评估能力的项目等。①

2017年4月,DARPA下属战略技术办公室(STO)发布信息征询书,寻求利用电子游戏技术,评估城市作战环境中"分布式动态组合"概念和"多域战"概念中武器联合的效能。

2017年11月,DARPA下属"战略机制设计基金会"启动"战略机制设计基础"项目,并发布信息征询书,公开征集战略级兵棋推演新技术,目的是"防止美国被潜在对手突袭,或使美国有能力对潜在对手发动突袭"。此次征集中,与以往美国国防部推演从已知概念推导可能结果的惯常路径相反,DARPA要求,推演要从给定结果寻求可能方法,重点在于制定推演规则。

为改变部队兵棋推演能力逐步下降的现状,提高新型作战概念同步推广水平,美国国防部开始强调教育型推演的重要性,要求各大学及科研机构开发易操作的初级推演系统,开设推演课程,使参训者达到合格水平。

各军种机构也加强了兵棋推演的教学与训练。2015年3月18日,美国海军协会发表评论文章《海军需用更宽广的视野看待兵棋推演》,强烈呼吁海军强化兵棋推演;海军陆战队大学在军官职业教育中重启竞争性兵棋推演课程,培养参训学员发展解决问题的新方法;②拥有超过30年兵棋推演教学经验的海军研究生院,每年开设两期兵棋推演应用培训课程,课程结束会进行为期一周的"兵棋推演周",学员在教师指导下,在团队驱动的环境中设计、执行和评估兵棋推演想定;海军军事学院则承担了海军水面部队司令部有关海上"分布式杀伤"的推演任务,目前两者已经联合进行了数次推演。

---

① Mark Gorak, *Introduction to Modeling and Simulation Special Edition*:*Wargaming Journal of Cyber Security and Information Systems*, Volume:4, 12/01/2016, https://www.csiac.org/journal-article/introduction-to-modeling-and-simulation-special-edition-wargaming/.

② Marine Corps University Brute Krulak Center, www.mcu.usmc.mil/cac/SitePages/CAC.aspx.

美国陆军战争学院是兵棋推演活动最为频繁的大学,每年组织约7—8次推演活动,形成了一个庞大的研究群体。该院积极鼓励师生参与到陆军参谋部战略优先事项的推演活动中去,如2015年9月,该院部分师生参与并完成了探索未来战争中的陆军任务管理网络的推演活动。[①]

2017年,美国陆军训练和条令司令部研究分析中心(TRAC)研发了一款新型"非常规战争战术兵棋",用于分析评估非常规战争中营连级战术行动对所在国居民看法的影响。为保真实,该系统以真实国家为背景,设计用地图、目的、作战行动等要素均基于真实信息。

三、改进兵棋推演系统

2015年,兰德公司成立兵棋推演中心。该中心致力于发展兵棋推演的新模式和新方法,开发新工具和新技术,探索解决安全问题之道。同年,该中心在DARPA资助下为美国国防部开发了360° Game 推演系统,用来对复杂问题进行多维分析,如帮助DARPA认知当前技术变革等。

2017年4月11—13日,洛克希德·马丁公司在弗吉尼亚州萨福克创新中心秘密举行了一场为期3天的兵棋推演,旨在研究"多域战"概念下的战略、作战和武器使用方法,探讨了多域战中"空、天、网"决策流程中的协同效应及不足,以深入了解如何将系统整合在一起。

杜克大学亚洲和中东研究系针对叙利亚冲突设计了一款名为"'伊斯兰国'剧变"的矩阵兵棋系统,并在2017年10月和2018年3月两次推演以探索叙利亚局势的走向。这些成果部分地被美军采纳,并在实战中进行验证。

2018年4月,美国前沿科技有限公司在空军资助下研发了一款名为"综合战争维持分析工具包"的兵棋推演分析工具,以更真实地评估战斗中维护和后勤的可能情况,特别是持久战中后勤保障系统对空军能力的整体影响。

---

① Bob Work and Gen. Paul Selva, *Revitalizing Wargaming is Necessary to Be Prepared for Future Wars*, December 8, 2015, https://warontherocks.com/2015/12/revitalizing-wargaming-is-necessary-to-be-prepared-for-future-wars/.

四、克服兵棋推演难题

当然,兵棋推演并不适合对一切问题的分析,它最适合于分析特殊对抗条件下人的决策情况及特定概念是否可行,而不能提供决策答案。归根结底,兵棋推演是描述性的而非结论性的。所以,为保证推演的针对性描述准确有效,推演前须有特定的目的和对象,并依此进行设计;过程中要有竞争性,场景设置要逼真,过程推进要记全;结束后进行复盘,蓝方(美军演习中的蓝方是代表美军)的失利尤其有学习意义。①

当前,美国国防部大力重振兵棋推演,使其广泛地用于战略和作战训练之中,但也存在一些问题。例如,目前的兵棋推演活动主要还是由政府和军方直接举行或者资助委托民间机构举行,虽然 DWAG 的成立使兵棋推演在一定程度上松动了政府干预,走向市场化和自主化,但实际上政府仍是这场运动式复兴的推动者、赞助者和引导者,作用无所不在。与其他一切活动相同,具有强制性和规范性的政府监管介入会使推演在一定程度上丧失创造性,使推演活动的设计者和参与者更倾向避免对现行政策的批评。同时,兵棋推演的市场化也并不是没有坏处,市场中商业性推演的组织者必然为想向政府售卖自身产品而夸大推演的作用和效果。②

同时,兵棋推演的设计与实施是一项专业性极高的活动,需要多方面专家共同构建一个场景和一套规则,以服务特定的目的,而兵棋推演市场的多年萎靡导致具有相当经验的推演专家和机构尚不充足,而重振活动使当前对于兵棋推演的需求量大大高于高质量推演的供给量,这导致很多推演活动质量不能达标,空耗成本,根本无暇对推演方案进行创新。

对于上述问题,国防部、军种部以及民间智库都在制订计划,力图在推演实施、教学训练和科学研究中尝试解决。从开源渠道的信息看,近年来美国在兵棋推演中,大多以中俄为对手,以检验第三次"抵消战略"的

---

① Elizabeth Bartels, *Getting The Most Out Of Your Wargame: Practical Advice For Decision – Makers*, January 26, 2016, https://warontherocks.com/2016/01/getting – the – most – out – of – your – wargame – practical – advice – for – decision – makers/.

② Stacie Pettyjohn and David A. Shlapak, *Gaming The System: Obstacles To Reinvigorating Defense Wargaming*, February 18, 2016, https://warontherocks.com/2016/02/gaming – the – system – obstacles – to – reinvigorating – defense – wargaming/.

构想。

第二节 发力人才培养

世界战争史的经验表明,无论战略与战术多么高超,无论战争和作战计划多么周密,不管技术和装备多么先进,不管资源和储备多么丰富,也不管后勤和保障多么有力,都不能改变战争不确定性的特征,也不能改变指挥官根据情况的变化"临场发挥"的作用。因此,要想打赢战争,高素质人才的作用是任何其他方法所不能取代的。毛泽东就曾经指出,决定战争胜负的因素是人而不是物。美国虽然强调技术和物力,但也认为只有高素质优秀人才组成的军队才是能征善战的。在其所发布的国防战略和军事战略中,美国国防部一直把人才特别是领导人才培养作为重中之重。因此,美军始终把揽用和培养人才作为力量建设的基础。《国防创新倡议》指出,"21世纪需要我们将领导力发展实践与新兴机会结合起来,重新思考我们如何培养管理者和领导者。"为了推行第三次"抵消战略",美国国防部着手相关专业人才培养。

一、提出培养目标

第三次"抵消战略"核心是围绕技术创新重塑大国威慑以确保美国战略优势,但技术创新只提供物质基础——"新兴机会",战争终究是人类的社会实践活动,是人发挥主观能动性利用工具改造对象的活动。毛泽东在《论持久战》中指出:"力量对比不但是军力和经济力的对比,而且是人力和人心的对比。"[①] 这里所说的人力与人心,其实就是人的作用。因此,人,而非武器,才是战争的主体。物质基础决定上层建筑,新技术、新武器、新系统等物质因素的变化必然要求能够使用、驾驭、开拓新工具,掌握、运用、探索新概念,理解、适应、决胜新战争的新人才。这些道理放之四海而皆准,美国及其国防部系统也应深知此道理。

美国对军事人才,特别是能熟练掌握战争的人才一向高度重视。建国

---

① 毛泽东:《论持久战》,载《毛泽东选集》(第二卷),人民出版社1991年版,第469页。

后不久，美国就建立了陆军军官学校——西点军校。在过去的200多年里，西点军校为美军培养了为数众多的高级将领和高级专业人才，从而垂范世界。随着时代条件的发展，各类专业人才在战争中需求日益增多，美国又分门别类建立起众多军事院校。迄今为止，美国仍然是世界上拥有军校数量最多、专业最全的国家。

第三次"抵消战略"是以创新为特征的，这些创新必须靠人来做。同时，它又是以"非对称竞争"的方式来实现，这又需要特殊的人才。从一定意义上说，人才，才是美军最大的非对称竞争优势。因此，培养具备内在创新思维和外在创新技能的新型军事人才是第三次"抵消战略"从物质形成实践的变现环节。

二、制定培养原则

明确了人才需求目标，接下来就是制定人才培养原则。此前，美军已有较完善的联合作战人才培养模式，《1986年美国国防部改组法案》和《美国法典（军事法卷）》开启了联合作战人才培养的历史，经过几十年实践与发展，人才培养的原则已基本确立。为适应新的作战环境，2012年参联会围绕"联合"概念修订了新版《军官职业军事教育政策》和《士兵职业军事教育政策》等指导文件，构建了美军新型军事教育体系。当前，美军军事教育围绕"创新"，以新战略新战争要求为标准明确目标人才类型，以"军队与地方结合，理论与实践结合，技能与思维结合，专才与通才结合"为特点，培训方式灵活开放，培训内容针对性强，为培养"抵消战略"所需人才奠基。

与之前的"抵消战略"一样，第三次"抵消战略"突出加强国防部和军种与军事教育机构如军事院校、联合职业军事教育机构的交流，改革军事教育的课程设置以便更有针对性地展开新战法的孵化。但不同的是，第三次"抵消战略"强调要充分释放机构和个体（军方或民间）的创造性和积极性，利用"众包"等方式使更多的人和想法加入进来。如国防部和各军种委托兰德公司对当前多个军种的培训项目进行评估，其中包括陆军的"不对称作战适应性领导计划"和武器训练项目，空军的联队指挥官培训项目和特种作战行动支持专业培训等。

为适应新"抵消战略"勾画的未来战争图景，美国陆军决定将作战指挥模式从过程导向的"指挥与控制"向结果导向的"任务型指挥"转变，这需要战场官兵能够迅速适应环境的变化，在不熟悉的情况下利用不完整信息识别关键元素，并在压力下及时采取行动完成任务。"任务型指挥"原则强调指挥官应该重视自下而上形成的方法而非自上而下的指令，建立能够预见和掌握变化的团队。在此背景下，陆军"非对称作战小组"（AWG）基于"适应性表现理论"设计并实施了一项为期10天的课程方案——"非对称作战适应性领导计划"（AWALP），以增强陆军指挥官的适应性，以便在实施统一的战场行动中促进创新的解决方案。提出了这类表现的八个维度，如创造性地解决问题、处理变化或不明确的情况、人际适应性、文化适应性以及在压力下做出决策等。传统陆军训练注重于完成任务的标准化程序，而AWALP更强调方法本身，鼓励学员着眼最终任务结果，主动独立思考，调整行动，适应局势，解决问题。目前，AWG已经基于AWALP方案实践了一期针对中尉级别的实验性训练课程——"初级武装军官课程"[1]，并与美陆军第199步兵旅旅部积极合作，开发了士兵级别的"适应性士兵领导训练教育"原则。[2]

三、完善培养机制

在确立目标和方针之后，美国国防部从各方面入手，力图培养出出类拔萃的人才。美军有一套完整的人才培养机制，作为人才培养的基本"生产方式"确保了人才产出。但为了确保第三次"抵消战略"的推进，美国国防部又在机制上做了改进。

首先，提供预算保障。美军自提出第三次"抵消战略"后，在总体预算削减的情况下依然连年稳定增加"训练与教育"（training and education）项目预算。预算是行动的基础，是政府态度的确切体现，预算的增加，尤其是院校预算的增加足证美军对于人才培养的重视。

其次，完备培训方式。美军采取开放灵活、因材施教的方式。在培训过程中，文职官员与现役军人一同参训，参训时间安排灵活，培训内容按

---

[1] Noelle Wiehe, Bayonet and Saber, Cadre say new training method has merit, Sept. 8, 2015, http://www.tradocnews.org/cadre-say-new-training-method/.

[2] Susan G. Straus, *Evaluating Innovative Leader Development in the U.S. Army*, https://www.rand.org/pubs/research_briefs/RB9797.html.

需开设。不同层级的军官和士兵,实行分级、逐级培训,确保每一层级的军官和文职人员在本阶段都能接受相应培训,在晋升之前也要接受专门的晋升培训,为接下来的高层次工作做好准备,为培养合格士兵与军官和文职人员奠定扎实基础。根据《士兵职业军事教育政策》,士兵培训分为3个阶段:基础士兵联合职业军事教育、职业士兵联合职业军事教育和高级士兵联合职业军事教育。根据《军官职业军事教育政策》,军官培训分为5个阶段:任命前联合职业军事教育、初级联合职业军事教育、第一阶段联合职业军事教育、第二阶段联合职业军事教育和将官联合职业军事教育。

最后,注重学用一致。美军历来重视理论,各类行动一向理论条令在先,这是美军科学化、工程化、技术化思维的体现。在职业教育过程中,军事院校依托军地资源,开设多门理论课程,邀请来自军内外、国内外专家讲学,帮助学员接触不同观点,开阔视野,增长见识,活跃思维。同时,美军秉承实用主义哲学传统,要求理论必须为实践服务,所以理论教育的最终目的仍是学以致用。美军院校和培训机构通过建立多样化作战实验室创造逼真的实战化训练环境,以实地参观或参加军事演习,网上对抗演练等形式,帮助学员在模拟的未来战场上探索实践新理论,在反复的实践中总结经验,检验理论的科学性和可行性,进而完善理论以指导实践,循环往复,给予学员可靠的理论水平和实战能力。

四、明确培养标准

美军能够根据需要,依靠成熟机制推出新举措,产出目标人才。新"抵消战略"旨在通过创新构建以人工智能和无人技术为核心的"智能作战网络",适应该网络的新人才必须具备较高信息素质和人机协同能力。

一是突出创新思维。创新思维的核心是批判性思维(critical thinking)。由于语言差异上的误导,美国人所说的批判性思维常被理解为是反对一个逻辑对象的思维。事实上,批判性思维是对一个观点进行检证(这个观点可以是认同的也可以是不认同的)或建构一个观点的思维活动,它以形式逻辑为基本工具,兼具解构与建构双重功能。在解构中,它将检证对象逐步拆解,通过解释、分析、评估、推论、说明和校准等过程,最终确证一个观点的逻辑是否有效且可靠。同时,批判性思维更重要的意义在于帮助人类建构一个逻辑完整的观点,进而发展一套可靠的理论。在军事领域,批判性思维是对多变的战场环境进行理性分析创造性解决问题的思维工具，是发展新战术战略的思维基础。创新是美国精神的灵魂，是第三次"抵消战略"的底色，因而批判性思维是美军人才培养过程中关注的首要事项。为此，美军院校开设了诸多相关课程。如陆军指挥与参谋学院设置的"批判性思维与问题解决"中级课程，教育内容每学年根据需要更新修订30%—40%；① 美国陆军研究所开发的针对陆军上尉职业培训开设的"像指挥官一样思考"（think like a commander）适应性思维初级训练课程，以视频形式将学员置于各种战场场景中，要求他们快速分析在场景中的关键因素，制定行动方案，促使学员突破思维局限，不断提高创造性分析解决问题的能力。

二是强化信息素质。"下一场战争是智能化的信息战争"，因此美军重视人才信息素质培养。信息素质分为信息意识和信息技能两个方面，美军认为人只有具备了信息意识才能对信息产生强烈的敏感性和洞察力，自觉而有效地获取和利用信息。信息技能则主要是指运用信息技术、操作信息系统以及发现、获取和利用信息的能力。

为了培养官兵的信息技能，美国国防部首席信息官（CIO）办公室联合国防大学信息资源管理学院发起了名为"CIO资格认证计划"的人才培养计划，旨在为美军各部队的CIO或拟考取成为CIO的军官提供最新的技术教育。② 各军种学院也通过开设信息技术培训课程，建立信息化战场实验室等模式，提高学员信息素质，适应新型信息化战争，掌握人工智能等先进信息技术提升战斗力的方法。

同时，美军还依托美国民间强大的信息基础储备，与民间大学机构展开联合培养项目。2009年，美国国防部启动"高水平信息安全教育中心"建设项目，入选的50所军地大学可向美国国防部申请信息安全教育基金。2012年4月，美国国防部又联合国家安全局和国土安全部开展了"卓越学术研究中心"项目，资助了145所军地高校的培养计划，大幅提升网络人

---

① 范玉芳、曹群：《美军任职教育院校创新人才培养概述》，《教学参考资料》2014年第1期，第29页。

② 林聪榕：《美军新型作战力量人才培养的特点与启示》，《国防科技》2015年6月，第73页。

才培养规模。① 这些项目的延续,都为第三次"抵消战略"人才培养奠定了良好的基础。

三是注重人机协同。未来战争是人机协同、人机编组,无人装备冲锋在前、护佑在旁、侦查在上的战争,大量无人机群将在不久后出现在各类型战场上,因此需要大量无人作战人才。当前有人操作的无人装备仍以无人机(UAVS)为主导,因而无人作战平台人才培养以无人机人才为主。无人机作战人员最开始是从空军飞行员和技术员中直接抽调,但是随着无人装备数量增加,人才缺口越来越大,因此美军开始开设无人机人才培训机构。当前,美军各军种均有专业的无人机系统训练营(UASTB),其中规模最大的是隶属于陆军的亚利桑那州华楚卡堡无人机训练营,该训练营目前已装备了美军所有型号无人机,可为海军和海军陆战队提供联合训练。参训学员多为接受过高等教育的基层官兵。所有的任职教官都是有海外执行任务经验的无人机操作员,以及部分合同商家的技术代表。根据无人机装备类型和系统组成的不同,美军无人机人才培训周期一般为3个月至1年不等,周一至周五每天训练16个小时,周六视情况加练。训练一般分为三个阶段:理论学习阶段,装备安装、拆卸训练和模拟训练阶段,实际飞行阶段,其中飞行训练中模拟飞行时间占80%,实际飞行时间占20%。近年来,无人机人才需求日益增加,为保证供需,美军一方面不断增设基地数量,增加训练空域面积和训练设备数量;另一方面,通过增加教职员人数、完善培训模式和优化课程设置等方式提高培训效益。②

第三节 创新作战理论

战略作为一种方法论,主要用于指导整体国防实践活动,从宏观角度讲,即国家安全问题。其中,能力的设计旨在为未来战争的样式提供基本设想,能力的获取旨在为未来战争的实践提供物质可能性,但具体如何在现实条件以及可预测的未来环境中应对已知挑战、防范未知威胁,还需要

---

① 林聪榕:《美军新型作战力量人才培养的特点与启示》,《国防科技》2015 年 6 月,第 74 页。
② 都基焱:《无人机专门人才培养模式与培养机制研究》,《陆军航空兵学院学报》2015 年 8 月,第 67—69 页。

还原到战场实践中,如第二次"抵消战略"中的"空地一体战"概念来指导作战实践。如果说"抵消战略"作为一种国家战略意在"不战而胜"的总体威慑,那么能力运用的理论探索就是寻求"战而胜之"的战场法门。在第三次"抵消战略"提出前,面对已经发生的技术发展和战略环境变化,美国军事理论界做了诸多探索,形成了如"空海一体战""网络中心战"等成果。第三次"抵消战略"提出后,围绕应对"反进入/区域拒止",恢复常规威慑这一战略目的,美国各军种结合已有成果,提出了"分布式杀伤""多域战"和"作战云"等概念,对未来战场模式进行了设计和探索,形成了以"分布式"为空间逻辑,以"跨越协同"为时间逻辑,以构筑"智能云技术"为技术基础的总体战争构想。作为第三"抵消战略"的生产物,这些作战概念在目的论上都从作战层面上服从并服务于战略整体目的,即打赢"反进入/区域拒止"条件下的现代化战争,在方法论上都顺应第三次"抵消战略"能力建设方向,以创新科技手段为赋能器,构建智能作战网络,在作战层面搭建起目的与手段之间的桥梁。

一、分布式杀伤

21世纪以来,美军对"反进入/区域拒止"高度重视,一直不懈地寻求化解之道。第二次世界大战后,美国在广阔的海面战场上彻底失去了对手,制海权得到充分保障而不再成为一个需要考虑的问题,因此海军为适应新环境下扩展美国全球霸权的任务需求,维持海军规模,争取预算,将建设目光投向了"兵力投送",而不是与竞争对手的高水平的海洋战争。美海军于1992年发布的《来自海上》中称:"海军关注焦点和优先任务已由海上作战转变为力量投送。"[1] 在这样的建设指导思想下,美海军对反潜和反舰能力进行弱化,加强了对地攻击和海上行动能力建设,作战思想也从进攻型转变为维持防御型。这种转变使美海军的任务更多集中于应对暴乱组织和流氓国家等中低端威胁上来。美国境外作战逐步形成了以航母打击群(CSG)为核心的作战理念:依靠舰载机及其各种类型的精确制导武器对水面舰船、潜艇和岸上目标实施精确打击,将防空、反导、反潜等任

---

[1] U. S. Department of the Navy, Forward … From the Sea, 1994, https://www.globalsecurity.org/military/library/policy/navy/forward-from-the-sea.pdf.

第八章 第三次"抵消战略"的领域推进

务分配给专司其职的各类水面舰船,分工明确,协调行动,将火力平台集中投送到作战区域。因此,1999年以后美国所建造的驱逐舰均未装备反舰导弹。不仅如此,美国海军还拆除了"佩里"级护卫舰所有的反舰导弹。

进入21世纪第二个10年之后,情况则发生了重大变化。美国认为,一些核大国加速发展海上军事力量,具备了"反进入/区域拒止"能力,严重挑战美国海上统治权。在"反进入/区域拒止"环境下,由于CSG目标过大,必然成为对手精确打击的重点对象,对CSG的行动与生存构成极大威胁,迫使CSG必须在防区外活动,无法发挥打击能力和威慑能力,其结果就是美海军失去特定海域的行动自由,从而使美国的制海权丧失。

掌握制海权,是美国繁荣称霸的基础与不容侵犯的核心利益,因此在这种条件下争夺制海权重新成为美海军的任务重点,实现美国海军水面部队从"重投送轻制海"向"投送与制海并重"的转型。2015年1月,美国海军水面部队(US Navy Surface Force)司令汤姆·罗登(Tom Roden)等人在美海军学院杂志《前进》(Proceedings)发文,抛出"分布式杀伤"(DL)理论,提出了通过分布部署躲避打击,加强单舰攻防能力争夺制海权的思路。罗登强调,DL是美海军对"反进入/区域拒止"强有力的回应,旨在有效利用过去20年的投资,夺回对海洋的控制。① 之后,"分布式杀伤"作为美海军的重要理论方向,各方进行了诸多探索与论证,2015年6月,罗登中将授命成立"分布式杀伤特遣部队",专门负责"分布式杀伤"作战概念的研究和发展。2016年4月,开始部署水面舰艇战斗群,验证"分布式打击"概念,目标是2030年全面实现新的反舰、防空火力配系,以及更加灵活的水面编队样式。在美海军太平洋舰队《水面舰队愿景》、海军研究署《海军科技战略》、海军陆战队作战实验室《2016年创新计划》等文件也对分布式作战相关概念及应用前景进行了探索或研究。② 2017年1月9日,他又签署发布了《水面部队战略——重夺海上控制权》(Surface Force Strategy: Return to Sea Control)战略文件,正式将"分布式

---

① Thomas Rowden, Peter Gumataotao, Peter Fanta, *Distributed Lethality*, Proceedings Magazine – January 2015, Vol. 141/1/1, 343, https://www.usni.org/magazines/proceedings/2015-01/distributed-lethality.

② 吴勤:《美军分布式作战概念发展分析》,《军事文摘》2016年第7期。

杀伤"提升到军兵种战略的层面。①

(一) 分布式作战的构想

正如其名称所显示的那样,"分布式杀伤"包含两个核心要素:分布(disperse) 和杀伤(offensive)。罗登将其定义为:增加所有水面舰艇的攻防能力(甚至包括后勤支援舰只),尤其是反舰作战能力,并将它们以水面行动群(SAG)的编队形式疏散部署,形成分布式火力。每个 SAG 都独立具有远程进攻型反舰导弹和反潜能力,配有反潜直升机和反潜无人机,并能够独立提供广域空中监视,发现和摧毁海陆空水下目标。《水面部队战略》明确"分布式杀伤"有三原则:提高所有军舰的进攻性杀伤力;在地理上分散部署进攻力量;为战舰配置合适的资源以实现持久作战。其中新增的第三点旨在强调 SAG 防御能力的建设:增强单舰应对来自空、天、网、水面和水下等各域攻击的防御能力;通过新的网络和战术,增益舰艇间联合防御能力;确保在遭受战损尤其是指控系统受损的情况下持续作战的能力。

本书一再强调,战争的秘诀无他,不过是"保存自己,消灭敌人"而已。"分布式杀伤"作为应对"反进入/区域拒止"的作战概念,一切战争设计都由此展开。在作战过程中,美海军水面部队将所属舰只编成大量 SAG,形成大量阵位,大规模分散进入拒止区域,使对手的察打系统因过载而无法应付,创造多个"战区切入点",完成"公域进入"任务,在作战区域中以同样的过载方式,抵消"区域拒止"威胁,确保行动自由。尤其是随着第三次"抵消战略"的推进,美军将会越来越多地使用远程无人舰艇作为 SAG 的组成部分,进一步降低成本,增加阵位规模。这种过载既是侦察系统的过载,即一次性突进大量的分散的兵力,增加对手的 ISR 系统进行目标甄别、定位、追踪的难度和成本。此外,通过对各 SAG 位置和行动轨迹的灵活安排指挥,能够形成不同的任务阵型,更是加剧了对手 ISR 系统的负担,由此极大拉长了对手的决策周期,使对手针对高价值水

---

① Commander of Naval Surface Force, *Surface Force Strategy: Return to Sea Control*, https://news.usni.org/wp-content/uploads/2017/01/Surface-Force-Strategy_29-Dec-1.pdf#viewer.action=download.

上目标建立起的 ISR 系统陷入任务错置（set-offed），失去平衡。同时这种过载也是打击系统的过载，在当前条件下精确打击武器（PGM）数量和库存有限，再生产能力较低，因此资源珍贵，目标的分散使得有限的打击资源必然遭到潜在广泛打击的浪费，很难做到全覆盖，目标甄别的难度进一步加剧了打击资源分配的难度，由于各舰都具有打击能力，所以单舰损失对网络集成化作战的影响不大，这对于整体水面作战力量来说是一种安全概率的提升，恢复美海军在作战区域的行动自由。由此美海军似乎通过"分布"完成了在"反进入/区域拒止"条件下"保存自己"的任务。在进入作战区域后，SAG 还要进一步完成"消灭敌人"的任务，即"杀伤"。"分布式杀伤"赋予了每一个 SAG 独立完备的打击能力，使得每一个 SAG 都能够成为一个打击单元，在智能技术支撑的广域分布式指控系统的组织下，通过分布式火力集中进行分散饱和攻击，或模块化灵活编组选择合适的打击组合展开攻击，摧毁对手水面和近岸的"反进入/区域拒止"设施，为后续行动（如兵力投送）夺取海域空间，为大型编队进入作战区域进行掩护以及兵力投送开路或独立完成作战任务。

（一）分布式杀伤的特点

分布式杀伤的概念是对"以正合，以奇胜"的发展，既遵循着传统的作战理论，又有所创新。它根据现代技术在战争中的运用，从"集中、分散"中寻求一种瘫痪敌人作战系统的方法，从而获得战场主动权，置对手于束手就擒或束手无策的地位。

首先，促进战争哲学的转变。"分布式杀伤"强调完成从集中到分散，从兵力集中到火力集中，从空间集中到时间集中的转变。它将当前美国海军以 CSG 为核心作战单元的大集群作战模式转变为一种以 SAG 为基本作战单元的分布式作战模式，将原来由 CSG 集中承担的打击任务分散给各个 SAG，打击方式从"重拳出击"到"八面来袭"。虽然在克劳塞维茨的《战争论》中仍将"兵力集中原则"视为战争获胜颠扑不破的真理，但从拿破仑开始，人类的作战模式已经逐渐从兵力集中走向分散。理念的转变来源于物质基础的改变，兵力分散是由人类武器杀伤力的不断提升造成的，它一方面使得单个攻击单元的打击能力提升至能够担负得起打击的任务，另一方面也使集中部队的防御变得越发困难。在"反进入/区域拒止"

环境下，随着对手精确打击能力的增强，CSG 目标过于明显，特别利于对手进行识别和集中打击，生存难度大。而一旦 CSG 遭到毁伤，甚至只是航母被瘫痪，美海军则会整体丧失攻击能力成为漂浮的"活靶子"，而兵力分散则降低了部队因"放在一个篮子里"被"一锅端"的威胁。虽然兵力部署上发生了变化，但不变的是对火力集中的追求。在"杀伤"环节上，战场上仍旧是"杀伤力决定一切"，而杀伤效果是与火力效果成正比，因此千百年来人类战争都是追求杀伤效果最大化，在"人手一枪"的时代，为了形成大规模火力必须冒着被集中消灭的威胁将人或者平台集中到一个空间内，但随着精确打击武器和现代指控系统的出现，人类所追求的火力集中可以不再通过空间兵力集中这种冒险的方式完成，因而更加强调通过时间上的火力集中。

其次，推动生产模式的转变。现在的 CSG 作战模式是"大工业时代流水线生产"的结果，以专业化分工协作为特点，某一平台专门或者主要执行某一种或某一类特定任务，而"分布式杀伤"则是更具有"网络时代分众生产"的特征，无差别地强调所有 SAG 甚至所有舰只的攻防能力，尤其是海上作战对舰攻击的能力，要求 SAG 能够独当一面，模糊了各专业舰种的区别，使各舰向同质化的方向迈出了一步。当然，各舰还是有各自的独特的功能，但这种功能在其任务职能比重上已经不可避免地下降了，一些同质化的打击因素的职能比重则上升。

最后，引起平台使用方法的转变。"分布式杀伤"的一个重要特点是与当前避免目标被发现，追求"隐身"的思路恰恰相反，它要求主动被发现，并且要求大量被发现，以此使对手的 ISR 系统过载失衡，决策失据。此外，与美军近几十年来不断追求"精致化"平台趋势不同，"分布式杀伤"更多追求平台的规模化和实用性。

（三）分布式杀伤的能力

为达到预设效果，"分布式杀伤"必须紧紧围绕"分布"和"杀伤"两个环节构建一系列能力，而作为第三次"抵消战略"的组成部分，这些能力必须与战略整体规划的手段方向保持一致。罗登在其署名文章中提出

第八章　第三次"抵消战略"的领域推进

要着重加强 6 种能力投资①，并强调，"数量更加繁多、火力更加强大、作战更加独立的舰船将提升潜在对手规划的复杂程度与资源的分配难度"。2017 年 1 月 9 日，他签署发布了《水面部队战略——重夺海上控制权》（*Surface Force Strategy*：*Return to Sea Control*）文件，在此基础上也指认了几项重点投资对象。

首先，具备"分布"的能力。"分布"概念是"分布式杀伤"理论的核心，是威慑效果最重要的来源，它要求多个 SAG 在地理广域中既能够以作战网络的形式协调行动，又能够作为一个独立的作战单元独立完成作战任务，因此构建起用于集成作战的一体化广域分布式指控系统和广域 ISR 共享资源系统以及用于单独作战的独立作战指控系统和可持续独立 ISR 系统就成为"分布式杀伤"理论成败的最关键一环。

指控能力。2014 年 2 月 DARPA 发布"分布式作战管理"（DBM）项目，2015 年 10 月启动"跨域海上监视与瞄准"（CDMaST）项目，旨在转变美海军当前的海上力量编成体系，将多种海上作战功能分解至可升级的大量低成本有人/无人系统上，这些系统或平台分散部署至对抗激烈的广域海域，构建一种能够间接或跨域执行监视与瞄准任务的"系统之系统"体系结构，形成能够快速响应、无处不在的进攻能力。在这过程中，人工智能技术将承担大量的信息处理和资源分配计划的任务，以确保整个指控网络的通畅运行。

持续存在的空基 ISR 数据有机中继网络。在"分布式杀伤"理论中，美海军需要在拒止环境中展开行动，也就是说必须要面对传统卫星通信手段受到干扰或瘫痪的情况，为此海军必须与空中力量密切合作，构建持续存在的空基 ISR 数据有机中继网络以作为战时通信网的替代选项。在未来，这一空中中继网络主要依靠无人机在人工智能系统的指导下执行任务。当前美国现役的侦察无人机中，MH-60R 的探测范围更大，但高度和雷达视野有限；MQ-8 比有人平台的续航能力更强、高度更高，但侦测范围有限；RQ-21 续航持久，但速度有限。因此这些无人机都不能够较好满足

---

① Thomas Rowden, Peter Gumataotao, Peter Fanta, *Distributed Lethality*, Proceedings Magazine – January 2015, Vol. 141/1/1, 343, https://www.usnci.org/magazines/proceedings/2015-01/distributed-lethality.

"分布式杀伤"的作战要求,因此随着以无人技术为核心的新"抵消战略"的继续发展,美军已经将发展多功能海上无人机作为其主要研发对象,旨在构建一个可供替代的(alternative)空中 ISR 中继网络。

其次,获取"打击"能力。"分布式杀伤"的构想中,每个 SAG 甚至每艘军舰都应该具有成熟的攻防能力,尤其是与争夺制海权密切相关的反舰能力。为此,美海军必须针对现有各类型军舰开发适配武器,罗登司令在署名文章中指出,"分布式杀伤"需重点发展:进攻型舰对舰导弹、远程反潜武器、低成本中程反导和对地打击武器、电磁轨炮四类打击能力。

为此,自 2015 年起,美国海军开始陆续加速包括战斧 Block IV 反舰型、JSOW C-1 型和 LRASM 等项目的进度,并开始升级改造"鱼叉""标准-6"等导弹,集中力量建设新型反舰导弹体系,以便更好地满足"分布式杀伤"概念中对火力打击能力的需求。特别是 2016 年 3 月,作为"分布式杀伤"概念验证的一部分,美海军与 SCO 合作,将反导用的"标准-6"改造为远距离反舰导弹,对"分布式杀伤"实质性推进具有里程碑意义。此外,为充分利用新技术,降低昂贵的反导防空成本,海军还着重强调利用定向能和电磁轨炮等颠覆性新技术。

最后,培养指挥能力。长期以来,美国海军一直坚持以航母打击群 CSG 为中心的综合战争指挥模式(Composite Warfare Command,CWC)。以水上行动群 SAG 为重的 DL 的适应性任务指挥模式(Adaptive Mission Command,AMC)与其已有很大的不同,因而必然要求美海军调整自己的作战指挥体系以及军官培养体系。因此,美国海军拟进一步下放指挥权,使各舰只在作战行动中拥有更多的决策自主权。美海军还成立了水面与水雷战发展中心,专门针对"分布式打击"概念培训战术指挥官,指挥未来舰艇作战。

(四)分布式杀伤的优势[①]

相比于第二次世界大战以后所追求的超大作战平台建设,美国提出的分布式作战概念已经做了重大改变。如前文所述,一旦其 CSG 被对手摧毁,美国将失去海外军事行动的力量支撑。因此,对手消除威慑的方法也

---

① Dmitry Filipoff, *Distributed Lethality and Concepts of Future War*, January 4, 2016.

相对简单，即全力发展打击美国的 CSG 就行。那么，只要克服了这一难题，美国也就降低了对手的反制能力，从而抵消其"反进入/区域拒止"的努力。

第一，威慑效果更突出。第三次"抵消战略"的最终目的是恢复美国的常规威慑，所以"分布式杀伤"作为第三次"抵消战略"的理论手段，其任务在于恢复美海军在"反进入/区域拒止"条件下的战场威慑。在美军看来，"反进入/区域拒止"能力的核心威胁在于通过制导武器齐射对作战区域内美军重要资产进行饱和攻击，获取战争初始阶段的绝对优势，限制美军在相关区域的行动自由，确立既成事实，掌握战争主动权。"分布式杀伤"针对对手"毕其功于一役"的企图进行设计，通过削弱对手对自身武器的信心，改变对手对于发动军事行动收益的考量，影响对手的战争决策，而非诉诸势不可挡的力量威胁，以此来消除"反进入/区域拒止"带来的战略挑战。

第二，模块化编队更灵活。未来海军不仅要打高端战争，还要能够兼具完成和平时期制海的任务。在现行 CSG 作战模式下，美军应对威胁的选择只有两个：派 CSG 或者不派（all or nothing），灵活性不足。"分布式杀伤"以"去中心化"为指导思想，将原属于 CSG 的核心战力分散给诸多 SAG，SAG 以模块化编队的方式让政策制定者在使用何种及多少资产表明姿态方面拥有更多选项（from nothing to everything），战略选择更加丰富，能够灵活应对各类各级别威胁。

第三，升级风险更减少。CSG 不仅是实在的打击力量，更是强烈的武力象征。如上所述，在 CSG 作战模式下，美军应对威胁的办法是将 CSG 派往热点区域，如此强烈的信号很可能促使局势升级。就算美军并非打算实施实际上的打击行动，只是在相关海域对低烈度危机进行有限的力量展示或在电磁领域展示力量，也必须 CSG 亲自"出马"。展示了"牛刀"，对手可并不会单纯地以为美国只是想"杀鸡"，极易招致过度反应，危机升级。而"分布式杀伤"则给了美军更多选择的空间，可以通过有限的介入力量尤其是在电磁领域的展示，表达决心，实现威胁与应对匹配，目的与手段相称，这要比向热点地区部署航母打击战斗群所带来的局势升级风险更低。

(五) 分布式杀伤的难题

美国海军虽然提出了"分布式杀伤"的概念,并启动了实施进程,但还面临诸多需要克服的难题。

第一,构想实施困难。按照"分布式杀伤"的基本构想,威慑效果来源于分散,但对于分散实施的时机并没有给出明确的规定。按照作战程序来讲,"分布式杀伤"要求分散在 Phase 0 或 Phase 1 进行或完成,以降低对手对于成功的预期信心。但问题在于,如在热点时期热点区域内展开分散,从行动开始阶段的全过程各 SAG 就必定会被对手密切监视,对于对手进行目标甄别其实并没有太大干扰。如和平时期就进行例行动态分散,美海军长时间的日常后勤补给工作将极为困难。一方面,按照 A2/AD 的作战构想,其旨在于战争初始阶段通过战略突袭和制导武器齐射解决拒止区域内的美军基地和重要目标,使之丧失前沿后勤资源能力,丧失重要 ISR 资产和战斗资产,而对于这些固定资产的保护,"分布式杀伤"都没有办法解决。由此,在域内展开分散或基地分散都不能解决问题的情况下,"分布式杀伤"只能从拒止区域外突入区域内开始,而这中间的远程后勤补给工作将变得极为困难,分散之后的后勤补给以及指控困难也极大,就算采用无人平台,在一定程度上降低了后勤要求,但是油料等物资的补给仍是大问题。另一方面,无人平台对指控的要求则更高,这无疑加大了在电磁和网络对抗条件下失能的可能性,使得后勤与指控无法兼顾。

第二,指控障碍较多。"分布式杀伤"的核心是"分布","分布"的核心是指控能力,可以说分布式指控的可靠性决定了"分布式杀伤"理论的成败。在广域空间上完成多个 SAG 间的情报共享与处理,协同指挥,火力瞄准与控制形成打击合力,通联顺畅本就困难重重,而未来注定广泛应用的无人平台以及电磁对抗激烈的拒止环境必然使得维持指控系统的可靠难上加难。美海军一项名为"干草堆与涨潮作战"(operations haystack and uptide)的演习证实:在电磁管制情况下,航母的生存性能大大增加,但代价是决策周期被拉长。这还只是近距离作战集群自主实施管制下的结果,因此可以预见,在电磁对抗的条件下,由于敌人的干扰,分布式部队

第八章 第三次"抵消战略"的领域推进

的指控网络会被进一步削弱。①"分布式杀伤"的核心威慑能力来源于其能够扰乱对手的决策节奏,延长对手决策周期,而如果以牺牲自身决策周期为代价,则显然得不偿失。

第三,后勤补给艰难。当前的CSG作战模式采取集中补给的方式,在战时进行沿途补给、基地补给或者相互补给难度较低,系统也较为成熟。但"分布式杀伤"条件,SAG广泛分布于广阔区域,这对美海军的补给能力提出了极大要求,尤其是在区域拒止的作战区域中,困难更为严峻。而美海军当前后勤补给部队拥有不超过40艘补给船,且不可能一次性全部派出,所以实际可以使用的更少,根本不可能满足"分布式杀伤"的需求。②此外,按照"分布式杀伤"这些补给船自身还要承担一部分的攻防任务,其结果是:一是这些新增任务组件的加装必然削弱其补给载量;二是在任务时间上必然也要分配一定的时间来执行攻击防御任务;三是由于参与攻防任务的舰只增多、分散、不断运动,补给任务量会大幅增加,此种此消彼长使得"分布式杀伤"的补给几乎不可能实现。而一旦这有限的补给部队遭到打击,那对于分散部署无法相互支援,共享补给的SAG来说,将是更为致命的打击。纵然,无人海上和空中平台的投入使用会在一定程度上减轻后勤补给的压力,但无人平台的投入只能治标不能治本。有专家指出,在西太地区减少后勤补给压力的最好的办法就是在该区域内利用美国广泛的盟友体系增加基地数量,以充当补给中心,使对手在攻击停靠在盟国基地的美海军时所考量的国际成本就大大上升,进而维护后期补给线的安全。但这一方案也面临着诸多困难:一是盟国很可能出于自身安全因素考量,不愿承担如此高昂的政治和军事风险;二是基地建设的经济和政治成本将十分高昂,使得"分布式杀伤"的成本进一步上升。

第四,实现成本高昂。"分布式杀伤"要求单舰攻防能力提升,其最

---

① Angevine, Robert G, *Hiding in Plain Sight: The U. S. Navy and Dispersed Operations Under EMCON*, 1956 – 1972, Naval War College Review (Spring 2011), https://www.usnwc.edu/getattachment/bfd7502d – 682c – 444d – 946c – 63245227ae68/Hiding – in – Plain – Sight – – The – U – S – – Navy – and – Dispersed.

② USNS Dreadnaught: *A Combat Logistics Force for 21st Century Warfare*, 2017 – 10 – 10, Chris O'Connor, http://cimsec.org/usns – dreadnaught – combat – logistics – force – 21st – century – *warfare*/34344.

直接的结果就是对武器系统和弹药的需求量显著上升,对各类舰船进行大规模改装,这意味着更多的资金投入,尤其用攻击性导弹武装海军超过60艘后勤及支援舰船,并为其提供控制与指挥系统协调火力,将非常昂贵。同时,这样的投资是单一用途不可逆的,美海军是否已下定决心走上这样一条路,直接影响资源的投入,将鸡蛋放在这个篮子里,值得美国战略高层谨慎考量。"分布式杀伤"本质上作为资源消耗性战略,在特朗普政府大力扩充海军,建设一支拥有350艘军舰的海军的目标下自然是能够得到更多支持,但由于很多里根时代的海上平台都已濒临服役年限尾声,因而海军的平台采办需求巨大,在府院一致的情况下,特朗普政府可以毫无顾忌地增加国防预算,但在2018年美国国会中期选举结束后,共和党失去了对众议院的控制,将使得未来特朗普政府的国防预算面临重重挑战。

二、多域战

"多域战"是美陆军在第三次"抵消战略"提出之后研发的又一个新的作战理论。随着技术的进步,人类活动的范围也不断地扩大,作战领域也极大地延伸,从陆地拓展到海上、空中、太空,又从可视空间渗透到电磁网络,作战方式也从单一领域发展为联合作战。"多域战"其实就是"21世纪的联合作战",只不过联合更深,层次更高,难度更大。

(一)"多域战"的起源

"多域战"的概念来源于美军陆军训练与条令司令部(U. S. Army Training and Doctrine Command)。该司令部有着"未来部队设计师"之誉,自1973年成立以来,推动了诸多美国陆军的重大变革。在美国陆军看来,作战模式改变的动力主要有两种:通过外来冲击(shock and competition)和自我选择(cultural self - selection),前一种是被动应对,后一种则是主动作为。美军陆军训练与条令司令部司令大卫·帕金斯中将在2017年7—8月号《军事评论》(*Military Review*)上发表了《多域战:通过变革赢得未来战争》(Multi - Domain Battle:Driving Change to Win in the Future)文章,对此做了比较详尽的探讨。

帕金斯认为,外来冲击所引发的变革往往发生在重大的战争失败或作战损失之后。第一次世界大战期间,美国、欧洲国家陆军在作战中都奉行

第八章 第三次"抵消战略"的领域推进

一条传统原则,将对方逐出或引出战壕进行野外作战。他们完全忽视了作战条件的巨大变化,即火力更强大的炮火、射击更密集的机枪和防护更坚强的坦克,因而造成了重大的伤亡。之后,美国陆军才进行变革。第二次世界大战中,美国在欧洲战场上,根据作战环境的变化,采取了陆、海、空协同作战(从某种程度上讲,已具联合作战的雏形),虽然承受了重大的伤亡,但相比于对手和其他盟友来说却小得多。第二次世界大战后,美国陆军总结其在朝鲜战争和越南战争中获得的经验,再次进行变革。如果说,美国陆军以前的变革都是外力驱动的话,那么20世纪70年代以后的变革,则是主动行为,开始设计战争了,其中最具代表的构想莫过于"空地一体战"了。这一时期,苏联提出了"大纵深作战"理论,其主要设想就是运用廉价的人力资源和坚固的装甲铁流,全面碾压北约国家,使其无法抗拒,一举推进到大西洋沿岸。对此,美国陆军与空军合作,共同制定了"空地一体战"理论,准备以"切香肠"的方法从后方斩断苏军的"铁流"。

冷战结束后,美国失去了战略对手,其国防部门拥有了足够的时间设计未来战争。自海湾战争到"奥德赛黎明"行动,美国以其设计的作战方式,即"网络作战系统"打赢了数场战争。2010年以来,美军清楚地认识到:中、俄等战略对手正通过实施"反进入/区域拒止"战略,发展和部署先进传感器网络、一体化防空系统以及大量远程精确打击武器,破坏美军在空域和海域的作战优势;积极发展太空、网络等新兴作战能力,限制美军对太空、网络空间、电磁频谱等作战域的利用,使其失去长期所拥有的行动自由和优势保持。2012年秋,为了解决"反进入/区域拒止"问题,美军四大军种的副参谋长签署了一份谅解备忘录,确立了在建设联合部队过程中实施"空海一体战"概念的框架,提升美军的作战能力,从而保持在全球公域的行动自由,遂行联合作战行动。其后,海军与空军获得了更多的预算支持,陆军和海军陆战队则大幅减少。陆军认为,在"空海一体战"的构想中,其地位和作用受到了忽视,便设法改变这种局面,着手进行探索,于2014年率先提出"跨域作战"的概念。

2014年8月,国防部提出第三次"抵消战略"之后,为了使各军种都能充分地发挥作用和全面地参与,准备修订"空海一体战"概念。2015年1月8日,美军参谋长联席会议下属的联合参谋部主任签署文件,将"空海一体战"更名为"全球公域介入与机动联合",并于年底完成了《联合跨域作战指挥控制行动概念》,明确提出了将陆、海、空、太空、电磁、网络空间都视为"域",同时把"跨域"作为联合作战指挥控制的重要内容,"多域战"遂成为美军的正式通用概念。2016年11月11日,"多域战"概念被正式写入新颁布的美陆军作战条令。条令明确指出,"作为联合部队的一部分,美军通过开展'多域战',获取、掌控或剥夺敌方力量控制权。陆军将威慑敌方,限制敌方的行动自由,确保联合部队在多个作战域内的机动和行动自由。"[1]

2018年5月22日,美国新任陆军训练与条令司令部司令斯蒂芬·汤森在陆军太平洋地面部队协调研讨会上发表讲话时宣布,为了更好地应对未来冲突,陆军正着手展开将"多域战"概念转变为"多域作战"(multi-domain operation)。

(二)"多域战"的构想

从本质上说,"多域战"就是联合作战的进一步发展和运用。联合作战是指两个或两个以上的军种在统一指挥下,为实现共同作战目标而实施的共同行动。"多域战",按照美军的定义,则是指打破军种、领域之间的界限,各军种在陆、海、空、天、电磁及网络等领域拓展能力,实现同步跨域火力和全域机动,夺取物理域、信息域、认知域及时间方面的优势,使敌方失去战斗力或输掉战争。

美国陆军在其《多域战:21世纪的联合兵力》(Multi-Domain Battle: Combined Arms for the 21st Century)概念中提出的构想是:建设准备充分的和适应性强的陆军和海军陆战队作战力量,跨越各个作战域实施大区域联合作战,有能力从物质上和认知上运用多种策略打败敌人。通过可靠的前沿存在和灵活的作战部署,陆军和海军陆战队作战力量未来将整合协调它们的作战能力,使其作为联合部队能力的一部分,在实施跨域作战和战场纵深穿插作战时创造短暂的优势窗口期,在窗口期内夺取、保持和利用主动权,击败敌人以及实现军事目标。

美国陆军实施"多域战"需要三个环节:

---

[1] 陆军条令出版物3-0《联合地面作战》(ADP 3-0 Unified Land Operations)。

第八章 第三次"抵消战略"的领域推进

首先,创造和利用短暂的优势窗口期。在跨越各个作战域时,运用联合作战原则创造和利用短暂的优势窗口期是现代战场上实施高效机动的先决条件。联合作战整合作战能力的方式就是使敌人在某一"作战域"抵消己方的作战优势时,在另一"作战域"就肯定会产生更多的弱点。"多域战"不仅发展了物理空间内的联合作战方法论,而且也着重关注了太空、网络空间和其他对抗领域如电磁频谱、信息环境和认知域的对抗。在实施"多域战"时,陆军、空军和海军力量从空中、陆上和海上向其他作战域和对抗域投送作战力量,确保军事行动的自由。这样,美军就不仅在物质空间而且在抽象空间给敌人制造更多的麻烦,使其难以应对。

其次,联合部队实施灵活的、适应性强的编组部署。在对抗日益激烈的作战环境中,根据任务式指挥原则,各作战单位被赋予发现、打开和利用作战域窗口期的能力,可以在分散部署的状况下实施作战。联合部队要能够把作战力量从传统的陆地和空中,拓展到海洋、太空、网络空间、电磁频谱等其他作战域,将侦察、机动、火力和信息结合为一个整体来避开敌人的优势,获取并维持相应作战域优势,控制关键作战域。

最后,改变部队战备状态增强威慑力。战备水平决定了战机的捕捉。联合部队将准备充分和编组灵活的能够实施"多域战"的力量部署至战区,战前可以阻止敌人的侵略行动,为决策者提供更好的选择;在战时,则可以通过破坏敌人的防御网络和打破拒止空间的束缚,减少作战风险。

由此可以看出,美军提出的所谓"多域战",就是重塑联合作战概念,打破传统的以军种为核心的作战域边界,联合部队通过同步协调行动,综合运用各种作战能力,在某个或多个"作战域"创建并利用好稍纵即逝的作战机遇,削弱对手在多个域的作战能力,以尽可能地避免与对手开展诸如"导弹对导弹"等正面直接对抗的线性作战和消耗战。"多域战"不仅拓展了作战域,而且促进了力量要素从"联合"走向"融合"。罗伯特·沃克就指出,"'空地一体战''空海一体战'等以前的概念全部已经过时。要生存并维持优势,美军就必须审视所有领域,寻求如何综合运用各种设施与能力进行多领域作战。"[1]

---

[1] 潘乐天:《美军"多域战"的来龙去脉》,《瞭望周刊》2017年第2期,第30页。

（三）"多域战"的应用

自 2014 年陆军提出"跨域作战",后定为"多域战"的概念以来,很快就引起了各军种部以及相关军工企业的共鸣与认可,因为这与美国长期以来致力于联合作战的目标是完全一致的,可以使陆、海、空、海军陆战队及新型作战力量如网络、电磁频谱部队更加紧密地联系在一起。因此,各军种、军工企业纷纷采取行动,将"多域战"付诸实施。

首先,深入概念探索。美军一向重视战略和作战概念的研发与论证。自 2014 年"多域战"概念提出之后,美国国防机构已多次举办会议,对其进行研讨,其中最具代表性的莫过于 2016 年 10 月 4 日陆军协会年会主办的"多域战：确保联合部队未来战争行动自由"论坛。美军高层在全面检讨了"多域战"的概念之后认为,"'多域战'设想了这样一种未来：同步跨域火力,在所有域内机动,实现物理上、时间及位置的优势。"[1]

在美军高层看来,"多域战"是适应作战环境变化的举措。冷战结束以来,美军所打赢的无论是正规有限战争还是反恐战争,都是基于对手的弱小,且无大国的干预。那么,在未来,这种状况将不复存在,国际战略和作战环境极大地变化了。在过去的 20 多年里,美国处于"一超"的地位,军事上拥有绝对的优势地位。中俄等国军事力量迅速崛起,使美国不可能再像过往那样自由地行动。奥巴马政府就曾表示过,美国将来将避免这种大规模的海外干预战争,而是要致力于大国间的竞争与冲突。

"多域战"要求军种深度融合。传统的联合作战所解决的问题是将人力集中转向火力集中,各军种火力依然保持独立性。但在"多域战"中,潜艇可能具有防空能力,陆军可能拥有制海能力,海军可能加大制陆能力。即使在后勤保障上,也可以进行联合网络防御,以避免控点破节。由此,曾任美国印太总部司令哈尔·哈里斯宣称,"我们需要这么一种联合：任何军种都不起主导作用,任何领域都没有固定边界。"[2]

"多域战"推进军种拓展能力。美国陆军提出"多域战"概念时,

---

[1] 潘乐天：《美军"多域战"的来龙去脉》,《瞭望周刊》2017 年第 2 期,第 27—28 页。

[2] 同上,第 28 页。

就考虑了其能力拓展问题。"在未来的安全环境下,随着领域间的互融及复杂性的加大,尤其当作战司令部需要获得跨领域的主导优势时,需要各军种在非传统领域发挥影响力。这意味着陆军将能够击沉敌舰、压制卫星、拦截导弹、乃至入侵或破坏敌方的指挥控制系统。"① 空军、海军和海军陆战队也认为,在未来的战争中,既需要其他军种和力量的支援,同时也需要向其他军种提供有力的支援,因而必须着眼未来,扩展自己的能力。

其次,启动机制筹建。世界军事发展史证明,指挥控制是随着作战环境的变化而改进的。指挥控制的核心内容主要包括两个方面,即作战条令和组织机构。第三次"抵消战略"表面上是寻求技术的突破,但实质上却是组织与控制的创新。2018年出台的《国防战略概要》中,美国国防部就认为,大国军事领域的竞争,不仅要靠技术,更要靠技术转化的速度和实践中的运用。在技术扩散迅速的时代,美国尽管拥有技术创新的优势,但是已不可能垄断。因此,美国要着力推动作战条令和指挥控制的发展。

作战条令是美军作战行动的指南,也是军事训练的遵循原则。2016年,美国陆军率先将"多域战"概念纳入新版作战条令,是其投向实践运用的重要标志。其他军种也在考虑采取相关的跟进措施,2017年2月,海军陆战队与陆军联合发布了《多域战:21世纪合成兵种》白皮书,提出了落实"多域战"的具体方法。海军与空军也在实施"多域战"方面进行探索。所以,不远的将来,"多域战"必然进入各军种的作战条令或类似文件。

指挥控制是作战行动的根本保证,更是决定胜负的主要因素之一。第二次世界大战后,美军运用计算机技术建立了指挥控制系统。在冷战后几场局部战争中,美军指挥控制系统的作用得到了充分的体现。如今,美军指挥控制系统已从当初的 C^2 发展到 C^4IRSK。美军空军一些专家认为,空军作为美军的一个系统,要与其他军种进行深度合作,因为在"多域战"中,陆、海、空、天、网络是一个整体,必须做到无缝对接。所以,空军

---

① 潘乐天:《美军"多域战"的来龙去脉》,《瞭望周刊》2017年第2期,第29页。

试图构建一个"多域战"的指挥控制系统。

最后，开展演练验证。军事理论与其他科学不同之处在于，其效应不能通过一般的试验来验证，因而演练就成了最有效的方法。"多域战"概念提出后，美军和军工企业建立了相关的试验室，并举行了系列演练活动。

陆军已着手建立一支实验作战部队，规模虽然不大，但将具备在陆、空、天、海等域作战能力，能够对空军、海军、海军陆战队提供支持；空军也在拉克兰空军基地建立最新的网络"指挥和控制任务系统"（Command, Control and Communication Management Systems），以更好地在网络空间和利用网络空间为联合作战提供全方位的支持。

2016年4月，洛克希德·马丁举行了一系列作战推演，探索应对"反进入/区域拒止"的作战方法，其中重点是验证"多域战"的概念。在推演中，洛马公司利用其精深的网络专业技能，各个"作战部队"进行沟通。智能空间系统、空军分布式通用地面系统、战区作战管理系统（Theater Battle Management Core Systems, TBMCS）、指挥控制、作战管理和通信（Command, Control, Battle Management and Communication, C2BMC）及其下一代——空中任务命令管理系统（Air Task Order Management Systems, ATOMS）等都投入应用。

根据美国《防务周刊》2019年2月11日报道，美军于2月21日—4月7日，在太平洋地区举行了"太平洋闪电"（pacific blitz）大规模演习。这次演习是美军此前"太平洋视野"和"黎明闪电"的混合体，参演部队包括基地位于加州的海军陆战队第一远征旅全体士兵以及该地区的海军、陆军和海岸警卫队，主要是演练针对大国的统一指挥下的联合作战。"多域战"是这次演练的重点内容之一。

综上所述，"多域战"其实是通过"全域联"的方式将联合作战推向一个新阶段。它与"分布式作战"有着异曲同工之妙，将"联"与"分"有机地结合起来，既发挥了专业的特长，又形成了共同的合力，目的都是为了瓦解对手的"反进入/区域拒止"能力。

三、敏捷作战

为了适应第三次"抵消战略"和未来作战环境的变化，美国空军也根据自身的特点，于 2015 年 9 月制定并发布了《空军未来作战概念 2035》文件（Air Force Future Operating Concept: A View Of the Air Force in 2035）。文件强调，空军未来作战概念的核心思想是"敏捷作战"，并就如何将其付诸实践提出了明确的规划，详尽阐明了"以 2035 年为目标，美国空军为完成 5 项核心使命对敏捷作战概念的运用"。①

（一）敏捷作战的基本内涵

在《空军未来作战概念 2035》中，敏捷性作战被赋予的定义是：应对既定挑战，迅速生成多个解决方案，并在多个方案之间快速调整的能力。它要求空军改变传统思维——运用速度和即时打击的方式获得和保持冲突中的主动权，树立新观念——运用各种力量迅速置敌于困境而取得预期效果。② 文件强调，所谓"敏捷"，就是大脑对外来刺激反应快，身体行动随之跟上，在作战领域，要从五个方面理解其内涵。

第一，灵活（flexibility）。它是指不受范围限制的运动。在作战中，灵活性是指空军在选择的区域内实施不受任何限制的行动。也就是说，空军可以在时间和空间的可能限度内能将其作用发挥到极致。灵活强调选择的多样性，这是空军未来作战概念的核心。

第二，速度（speed）。它是指快速决策的能力。在作战中，决策基于两个方面的因素，即大脑思维与装备支撑。通过提升思维能力和改进装备，空军具备在战场不确定性和信息不完整的条件下，迅速做出正确决策，获取先机。速度强调反应的快慢，反映了决策是否具有优势。

第三，协调（coordination）。它是指物体的活动与驱动力量的无缝配合。在作战中，为达成某个预期目的，空军能够运用各种资源，同时、连续地实施作战行动。也就是说，空军在认知作战环境和自身能力的基础上，以最有效的手段达成目标。

第四，平衡（balance）。它的本意是指人在运动中保持身体重心的稳定而不失控。无论是人还是物，一旦失去平衡，往往就处于危机之中，难

---

① AF Releases Future Operating Concept, http://www.defense-aerospace.com/articles-view/release/3/166922/us-air-force-releases-future-operating-concept.html.

② The U. S. Air Force, *Air Force Future Operating Concept – A View of The Air Force in 2035*, Sept. 15, 2015, p. 7, https://www.af.mil/images/airpower/AFFOC.pdf.

以发力。在作战领域，空军应根据形势的变化而调整自身的态势，进而决定采取下一步的行动，不至于因重心失衡或力量运用不当而导致难以挽回的结局。

第五，力量（power）。它是指可以施加于某一物体的力，以改变其状态。力量是支撑作战的最根本的要素。为了应对各种挑战，空军无论是在装备上还是在保障上，都必须处于良好状态，不仅具备投入作战的能力，而且还要具备恢复能力。为此，空军可以通过综合使用先进作战系统以及联合、跨机构和跨国力量，来增强作战能力。①

这五个方面的能力相互作用，相互影响，缺一不可。灵活是选择能力，速度是决策能力，协调是资源匹配能力，平衡是保持重心能力，力量是实施行动的能力。灵活、速度、协调和平衡都离不开力量，而力量的运用又需要灵活、速度、协调和平衡。

由此可以看出，所谓"敏捷作战"，就是美国空军在未来环境中，综合运用自身特有的能力，与其他作战域融合，以出其不意的方式，获得和保持作战主动权，对各种复杂困难的情况进行有效响应，具备多种击败对手攻击的方案选项，以实现"全球警戒，全球到达和全球力量"的目标。

（二）敏捷作战的主要目标

进入 21 世纪第二个 10 年以来，美国空军出台诸多战略性文件，如《世界最强空军——人员驱动、改革助力》（2013 年 1 月）（*The Greatest Air Force – Powered by Airmen, Fueled by Innovation, Jan. 2013*）[又称《美国空军展望》（*A Vision for the United States Air Force*）]，《美国全球警戒、全球到达和全球力量》（2013 年 8 月）（*Global Vigilance, Global Reach, Global Power for America, Aug. 2013*），《美国空军：未来召唤》（*America's Air Force: A Call to the Future*），《美国空军战略环境评估 2014—2034》（*The Air Force Strategic Environment Assessment, AFSEA*）等。这些文件对美国空军的发展目标、战略环境和驱动因素做了比较详尽的阐述，但对于

---

① 上述五个能力参见 The U. S. Air Force, *Air Force Future Operating Concept – A View of The Air Force in* 2035, Sept. 15, 2015, pp. 7 – 8, https：//www. af. mil/images/airpower/AFFOC. pdf。

未来作战的概念还缺乏更新。于是，美国空军便制定了这样一个文件。

首先，对接作战概念。2014年，美国国防部提出了第三次"抵消战略"，旨在通过创新作战概念、开发高端技术、改进国防机构等方式，提升美国国防能力，"抵消"对手日益强大起来的军事能力，特别是"反进入/区域拒止"能力；2012年参联会发布了"联合作战顶层概念：联合部队2020"文件，2013年发布了"空间作战概念"，丰富和深化了联合作战概念；之后，海军和陆军又分别提出了"分布式作战""多域战"的概念，创新了力量运用方式。因此，空军既要适应第三次"抵消战略"的要求，遵循国防部和参联会"作战概念"的指导，保持与其他军种作战理论的协调一致，从而更好地胜任联合作战任务。

其次，适应未来环境。文件清楚地指出，美国空军面临的作战环境将发生巨大变化。现今的联合作战是军种之间的联合，未来的联合作战将是跨"域"的联合。也就是说，届时，空军所遂行的作战行动，将是陆、海、空、太空、电磁和网络空间等"域"融合行动的组成部分。

最后，完善作战力量。在未来作战环境中，空军作为一个"域"，既是"多域战"系统的组成部分，又是一个独立的系统。在这个系统中，航天、航空、网络是必不可少的组成部分。如前文所说，为了拥有更多的选择手段，空军从人力、装备两个方面着手，构建和优化自身的力量。

（三）敏捷作战的核心任务

美国空军自成立以来，就被赋予清晰的使命任务。文件例举了1947年杜鲁门总统为空军确定的五项核心任务及其发展变化（参见表8.1）。文件认为，随着外部环境的威胁和机遇的变化，特别是在科学技术的推动下，空军得以飞得更高、更快、更远，开始在全球范围内进行空中、太空和网络空间作战，因而在敏捷作战条件下，空军的核心任务也必须随之发生改变。

8.1 美国空军核心任务的演变[①]

1947 年	现在	未来
空中优势	空天优势	自适应作战域控制
空中侦察	全球一体化情报监视侦察	全球一体化情报监视与侦察
空运机动	快速全球机动	快速全球机动
战略空军	全球打击	全球精确打击
空防协同	指挥与控制	多域指挥控制

第一，多域指挥控制（Multi-Domain Command and Control）。在《空军未来作战概念 2035》文件中，美空军认为，在战场上，最为关键的事就是对人员的指挥与控制。传统上，往往通过计划、任务、执行、评估来进行指挥和控制，但到了 2035 年，以多域战为主的技术与程序都将发生重大的变化，因而指挥与控制也将随之改变，变得更加实时与动态。为此，美空军要加强多域作战中心建设，采用互联化、智能化、自动化技术，以加强作战筹划、作战行动之间的反馈回路，使指挥官们可以把更多的精力集中在指挥层决策上来，把具体的战术细节赋予部属们去完成，不仅能使战争筹划者和作战人员迅速发现并理解误差，及时克服完成任务的种种障碍，而且可使系统将具备自适应和自我修复的能力，对信息中断状况进行自动修复，保持本作战区域的态势感知。

第二，自适应作战域控制（Adaptive Domain Control）。"自适应作战域控制"任务是指在跨域空中、空间和网络空间作战中，能够获取各个层面的优势，阻止敌人不择手段的打击与破坏。"域"的优势是指在既定的时间和空间里，可以进行不受敌人制约的行动。为了完成这一任务，美国空军需增强装备生存能力和快速恢复能力，且使装备体系具有可替代性。当某一领域的装备在执行作战任务受阻时，空军能够切换到其他领域的装备。不仅如此，空军还能够根据作战条件的变化选择恰当的装备。这样，空军就可以适应更加复杂的作战环境。

第三，全球一体化情报监视与侦察（Global Integrated Intelligence, Sur-

---

① The U.S. Air Force, *Air Force Future Operating Concept – A View of The Air Force in 2035*, Sept. 15, 2015, p. 12, https://www.af.mil/images/airpower/AFFOC.pdf.

第八章　第三次"抵消战略"的领域推进

veilance and Reconnaissance）。情报、监视与侦察在使联合部队保持战场态势感知、组织作战力量、评估作战行动和实施作战行动方面发挥着至关重要的作用。"全球一体化情报、监视与侦察"任务强调进一步拓展情报、监视与侦察能力。到 2035 年，美空军将发展一系列高性能的情报监视与侦察系统，具备近实时高精度的预警侦察能力、高容量高安全性的通信能力、高精度抗干扰的导航能力，极大提升战场感知能力和决策速度。敏捷作战要求，"全球一体化情报、监视与侦察"力量具备全时和弹性的能力，以便为指挥官们提供可用于作战行动的情报。

第四，全球快速机动（Global Rapid Mobilability）。高效、快速和精确的全球机动能力是"全球警戒、全球到达和全球力量"战略的基本要求。到 2035 年，"快速全球机动"，美空军将具备快速全球机动能力的领域从航空拓展到航天和赛博领域，而在航天领域，应当具备快速按需发射能力和航天器在轨维护能力。美空军着力发展航空、航天、赛博领域的全球快速机动能力，使人力与物力能够有效支撑航天、航空和网络空间三域互通作战。

第五，全球精确打击（Global Precision Strike）。到 2035 年，美空军通过提升协调多兵种和多国联盟部队的能力，将本土和全球各地的精确打击武器装备连为一体来实施多域全球精确打击。为此，美空军要加快高超声速打击武器的实战化应用，以有效打击时间要求短、效果评估快、冲突升级易、防御能力强的目标。在敏捷作战中，空军可与友军、网络专家一道，综合运用定向能/非定向能、致命/非致命、直接/间接、永久/临机的打击手段，在极短时间内如从几个小时到几秒钟，摧毁敌人的目标。

目前，美军已成立"太空军"，航天作战力量势必从空军中独立出来。美空军提出的航空、航天与网络空间一体作战的构想能否实现，如果能的话，又将怎样实现，还需要在尘埃落定之后进一步研究。

当然，美军为实现国防部提出的第三次"抵消战略"的目标，赢得未来战争中的主动权，还提出了一些其他作战新概念，如"全球一体化作战""跨域协同"和"全政府路线"等。① 此外，"全球作战""电磁频谱

---

① 付征南、闫桂龙：《美军联合作战概念的新发展》，《解放军报》2019 年 5 月 11 日，第 11 版，http: //www.xinhuanet.com/mil/2017 - 05/11/c_129600916.htm。

作战""应对导弹齐射""无人机蜂群作战""拒止环境协同作战""云作战"概念也相继涌现。由于这些作战概念涉及的领域比较小，或还未成熟，这里就不一一阐述了。

四、趋向两个极端的未来战争设计

如上文所述，在推行第三次"抵消战略"的过程中，美军虽然提出了一些作战概念或理论，但下一步美军还会根据作战环境的变化、战争形态的发展和技术条件的进步，继续推进战争设计。尽管对其具体的内容难以准确把握，但大体的方向还是可以预判的，那就是它正趋向于两个极端：聚焦大国竞争，着眼高端战争；应对地区危机或国际恐怖主义威胁，创新低端战争。

一是着眼高端战争。高端战争是美国整个军事战略调整以后出现的新概念。在美军看来，所谓"高端战争"，就是运用高技术，采取新规则，与势均力敌的对手进行的一种战争样式。2018年3月发布的《国防战略报告》中，国防部将其作为美军应对中俄挑战的一种战争设计。到了2020年，美军把超声速武器打击和防御作为高端战争准备的重要内容。2020财年《国防授权法》规定，"高超声速和弹道跟踪太空传感器"系统应于2021年12月31日进行在轨实验，2023年后达到初始运行能力。

围绕高端战争，美军不断提出新的作战构想。美国防部、美军参联会先后提出了全球公域进入与机动联合（Joint Concept for Access and Maneuver in the Global Commons, JAM-GC）、马赛克作战等概念。2020年，美军在作战构想创新上，又有了两个方面的进展，即在马赛克作战概念中引入决策中心战理念，同时提出联合全域作战构想。

2017年8月，美军正式提出了马赛克作战概念。2019年12月，美国战略与预算评估中心发布报告，正式提出"决策中心战"的观点。2020年2月，该中心又发布报告，建议国防部在马赛克作战概念中引入"决策中心战"理念，不断叠加决策优势，以形成对竞争对手的核心优势，掌握作战主动权。"决策中心战"是对博伊德"OODA"作战环（即"观察—判断—决策—行动"）理论的新阐释，强调以马赛克兵力为对抗主力，将作战重心聚焦于"判断—决策"环节，使对手陷入决策困境。基于决策中心战的马赛克战，融合诸多智能化元素，体现出"智能""泛在""分布""优算"等特征。

2020年2月，美军参联会副主席约翰·海顿表示，"全域战"将是美军未来的主要作战形式，未来联合部队作战行动将涵盖陆、海、空、天、电、网、认知等全部作战领域，融合太空、网络、电磁频谱、导弹防御等各种能力，与竞争对手在各种烈度的冲突中展开较量并取得胜利；3月，美国空军参谋长大卫·戈德费恩上将签署的《美国空军在联合全域作战中的任务》中，阐述了美国空军遂行联合全域作战的关键能力需求；4月6日，美国国会研究服务处发布《国防能力：联合全域指挥与控制》报告，对"联合全域指挥与控制"相关问题做了清晰的阐述；7月1日，兰德公司在《现代战争中的联合全域指挥控制》报告中指出，指挥控制结构、指挥控制所需的数据和数据基础设施以及利用数据实行指挥控制所需工具、应用程序和算法，必须协调一致以支持未来的多域作战。

决策中心战和联合全域战新构想的提出，标志着美军从"以信息为中心作战"向"以决策为中心作战"转变，从"掌控信息优势"向"掌控决策优势"转变。这与第三次"抵消战略"中所提出的从"信息作战网络"转向"智能作战网络"构想大体吻合。

二是创新低端战争。20世纪80年代，美军在推行第二次"抵消战略"时，提出了中低强度冲突的概念。里根政府根据这一战争设计，实施把苏联"推回去"战略。为了确保高端战争准备获得充分的资源，同时又兼顾地区性安全挑战和国际恐怖主义威胁，美军又设计了低端战争。在美军看来，第四次工业革命的发展，导致战争更加智能，指挥更加精妙，武器更加灵巧，战场更加复杂，方式更加高超，它完全可以通过震慑性的斩首战，而不是似海湾战争和伊拉克战争那样的大规模地面作战达成作战目的或战略目标。

2019年10月美军击毙巴格达迪、2020年1月击杀苏莱曼尼，充分显示了美军作战指导思想的改变，即通过斩首战，震慑与美国敌对的地区性国家或国际恐怖主义组织，使它们放弃攻击美国的意图，从而使美军将更多的资源投放到与大国进行战争的准备上来。

综上所述，第三次"抵消战略"提出之后，美国政府特别是国防部已投入资金，建立机构，培养人才，研发概念，推演验证，在诸多领域取得了进展。从战略层面说，2017年—2018年，美国政府和国防部发布的

《国家安全战略报告》《国防战略报告》《核态势评估报告》和军事战略报告都把第三次"抵消战略"的核心思想纳入其中;从作战层面上说,无论是高端战争还是低端战争设计,也无论是"分布式杀伤"还是"多域战"概念,抑或是敏捷作战概念都体现了第三次"抵消战略"的规划方向。

第九章

第三次"抵消战略"的发展前景

美国期望通过第三次"抵消战略"的制定与实施,能达到设定的恢复常规威慑的目标。但在时代条件、国际和国内战略环境已经发生巨大变化的情况下,美国推出的第三次"抵消战略"是否能够依旧具有适切性,从而实现预期、发挥效果呢?这就要通过其内在逻辑是否成立,现实前景是否明朗,外在影响是否确实三个结构性环节来进行判断。

第一节 内在逻辑成立与否?

作为一种方法论,第三次"抵消战略"在设计上先要建立一套制胜逻辑,并按照此种逻辑的确定,推演路径,证实美军必然能够获取优势。该条逻辑建立在三重假设之上:大国威胁是首要—颠覆性技术优势可应对大国威胁—美国能够获得颠覆性技术优势。第三次"抵消战略"的逻辑若要成立,就必须经过这三个逻辑环节的逐一检证。

一、大国威胁是首要

第三次"抵消战略"的成因与基础判断是:当前美国面临的首要威慑是具有"反进入/区域拒止"能力的世界性或地区性大国。对这一战略判断的检验,是从需要性和根属性上质证"抵消战略"符合逻辑性。

冷战后,美国始终认为其安全上面临多元威胁,但在不同阶段一直有主次区分。一方面,"9·11"事件后,恐怖主义一直被指认为首要威胁,这一判断在实践上指导着美国的国防资源配置,例如,美国 2011 年完成撤军之前一直维持着高昂的海外行动支出以保障中东地区两场反恐战争。时至今日,恐怖主义的威胁也没有尽除,对西方世界现实安全稳定来说仍是最大现实威胁,依旧吸食着美国大量的战略资源。另一方面,俄罗斯等传统国家行为体也开始通过非常规手段对美国进行挑战,如俄罗斯在格鲁吉亚使用的"小绿人"——似乎"非常规安全威胁"才是世界各种敌视美国力量所具有的共同点。因此,有美国学者认为,美国当前战略的首要任务是并且仍将是针对非常规安全威胁的"反暴乱"(anti - insurgence)。[①] 因此,以发展应对"反进入/区域拒止"的颠覆性技术,恢复大国威慑为目的的第三次"抵消战略"存在判断失当、错配资源的风险,使美国反暴乱能力虚弱,从而不能很好地应对当前面临的种种威胁。是故,明确美国当前面临的战略威胁中何者最为优先就显得十分必要。为评定战略威胁等级,本书提出基于"紧迫性"(Urgency,U)、"影响力"(Influence,I)和"可控性"(Controlbililty,C)为指标的定性评价体系,对美国当前面临的两类威胁进行等级评估。

紧迫性是一个时间概念,旨在描述威胁兑现的时间长短,时间越短紧迫性越强。当前,美国及其盟友所面临的非传统安全威胁事实上已经在兑现并且仍在持续,西欧和美国本土的恐怖袭击事件一直未有停歇,俄罗斯的"小绿人"渗透进了格鲁吉亚,并继续向其他地区渗透,所以一旦美国不采取甚至放松应对,这些威胁就会成为切实的侵害。传统大国威胁在当前看来处于竞合交互,多层面接触的综合博弈状态,全球化使各国利益交织,且美国在综合军力和综合国力上较战略对手仍保有绝对优势,头顶又高悬核恐怖平衡这把"达摩克利斯之剑",因此在可见的一段时间内,除特殊危机突然爆发,大国间发生直接军事冲突的威胁兑现时间较长。所以,非传统安全威胁较之于传统大国威胁更为紧迫。

影响力是一个程度概念,旨在描述威胁兑现后实际造成的损害大小,损害越大影响力越大。从以往经验来看,非常规危险对美国本土和西方所实际造成的伤亡人数和财产损失虽骇人听闻,但实则并不十分巨大,其更大的损害是使美国对安全的认知更为敏感,民众恐慌程度更高,国内政治分裂加深,政治更趋不稳定,会产生如当前西方世界中奉行的民粹主义倾向,但对美国的综合国力和国际地位没有太大的损失。根据美国布朗大学沃森国际与公共事务研究所 2018 年底发布的"战争代价"项目(costs of war)年度报告显示,自 2001 年"9·11"恐怖袭击事件发生以来,在伊

---

① Benjamin Locks, *Bad Guys Know What Works: Asymmetric Warfare and the Third Offset*, https://warontherocks.com/2015/06/bad - guys - know - what - works - asymmetric - warfare - and - the - third - offset/, 2015 - 06 - 23.

第九章 第三次"抵消战略"的发展前景

拉克、阿富汗和巴基斯坦发动的战争中,美国的战争开支共5.9万亿美元,已有48万—50.7万人死亡,还不包括2011年以来在叙利亚丧生的50多万人,其中包括14792名美国人(6951名美国军人、7820名美国承包商、21名美国国防部文职人员),其他国家10万多军警人员,24.4万名平民及10万名以上的敌方战士。传统大国威胁一旦兑现,会使美国的威慑,尤其是延伸威慑受到极大削弱,使其无法从欧亚大陆两端发挥影响,在根本上动摇美国的全球霸权,损害美国的核心利益,两次世界大战的教训便已足够深刻,仅第一次世界大战历时4年多,30多个国家、15亿人口被卷入了战争,大约有6500万人参战,1000多万人丧生,2000万人受伤。战争造成了严重的经济损失,一战前世界霸主英国就此衰落,失去了霸主地位。[1] 因此,传统大国威胁较之于非传统安全威胁影响更大。

可控性是个概率概念,旨在描述主体对于威胁事件的控制能力大小,威胁发生概率越低可控性越高。非传统安全威胁包含两类:一类是来自非国家行体如国际恐怖主义等。受益于高强的战略投入、持续的严厉打击和严谨的应对措施,近些年,美国本土真正意义上的恐怖主义袭击数量的渐少,体现出了发生概率下降可控性提升的趋势;另一类是国家行为体(尤其是大国)进行的非常规行动,这类行动会向着两个方向发展:一个是升级成为传统大国威胁;另一个是继续以此种形态存续,并在国际危机管控的制约下小规模存续。传统大国威胁,尤其是中美之间的结构性矛盾是世界权势运行机制的内在矛盾,是历史规律发展下的必然矛盾,虽然矛盾的处理方式是多种多样的,并非只有"修昔底德陷阱"一条路可走,但矛盾的出现与爆发几乎是不可避免的,[2] 发生概率极高,可控性极低。因此,非传统安全威胁较之于传统大国威胁可控性较高。

数学中用"期望值"(expected value)对于预期发生事务的权重进行描述,期望值计算公式为 $E[X] = \sum_i p_i x_i$。本书据此加上时间坐标后形成

---

[1] 人民教育出版社历史室编著:《世界近代现代史》,人民教育出版社2000年版,第129页。

[2] 事实上,从2018年上半年开始爆发的中美贸易摩擦并升级为下半年的中美贸易战可以看出,中美之间的结构性矛盾已经从隐含状态浮出水面,成为左右国际格局的既定事实。

"威胁期望值"（threat expected value）模型以描述战略威胁的等级（priority）。根据正负相关性对应简化后，"威胁期望值"的计算公式为：$E = I/CU$。当然，该公式只能根据正负相关性进行定性权重分析，并非严格的定量分析公式。此前，传统大国威胁的重要性远高于非常规安全威胁，且可控性明显较低，但紧迫性较低。综合考虑，美国认为，传统大国威胁的"威胁期望值"高于非传统安全威胁，第三次"抵消战略"的威胁判断与其现实和未来战略环境是相吻合的。

更为重要的是，从奥巴马政府开始，美国政府在事实上已将大国威胁视为美国安全的最大挑战，与大国战略博弈即为美国对外战略的重中之重。

二、颠覆性技术优势可应对大国威胁

在逻辑上，"颠覆性技术优势可应对大国威胁"是典型的"A⇒B"式推论，在标定B后，对于此类推论形式有固定的检证方法，即分别检证"A≠>B，−A⇒B，A⇒−B"三个反题是否成立，如反题成立则逻辑不成立。在当前语境下，A = 颠覆性技术优势，B = 应对大国威胁，因此检证如下：

检验一：颠覆性技术优势不能应对大国威胁。大国竞技是一个综合繁复的战场，纵然将战场限缩到军事安全领域，情况依旧复杂。一方面，对复杂情况的分析不能一概而论，不能因其复杂性、不确定和模糊性就仅凭借印象、经验和直觉轻易下总定论。另一方面，对复杂对象进行拆解分析的还原论方法，因其忽视了战争中交错的相互作用关系和不确定性，也备受诟病。因此，对于国家间的军事对抗，既难以概述又不能还原，这就是战略学的复杂性所在。这种复杂性也决定了在实践过程中，体系对抗不可能依靠某一特定手段来决定胜败。但作为一种社会实践活动，战略必须通过特定的途径改造特定的对象达到特定的目的，所以在不同情况下，不同要素的影响权重有别，本书一再强调，战略的目的就是识别各种因素的优先级以确定最优先项。

作为社会实践活动，它必由两个要素构成：行为主体和客体——人与物。一直以来，主张代表物质的装备技术是决定战争胜负第一关键的"技术决定论"都倍受批判，主要原因是它将战略中艺术性的部分降低为庸俗

第九章 第三次"抵消战略"的发展前景

唯物主义,否认了人的主观能动性。但自20世纪以来,随着历次工业革命的展开,人类重大的军事变革均由技术造就:从冷兵器时代到热兵器时代再到核时代直至制导时代,科技一次次成为决定战争胜负和战争形态的动力。因而在当前这个越发技术化的时代,科技产品开始成为人存在的构成部分而不只是对象,科技对人类生活的影响力比历史上任何时候都强大。虽然这引起了众多哲学家的担忧,但在实践层面上,这依然是确证无疑的事实。

当前军事理论界普遍认为,"在高技术条件下,人依然是战争胜负的决定因素"。沃克也不止一次宣称,第三次"抵消战略"中人是关键。但其中的隐含前提在于战争双方都处于高技术条件下,如果双方装备拉开代差,甚至是"战争史级"的代差,那么"巧妇难为无米之炊",人的因素也难以发挥作用,这一点在两次伊拉克战争中已凸显无疑。伊军虽勇,但在拥有先进技术的美军面前却不堪一击。高技术战争的趋势是无人化和智能化,人固然会出现在决策位置参与战争,但相较于之前全过程全方面的参与并发挥正负作用,必须承认未来战争中人的作用事实上不是增强而是被削弱了。人的最大优势是可以在不确定性面前发挥创造性,在机器外发挥意志力量,由于技术的发展,"战争迷雾"虽必将存在,但仍有望被减少,不确定性的范围逐步缩小,人可发挥优势的空间被压缩,而在确定性范畴内,人不如机器快速准确,因而技术变得比以往任何时候都更重要。在美军的概念体系中,战略是为达目的运用资源的"科学与艺术",今后战争中,人将把"科学"的部分交给人工智能,而专注于"艺术"领域。由此,在人与物辩证统一的战争中,人作用的相对下降意味着物质因素作用的上升。物质因素的决定项是科技水平,科技水平的决定项是颠覆性技术。

回归具体语境,美国当前面临的最大威胁是传统大国威胁,不管是实际的安全威胁还是国际权势场上的"修正主义",其背后一方面是国际秩序变迁的规律,另一方面是对手通过模仿美国发展出(或将要发展出)"制导作战网络"提高了军事能力。要应对这种威胁,美国必须重塑军事优势,而军事优势越来越变小归因为装备技术的先进程度和使用程度。因此,本书认为,颠覆性科技能够应对大国威胁。其次,各个大国在颠覆性技术的巨大投资,也印证了这一点。

检验二：除颠覆技术优势外，有其他应对大国威胁的方式。本书第三章第四节对于这一问题做了较为详细的解释。在逻辑上，存在其他应对大国威胁的方式，如特朗普政府所采取的直接"数量规模抵消"。不过，这一点并不在逻辑上造成对立关系，只要经费允许，两者甚至可以并行存在。当然，这样要比较两者的优先级。本章后文对两种方式的优先级做出了结论。因此，颠覆性优势的相竞方案不妨碍技术带来战略优势逻辑的成立。

检验三：颠覆性技术可能导致其他结果。不管是从历史经验或是逻辑推断来看，以技术为核心的"抵消战略"都一定会产生或正或负的附带作用，正面作用如第二次"抵消战略"一般，可以通过"军转民"提高整体科技水平和生产力水平，但也不可避免有负面风险，本书认为主要包含以下三方面：

一是战略风险。"安全困境"下的"抵消战略"，必然会引起军备竞赛，加剧战略不稳定，对所谓"危机稳定"造成影响。第三次"抵消战略"的目的是在维持安全稳定的前提下恢复威慑，并非实战。一旦战略手段导致军备竞赛加剧超出应有限度，螺旋升级，直至冲突无法管控而爆发，纵然美国最后能够赢得战争胜利，但从战略上讲，仍然是失败。实践中，美国致力于发展"智能作战网络"，中俄等国必然也会参与到智能作战网络的军备竞赛中来，中俄周边的国家为维持安全，不可避免地也要在一定程度上追随军备竞赛的步伐，这就使欧亚大陆两端紧张微妙的军事态势更令人担忧。为此，美国一再强调盟友在第三次"抵消战略"中的重要作用，企图将盟友拉拢在一起，形成一种战略合力，通过内部协调一致的行动，减少疏散行动必然增进的不确定性，既增强了延伸威慑又维持了战略稳定。

二是作战风险。首先，"智能作战网络"进一步加强了"网络"在作战活动中的权重，使网络的脆弱性在作战行动中更加暴露更加致命，只要对手能够掌握适当的网络攻击工具和方向，就掌握了击破整个作战体系的"银色子弹"。其次，美国国防部越来越多、越来越主动地依靠商业公司来开发和提供关键能力。这种方法固然提高了效费比和创新性，但也为对手破坏或窃取开发成果提供了更多途径，成为作战网络开发阶段的"致命弱点"。最后，大部分无人平台作战，尤其是具有杀伤功能的无人作战平台主要依靠远程遥控，无人机器蜂群战术则更依赖信息交互，一旦通信中断就立即陷入困境。"人"在作战行动中具有"自持性"，而无人平台一旦脱离通信便不具有任何自持性，因此过分依赖通信使未来无人作战很可能存在"通信杀伤等于杀伤"的事实。

三是伦理风险。对于人工智能技术出现在军事领域，人类一直抱有巨大的伦理担忧。无数科幻小说和技术伦理哲学著作反复向人类描绘了一个人工智能反杀人类的恐怖场景。纵然受现代科技发展水平制约，这一天似乎并不会很快来到，但任何朝这一方向发展的试探步伐都将引起大量忧思。事实上，人工智能在逻辑上无法排除程序错误甚至失控，进而导致其伤害人类的可能性。此外，由于无人平台将在未来战争中发挥更大作用，其不具情感和同情心的特质是否会造就战场上因充满"没有情感的杀手"而塑造一种更加残酷的战争文化。2017年8月21日，特斯拉公司CEO艾隆·马斯克，谷歌DeepMind联合创始人穆斯塔法等共116名AI和机器人领域专家联名致信联合国，呼吁禁止发展和使用"杀手机器人"。信中指出，一旦研发出人工智能武器，武装冲突的规模将会更加庞大，并且这些可怕的武器有可能被应用于恐怖行为。为此，2018年4月9日—13日，联合国"致命性自主武器系统问题政府专家组"在日内瓦召开会议，讨论人工智能的武器化问题。

事实上，美国在第一次和第二次"抵消战略"的实施中也是使用颠覆性技术。这一次，美国仍然延续先前的做法，意在运用颠覆性技术，取得战略优势。只不过，它所面临的困难增大了。世界上其他大国早就看出端倪，在颠覆性技术方面高度重视，着力发展，在某些方面已领先美国。俄罗斯等国在超声速导弹研制上，早就走在美国之前了。在过去的几年里，由普京总统直接领导的新型武器研发小组，在多个领域取得突破，如先锋洲际弹道导弹系统、"萨尔马特"战略导弹系统、"白杨""锆石"系列导弹系统、S-500及"匕首"防空导弹系统、无限射程核动力巡航导弹系统、第五代战机"苏-57"等。

颠覆性技术所带来的后果无疑是严峻的，风险巨大，但是，由于它能使美军获取可能优势，国防部实质上采取的"两害相权取其轻"的做法。

三、美国能够获取颠覆性技术优势

对于这一前提的检证可以分解成为两步，先是美国能否获取颠覆性技术,后是技术能否形成优势。

检证一:美国能否获取颠覆性技术?

首先,前两次"抵消战略"之所以能取得成功,源于战略推进和落实过程中国内各方力量统一行动,统一源于总统、国会和各军种达成的高度共识,共识源于苏联的威胁明确且紧迫,各方的威胁判断一致。当前美国战略决策层和理论界对于美国所面临的安全威胁判断仍不完全一致,加之国防部内部以及国防产业内对资源的争夺日趋严重,因而无法最大程度凝聚共识,确保协调,如《美国国家安全战略》与《美国国防战略》在判断上的前后不一致。所以,在战略落实、创新体系运转过程中难免会出现理念性和结构性困难,在一定程度上影响技术创新的进度与结果。

其次,由于威胁更多来自未来而非现在,缺乏现实的战略紧迫感,因此很多问题只停留在讨论、探索层面上,如之前沃克提出的"突袭破坏者"概念,自提出后不久便没有了踪影,体现了一定程度上口号大于落实的问题。美国两党和府会之间在应对中国挑战问题上虽然有了一些共识,但不同的声音依然存在。在一些政治力量看来,中国的实力与美国的差距在短期内还难以弥补,此时公然与中国为敌展开军备竞赛,易使两国迅速陷入"修昔底德陷阱"。① 甚至有人认为,不宜把中国视为敌人,如果美国致力于把中国塑造成为敌人,那就会使中国成为美国的"真正敌人"。

再次,第三次"抵消战略"从威胁判断到手段选择都是一次变革,变革必然涉及利益结构的重新调整,利益调整必然受到原有既得利益者的阻挠。比如,陆军在反恐战争中是重点扶持对象,而在第三次"抵消战略"的设想中,不管是"分布式杀伤"或是"作战云",又或是"全球监视打击网络"这些概念,陆军的地位都遭到了削弱。虽然陆军并没有公开表示不满,也提出"多域战"概念以适应新的战略要求,但预算份额被削减是不争的事实。所以陆军以及与陆军合作的以反恐武器为主的军火商的态度,必然会对第三次"抵消战略"产生消极的影响。

最后,美国之所以能在第二次"抵消战略"中获得战略优势,是因为它当时的经济规模几乎是苏联的两倍。卡特政府后期开始的经济腾飞,确

---

① 2019年7月3日,《华盛顿邮报》以"与中国为敌事与愿违"为题,发表一封由百位美国政界、军界、外交界和经济界知名人士联署的公开信。

第九章 第三次"抵消战略"的发展前景

保美国在技术研发上持续大规模投资20多年。"9·11"事件后,美国无休止的大规模国防投入并没有带来显著的效果,反而拖累了经济,并酿成了2008年的金融危机。从奥巴马第二任期开始,美国经济虽有所好转,但始终没有解决增长乏力的问题,因而使任何新的大规模投资都很可能带来政治上的危险。不仅如此,由于美国与主要竞争对手中国的经济规模差距正在逐渐缩小,经济增长速度更是远低于中国,这使美国在未来投资竞争中有可能不可持续。科技创新,尤其是颠覆性技术创新本身是一项长期高投入且风险较高不确定性较强的活动,唯一可以确定的是当投入无法保障时,是不可能创造颠覆性技术的。

当前美国解决这些结构性困难的主要方法是积极引入民间智慧,将很多初期基础性创新交给市场,或者依托市场直接取民育军,减少官方投资单一性强、风险高的弱点。尽管如此,在以竞争为主的市场经济条件下,加之政府的干预与推进,美国还是能够获取颠覆性技术的。

检证二:美军颠覆性技术能否形成优势?

技术优势是一个相对概念,所以第三次"抵消战略"不仅要保证美国能按计划研发成功相关颠覆性技术,还要保证这些技术足够颠覆,以至于对手短期内无法形成或超越。战略是一个互动过程,第三次"抵消战略"的逻辑是明确、公开的,必然引来对手的竞争式发展。事实上,俄罗斯已经对第三次"抵消战略"做出了反应,主要是通过发展相似的技术项目来对抗美国的技术创新。[1] 俄罗斯历来是美国在全球军火市场上的主要竞争者,有着强大的军工技术基础,军事高端技术发展程度并没有比美国差很多,因此追赶必定凶狠。近年来,俄罗斯在导弹技术领域已取得重大进展,对美国的导弹防御系统构成了巨大的挑战。中国现在总体经济增长速度上远超美国,在总体经济规模上有赶超趋势,国防科技投入日益加大,并且逐渐拥有成熟的、独特的、以"集中力量办大事"为主要优势的创新体系。中美之间战略互动,使全球技术竞争更趋激烈。技术创新虽与国家实力、国家投入和创新体系密切相关,但仍存在着相当大的偶然性,所以

---

[1] Vasily Kashin and Michael Raska, "Countering The U. S. Third Offset Strategy: Russian Perspectives, Responses And Challenges," Singapore: The S. Rajaratnam School of International Studies, 2017: 1 – 22.

美国虽有先发优势和基础优势,但也不能保证取胜。

技术全球化问题。首先,第三次"抵消战略"强调"军民融合,取技于民",但随着技术全球化的发展,民间技术和资本在全球范围自由、广泛、快速、交互流通,使任何一国形成独占性、决定性、全方位的军事技术优势,谋求"人无我有",都变得越发困难。其次,自20世纪80年代起,民用技术超越军用技术成为拉动技术创新的主要动力。目前,美国大多数新技术来源于商业公司,由于对自由企业的限制会损害企业利益和活性,因此美国使用技术保护限制措施的空间较小。如在2019年,美国政府在制裁中国华为公司时,由于一些美国公司与华为有着密切的产业链接关系,所下的禁令不得不一次又一次延期执行,或给予豁免。此外,在加速回报定律的影响下,技术创新的周期不断缩短,技术淘汰速度加快,围绕少数技术"下大赌注"的风险加大。最后,技术生产分工全球化,使国家的行动受到外部的制约增大了。美国当前维持战争所需的商品生产,包括F-35战斗机在内的许多武器系统,越来越多地依赖外国组件和原材料,其中很多都由中国公司提供,这在很大程度上增大了受到对手的牵制程度。①

由此可以得出结论:美军形成颠覆性技术优势存在一定困难。

综上,从威胁判断、手段选择和路径实现三个方面看,美国推行第三次"抵消战略"虽然存在着各种挑战,但在逻辑上却依然成立。然而,第三次"抵消战略"尽管符合逻辑,却并不意味着能够成功,因为它还受许多可预见和不可测因素的制约。小布什和奥巴马时期,美国社会就已存在严重的撕裂,特朗普时代更加严重。尽管在2015年1月,国防部就提出了第三次"抵消战略"的概念与规划,但由于领导层人员更迭频繁,加之不久以后就进入换届,因而在具体行动的落实上力度有限。

第二节 现实条件具备与否?

特朗普上台后,虽然对奥巴马时期的政策与战略大多持否定态度,但

---

① Jules Hurst, "America's 'Third Offset' Isn't Enough to Stop a Future Major War," https://nationalinterest.org/feature/americas-third-offset-isnt-enough-stop-future-major-war-16853, 2016-07-05.

第九章　第三次"抵消战略"的发展前景

基本上是对那些有违"美国优先"的内容，而对那些有利美国国家利益的部分则无太多改变，最多就是变一变名称罢了。如美国虽然不再提"亚太再平衡"战略，代之以"印太战略"概念，但从本质上说，二者并无太大的区别。那么，"抵消战略"还会不会持续下去呢？从特朗普政府近4年的国防政策和战略看，第三次"抵消战略"虽然没有遭到彻底否定，驱动因素仍然存在，但在表现形式上却发生了诸多不小的变化。

一、名称"遁迹"

2017年1月20日，特朗普入主白宫，开始了美国政治新时代。特朗普竞选期间以及执政后的诸多行为都显示出了强烈的"去奥巴马"（Anything But Obama，ABO）倾向。奥巴马诸多外交政治遗产如TPP、《巴黎协定》《伊核协议》等已遭破坏。2017年3月，时任美国国务院代理助理国务卿董云裳明确表态，不会再使用"亚太再平衡"这一战略名称。随后，特朗普政府抛出了"印太战略"。2019年6月1日，美国国防部正式发布《印太战略》报告，其核心内容与"亚太再平衡"战略并无甚大的差异。

作为奥巴马政府在军事上最重要的战略遗产，第三次"抵消战略"也似乎遭遇弃用的危险。诸多迹象表明，在特朗普时期的几任国防部部长或代理部长中，几乎无人使用第三次"抵消战略"的概念。特朗普政府组建后，美国国防部高级官员，除负责交接并于2017年7月离职的沃克外，再也没有人在公开场合内提到过这一战略，这与上届国防部的"热炒"落差很大。

不仅如此，从特朗普政府首次负责编制的《2018财年国防预算》来看，提升战备成为美国国防部的首要任务。国防部长马蒂斯更是从2013年退役后就一直坚持认为，美军当前面临的最大问题是现实战备不足。他在国会作证时也明确表示：作为国防部长，他优先考虑的重点事项就是加强战备。这两届美国国防部在战略重点上的不同，直接影响了"抵消战略"的地位。从形式上看，"抵消战略"似已被"束之高阁"。

由于国防部长更换过频，马蒂斯任职不足两年，之后由沙纳汉代理，长达半年有余；后又由埃斯珀接任，为时1年又3个月略多；接着米勒代理，3个月时间还不到就赶上了换届。因此，国防部的工作严重缺乏连续性，连最起码的《四年防务评估报告》都没有来得及做，更遑论像第三次

"抵消战略"这样的"大工程"了。

二、方式"隐形"

第三次"抵消战略"的"遁迹"是否意味着美国要将其抛弃呢？情况可能并非如此。2016年5月，沃克在大西洋理事会"全球战略论坛"讲话时就表示，美国国防部正在有目的地将第三次"抵消战略"过渡到下一届政府。奥巴马政府编制的最后一份《2017财年国防预算》中加大了对一些第三次"抵消战略"长期技术的投入。如前所述，奥巴马还利用《2017财年国防授权法案》对未来美国国防部的机构改革定下了基调，从制度上为第三次"抵消战略"上保险。[1] 2017年1月，卡特在其离职备忘录中特别强调，美军需要通过第三次"抵消战略"，增强常规威慑能力，以提高美国的军事竞争优势。新政府上台后，马蒂斯2017年8月到访硅谷，大力赞扬了第三次"抵消战略"的核心机构DIUx，强调该机构的作用会得到进一步加强。

但考察一个战略会否继续存在，不是简单地看相关部门官员的表态，更不是看它的名称会否被沿用，而是看其实质构想和构成要素是否被继承和延续下来。从国防部的工作内容上看，特朗普政府显然没有将第三次"抵消战略"完全推翻。

首先，在战略环境的判断上，两届政府并无差异。第三次"抵消战略"明确针对中俄等具有"反进入/区域拒止"能力的大国，而特朗普政府强调的大国竞争战略与其如出一辙。从特朗普政府2017年美国《国家安全战略》和2018年初的美国《国防战略概要》以及之后的《核态势评估报告》和《军事战略报告概要》来看，美国进一步确认了中俄，尤其是中国，是美国当前主要战略对手，这与第三次"抵消战略"的判断完全一致。

其次，在战略方针的选择上，两届政府殊途同归。方针与手段的选择，实际上就是战略重点（priority）的显现。特朗普上台之初，美国国防

---

[1] Katherine Blakeley, "Analysis of the FY 2017 Defense Budget and Trends in Defense Spending," Washington DC: The Center for Strategic and Budgetary Assessments, 2016: 1-72.

第九章　第三次"抵消战略"的发展前景

战略的重心从创新驱动转向了现实战备,目的是通过大幅增加军费开支,尤其是战备投入,快速提升实力,拉开与对手的差距,形成即时威慑。2017年1月31日,马蒂斯一上任就发布了一份国防预算备忘录,高调宣布美军的战略重点是解决"当下严重的战备不足"和"紧迫项目的预算缺口"①。特朗普当局编制的第一份国防预算——《2018财年国防预算》指出,2018财年预算的首要任务是"做好战备"(get ready),首要主题是"提升战备"(improving warfighter readiness),原先享有优先地位的"专注创新维持技术优势"(focus on innovation to maintain technological advantage)只排在第五。② 这标志着特朗普当局在国防战略层面更倾向采取成本更高但效果更为直接快速的策略。通过对称进行数量抵消,快速恢复美国优势,这种战略上的"贴身肉搏"是非常"特朗普"的,也是非常"马蒂斯"的做法。与文官出身的奥巴马和卡特不同,特朗普与马蒂斯是商战与实战战场上厮杀多年的"老将",这使他们从来都是绝对实力的拥趸。无论是对叙利亚发动大规模空袭,还是对朝鲜进行赤裸裸的武力恐吓,特朗普政府都呈现出明显"最简单的就是最有效的"风格倾向。然而,对于特朗普来说,马蒂斯的战略风格仍旧太过稳健,太有主见,特朗普深感到他不合自己心意,便命其"退休"。

国防战略的转变凸显了两届政府对于现实威胁程度的判断不同。奥巴马政府从结构主义角度出发,认为美国当前没有受到现实意义上的安全威胁,因而应该将资源更多地投资未来,以保长远;特朗普政府更倾向于从实利的角度出发,认为美国虽在绝对意义上安全且强大,但相对意义上的实力削弱会导致其现实国际地位的削弱,会刺激"修正主义"国家更加"得寸进尺",阻碍美国霸权利益扩张,压缩美国利益空间,所以应专注当下,维持美国当前利益与霸主地位。两届政府对当前世界"多元化、多极化"的权势趋势的认识十分清楚,但应对思路截然不同。奥巴马政府主张通过长远的战略构设,形成非对称的优势,将对手置于被动地位,确保美

---

① Jim Garamone, "Mattis Issues Budget Guidance, Says 2017 Submission Will Rise," https://www.defense.gov/News/Article/Article/1067243/mattis-issues-budget-guidance-says-2017-submission-will-rise/, 2017-02-01.

② Office of the Under Secretary of Defense, "U. S. Department of Defense Fiscal Year 2018 Budget Request," http://www.budget.mil, 2017-05.

国不做"世界第二";特朗普则试图通过单边主义、民粹主义和贸易保护主义等诸多带有强权主义色彩的指导哲学来维持一个"多极之上的单极,多元之上的霸主"地位。

最后,在战略手段的运用上,两届政府重点不同。奥巴马更相信规制的力量,而特朗普更倾向于实力与实利。奥巴马政府的逻辑是"赛跑式"的平行竞争,通过自我发展的先发优势与速度优势最终获取下一个时代的战略优势;特朗普政府的逻辑是"拳击式"的对撞竞争,通过消耗性高投入,快速提高现有能力,最大程度挤压对手战略空间,打击对手战略利益,扼杀对手发展机遇。特朗普之所以愿意且能够做出这种战略调整是有其背景的:一是经过奥巴马8年执政,美国的经济情况逐步好转,为提高军费开支提供了经济基础;二是美国府会曾在一段时间内均被共和党控制,虽在一些问题认识上有所分歧但仍属于内部矛盾,便于调和,且在军事问题上,前参议院军事委员会主席麦凯恩与马蒂斯两个"鹰派"人物思路颇为一致,因而在预算审定上不会受到国会过多掣肘;三是特朗普本人不循常规、破格出界的执政风格与马蒂斯说一不二、姿态强硬的军人做派,使战略高层能够更加果断、更少顾虑,富有"灵活务实、自如进退"的特征。

这样,奥巴马政府时期精心炮制的第三次"抵消战略",到了特朗普时期就基本上不见了形迹,无论是官方文件,还是官员言论,几乎不再提及。然而,实际上,国防部、参联会和军种部在确定、研发的作战概念和武器项目上,大体上还是沿着第三次"抵消战略"轨迹前行。

三、实质"同途"

按照严格的逻辑推论,"战备规模"优先级的上升并不能直接证明"技术抵消"战略的废弃,仍旧存在着一个两者并行,"技术抵消"退居次席的结果。世界上任何一个国家的国防战略,都会从事并在一定程度上重视科技创新工作。第三次"抵消战略"之所以不同,是因为它将这项工作列为首要。但战略的本质就是资源的分配,向来都是赢者通吃,一切选项都要为最优选项让路,所以"抵消战略"作为一个以固定时间——2035年左右为目标的战略,一旦失去最优身份,实际上就等于废弃。2017年后,特朗普政府显示出的种种战略倾向,似乎预示着第三次"抵消战略"已经

第九章　第三次"抵消战略"的发展前景

成为过去式。但之后,这些迹象则逐渐发生了变化。

2017年版美国《国家安全战略》中指出,美国要革新军事能力以应对当前威胁,"现代化"是首要关键。文件称:"我们必须消除官僚体系对创新的阻滞,拥抱成本更低、时间更快的商用解决方案,国防部必须与工业界在新能力实验、原型开发和快速部署等方面密切合作,这些能力可在新技术出现后便捷更新……"①而"提高战备"(improve readiness)落到了第四。从概念内涵上看,所谓"现代化"就是第三次"抵消战略"在新政府国防战略话语体系中的代名词。特朗普上台后,虽然第三次"抵消战略"从美国官方口中消失,但在同等程度与频度上,"现代化"出现在了曾经"抵消战略"占据的位置上。不过,这种变化也并非定调,2018年版美国《国防战略概要》中,"战备优先"(prioritize preparedness for war)重新成为首要事务,"现代化"退居其次。这种反复,一方面表示战略决策层对于美国的战略总体规划还没下定论,仍处于相互协调、博弈与评估的阶段;另一方面,特朗普政府一贯的做法就是,有意使其政策和战略保持一定的不确定性。

所以,要确证第三次"抵消战略"的实质会否存续,还需从实践层面进一步推证,而战略推证的最好方式就是观察预算的结果。在现实政治中,讲话和文件都可以避重就轻,混淆视听,技术化处理,但"真金白银"的去向却不能掩盖。从《2019财年国防预算》看,美国重新重视技术创新的事实似是确凿:"投资科技创新"(investments in technology innovation)重新成为预算"头条","加强战备"(improving warfighter readiness & restore service readiness)落至第三。作为国家级战略文件,其排序从来不是随意的不分先后,而是有着强烈的指示意义。由此可以判定,美国国防战略的重点已经转向技术创新,具体预算安排也印证了这一点:

相比2018财年授权预算,研发(R&D)经费增额高达177.7亿美元,总额达到923.6亿美元,增幅高达24%,远高于预算总体增长率12%。相比之下,服务于战备工作的"行动与维持"(O&M)增幅只有8%,低于

---

① The White House, *National Security Strategy of the United States of America*, Washington, DC: The White House, Sept. 2017.

总体增长率,采购(procurement)增幅也只有15%。① 研发经费将用于研究包括超声速技术、网络综合防御、使太空资产更具弹性、定向能武器和人工智能等新技术②,这些重点技术正是第三次"抵消战略"的核心技术,而 DARPA、SCO、DIUx 等第三次"抵消战略"的核心机构的预算在特朗普执政后也连年大幅增长,2019 财年 DIUx 预算申请 7100 万美元,比 2017 财年实际批复预算提高了 4100 万美元,增幅约 137%,SCO 2019 财年预算约为 15 亿美元,比 2017 财年增长约 6 亿美元,增幅逾 60%。

2020 财年国防预算中,突出了投资主线,即重建战备和杀伤力、加强联盟与伙伴关系;明确了资源投入顺序,即重点发展太空和网络空间等新兴作战领域、陆海空作战能力的现代化、人工智能和超高音速等技术创新;反映了美国国防战略意图,即优先处理与中国、俄罗斯的战略竞争、维持对朝鲜和伊朗的威慑、挫败恐怖主义的威胁等。国防研发费用进一步提高,达 1043 亿美元,比上一年增长了 120 亿美元。白宫在 2019 年 9 月发布的"2021 财年研发预算优先事项"备忘录中强调,国家安全仍然居于首位。与此同时,DARPA 研发的射频模拟器被纳入美国科学家基金会"先进无线研究平台"计划。

从以上的事实可以看出,第三次"抵消战略"的基本构想依旧发挥着主导作用。

此外,还有其他一些因素对第三次"抵消战略"的走向也有着重大制约或推动。例如,二战结束后,联盟战略一直是美国国家战略的重要组成部分,但在不同的历史阶段,美国对联盟战略的倚重程度不同。在国际力量格局加快演变、国家整体战略收缩的情况下,美国又重新把联盟战略放在了突出位置。2015 年 1 月,沃克发表了题为《美国第三次"抵消战略"及其对伙伴和盟友的蕴含》的讲话,强调美国要与其盟友一道推行第三次

---

① Office of the Under Secretary of Defense, *U. S. Department of Defense Fiscal Year 2019 Budget Overview Book*, http://comptroller. defense. gov. 3-7, 2018-02-13.

② Office of the Under Secretary of Defense, *U. S. Department of Defense Fiscal Year 2019 Budget Request*, http://comptroller. defense. gov, 2018-02.

第九章 第三次"抵消战略"的发展前景

"抵消战略"。① 与第二次"抵消战略"一样,新"抵消战略"需要得到盟国的支持与配合,包括技术能力和资源投入上的,也包括战略意识与规划上的,它们的认可和参与度,在一定程度上决定了战略的效果与成败。但盟国间战略文化各不相同,发展水平良莠不齐。文化决定投资,能力决定意愿,各国的国防发展战略方向是否能够与美国要求的一致,十分存疑。又譬如,第三次"抵消战略"的对象主要是具有核能力的或威胁具有核能力的国家,美国越是扩大自身的常规优势,就越有可能招致对手采取核升级战略。根据布拉德·罗伯茨(Brad Roberts)的"核胜利红色理论",拥核国家可能会利用核武器来阻碍美国发挥其常规力量优势。换句话说,他们企图通过玩弄边缘政策或者托马斯·谢林称之为"涉险竞争"的方式来获取主动。② 面对美国的常规威慑升级,对手很可能突破常规界限,使用核武器进行"反抵消"。

综上,对同样的敌人用同样的办法和手段,纵然名称可能会不同,但第三次"抵消战略"的实质依然存续。历史上,美国也不是没有先例,如里根政府对卡特时期的"抵消战略"虽然不再提及,但采取的措施如出一辙。人们普遍认为,里根政府所取得的对苏战略优势,就是运用"抵消战略"的成果。奥巴马政府提出"抵消战略"时所基于的威胁判断,到了特朗普时期基本没有变化。2019年3月25日,美国外交政策研究者在华盛顿宣布启动"应对中国当前危险委员会"(Committee on the Present Danger: China),标志着美国外交和战略界把中国视为主要对手的认知进一步加强。特朗普政府在手段选择上,虽然与奥巴马时期有所差异,但并无本质区别,在颠覆性技术优势的获取上存在的不确定性和附带问题也是相同的。因此,美国还将继续推行第三次"抵消战略",至于是否能够达到预期目标,还要看其国内合力能否形成且持续,创新体系能否持续无碍运作,以及对手的发展情况和战略互动来综合判断。

---

① Bob Work, "The Third U. S. Offset Strategy and its Implications for Partners and Allies," https://www.defense.gov/News/Speeches/Speech-View/Article/606641/the-third-us-offset-strategy-and-its-implications-for-partners-and-allies/, 2015-01-28.

② Thomas C. Schelling, "Arms and Influence," New Haven: Yale University Press, 1966, p. 166.

第三节 作用影响达到与否？

美国推行第三次"抵消战略"的目的，是颠覆未来战争的规则，保持和增强其战略优势，从而恢复和提高其常规威慑能力。这一战略能否成功尚难定论，但从其提出至今，它已对美国自身和世界上其他国家特别是大国的军事力量建设与发展产生了重大影响，而且随着这一战略的推进，影响将更加深远，一旦其战略目的得以实现，影响就更加难以估量。

一、对美国的影响

第三次"抵消战略"一旦达到预期的目的，就可能使美国获取较大的战略优势，从而在战略行为上发生巨大的变化。

首先，战略姿态发生转变。战略目的决定战略姿态，战略姿态决定博弈方式。美国在其"二元论"战争观指导下，往往且必须通过明确敌人确定战略。冷战后，苏联的崩溃，曾使美国一度失去了战略重点。克林顿执政8年间，美国战略的目的是维持并扩大冷战的胜利成果，在全球范围内重新寻求甚至塑造一个敌人，使美国膨胀的扩张野心有的放矢。由于美国对形势过分乐观，认为世间再无敌手，所以在对手挑选上态度自信又谨慎，呈现出"抱臂上观、谋划取舍"的"上帝"姿态。"9·11"事件后，美国的战略对手和战略威胁毫无疑问地被确认为"恐怖主义"，反恐成为美国战略的重心，其广泛建立起的国际反恐联盟使"非传统安全威胁"在人类史上首次取代"国家竞争"，成为国际安全的主题，世界军事史似乎进入了一个并不明朗的新时代。恐怖主义与之前美国所面对的任何敌人都不相同，它不具有固定的形态、特定的区域和国别、统一的战略指导、可识别的标志、大规模集体行动的能力与意愿。因此，除了两场"战役上胜利，战略上失败"的反恐战争外，零散而密集的"反暴乱"和"反袭扰"小规模战术行动成为美军的首要任务，战略博弈迫于没有博弈对象无法奏效而被搁置。除独立战争外，美国200余年间从未采用过像样的游击战略，而朝鲜战争，尤其是越南战争的经验显示，美军不仅自身不擅长游击战，而且在应对方面也极其糟糕。因此，美国的反恐行动在不断摸索中耗费了大量的资源，战略上也呈现出"分散应对，四处出手，贴身肉搏"的"打

第九章 第三次"抵消战略"的发展前景

鼹鼠"状态。十多年的反恐战争并没有取得决定性胜利,这一方面是由于美国的战略手段与其战略目的一直未能良好匹配,另一方面也出于美国借反恐之名插手中东事务的考量不够全面。在恐怖主义的威胁已经明显下降,新的威胁逐步上升,民众对于反恐战争感到厌倦的条件下,美国适时提出了第三次"抵消战略"。

第三次"抵消战略"的目的是恢复对大国的常规威慑。这意味着在"反恐十年"的插曲之后,世界历史重新回到它原有的轨道,大国博弈重新成为国际安全主题。美国战略开始转入"聚焦大国,整体筹划,重点投入"的"打拳击"姿态,资源投入也从分散转为聚焦,从"整存零取"转化为"整存整取",高级别国家战略博弈取代了低级别战术行动,归位于国防事务重点。姿态决定发力方式,"打拳击"姿态决定了美国寻求战略对抗的意志和"重拳出击,一击制胜"的博弈方式。

其次,战略资源投入及能力获取方式起了变化。战略目的决定战略方针,战略方针指导资源投入与手段建设。反恐战争的十多年间,美国的战略资源以"反暴乱战术行动"为牵引,对战备、后勤、情报等多方面战术保障进行投资。第三次"抵消战略"的方针是通过发展颠覆性技术优势来恢复大国威慑。"加大科技投入,推进科技发展"似是毫无新意的老生常谈,但第三次"抵消战略"的独特之处在于,明确而突出的战略重点会产生聚集效应,不仅体现在可见资源的投入上,如预算倾斜,更重要的是使"国防科技发展"成为一切国防事务的潜在作用背景,影响整体国防运作。同时,美军在资源管理中引入"风险投资"的理念,加强对技术前景评估的投入,以达到"工欲善其事,必先利其器"之效果,通过技术评估结合启动资金投入,走"前景甄别,广泛投资,重点发展"的道路。

第三次"抵消战略"与之前所有技术战略如第二次"抵消战略"和"转型战略"所不同,是因为它首次将民间技术定义为颠覆性技术的重要甚至主要来源。在此之前,美国的国防科技创新主要是由各军火承包商和国防科技实验室完成的,具有深厚的"官方"支持背景和充足的全过程投入。新的能力获取来源决定新的能力获取方式,所以在美国国防部会逐步探索、完善、扩大军民融合模式,成立国家级或国防部级的军民融合统管机构,增加与民间技术企业的沟通渠道和方式,类似DIUx的沟通识别单位会逐步增加并壮大,与之相配合会成立相关军民融合投资单位。此外,军民融合作为一个双向互动活动,一旦具备了良好的机制和习惯性氛围,会激励更多的民间企业主动为国防活动生产产品、贡献智慧,形成一个国防创新共同体。

随着第三次"抵消战略"的深入,科技界会越来越多地参与到国防事务中来,并在一定程度上获取与传统军火行业类似的地位,民间科技业逐步成为能够对国防事务发挥重要影响的政治力量。其发挥影响的主要途径有以下四种:一是通过官办的咨询委员会提供意见建议。如当前的"国防创新咨询委员会",吸纳了科技界的杰出代表人物。可以预见,在接下来的时间中类似的战略咨询委员会和负责具体问题的专业咨询委员会将逐步增多,权限会逐步增加。二是通过产品生产和供应主动引导美国的国防战略。"有什么样的装备打什么样的仗",科技界能够提供什么样的技术产品决定了美国的战略走向,因此产品供应成为科技实际影响塑造美国战略的手段。三是通过深度参与国防活动形成利益集团。科技界通过游说、支持选举等方式影响美国政治决策和选举活动,成为类似传统军工企业一样对国防战略具有影响力的政治力量。四是通过输送管理人才发挥影响。当前美国国防部许多高官来自军工企业,如时任美国国防部副部长沙纳汉曾是波音公司的高级副总裁,劳德在成为采办与维持副部长前是 Textron 公司的 CEO。所以随着科技业影响力和参与度的提升,科技公司的管理人才会进入美国国防部高层成为利益代言人。

最后,未来战争样式和兵力结构重新调整。战略手段决定战争样式,战争样式决定兵力结构。第三次"抵消战略"企图通过建立以智能化和无人化为核心的"智能作战网络"恢复常规威慑。这决定了在美军设想的未来战争中,"OODA"环速率会极大提升,单位时间内的战略互动会大幅增加,需要处理的战场信息量也将呈指数增长,这可以帮助美军对危险做出瞬时反应,尤其是在应对敌人的战略突袭方面,也超越了人类的反应和思维速度。所以未来战争的"OODA"环中,除决策外,其他环节都将交由人工智能完成。同时,为降低人员损伤,提高实践部的效能,未来的行动平台(包括侦察平台、打击平台、补给平台等)都将在最大程度上实现无人化。为确保突袭和拒止条件下的生存性,美军将采取"统一指挥,疏散部署"的方式,因而未来战争的实际战场要比现在更为广泛。此外,在未来战争中,由于大量人工智能和无人平台介入作战网络的各个节点,因此

第九章　第三次"抵消战略"的发展前景

信息将成为实际战争中的决胜要素，网络和太空将成为新的、看不见的、但更具决定性的主战场。

"打什么样的仗，建什么样的军队。"虽然特朗普上台后，为应对现有战备问题，连续两年宣布扩军，但从长远看，由于作战模式的智能化和无人化的推进、发展，美军的人员规模将呈下降趋势。尤其是作战前沿的五大传统军种的员额会有较大程度下降。与其相反，网络司令部和重新组建的"天军"规模将有较大程度上升，成为未来美军建设的"下一个增长点"。2019 年 2 月，特朗普签署了建立"太空司令部"的法令，使"天军"成为一个独立的军种。这强烈地影响着美军未来的兵力结构，是重塑美军优势根基的历史性举措。按照第三次"抵消战略"构想，未来天军和网军不仅遂行作战支援任务，而且要独立或联合执行攻防作战任务。这意味着，网络和太空将成为未来战争的主要争夺领域，人类开始走向网络和太空军事化时代。

二、对世界的影响

第三次"抵消战略"的实施，不仅对美国的战略姿态、力量获取和战争设计产生重大的影响，而且对整个世界的战略走向作用也巨大。

首先，大国竞争重新成为时代博弈主题。在过去的 30 年和未来的一个时期内，美国是世界上唯一的超级大国，因此美国的战略转向直接牵动了世界的总体态势。所谓"战略态势"本就是力的分布与方向。[①] 美国作为世界上最大的单一作用力，当其力向选择全力反恐时，反恐就成为世界安全主题，当第三次"抵消战略"企图恢复大国威慑时，大国竞争就成为时代主题。这一主题的转化，使松动的传统世界体系重回它原先的轨道上。所以，有学者认为，美国正在重回"冷战思维"。事实上，中俄现在固然是具有世界影响力的大国，但与冷战时期苏联的国际权势相比仍有差距，还不能说是美国在全球范围内的等量对手，而"新冷战"的说法显然更愿意突出和简化当前的国际博弈。本书认为当前大国竞争更像是回归到 19 世纪中前叶的欧洲传统国际关系模式，即一个超级大国（英国/美国）与多

---

① 李路：《"战略态势"概念问题刍议》，《解放军国际关系学院学报》2018 年第 2 期，第 44—47 页。

个大国（英法西俄/中俄欧盟）交叉互动博弈。"三十年战争"后形成的现代国际关系在运行了200年后，于20世纪完全走了样，先是两场"不可理喻"的世界大战，后是一场持续了半个世纪的全球冷战。进入21世纪后，人类史上第一次将"非传统安全威胁"列为首要安全主题，这种偏离"历史常规"的发展所制造的种种隐密的不安与普遍存在的现代性危机气氛相互搅拌作用，最终积蓄成一场世界性的极右民粹主义风潮。面对历史拐点，世界选择重新回到它最熟悉的轨道，并带有明确的加速主义和全球化的时代特征，在博弈中形成新的秩序。理解现有国际秩序的主要矛盾和基本状态，有助于对历史发展趋势的理解和对战略环境的把握，并给予分析国际战略态势变化以一个框架。

相对反恐来说，大国竞争具有更强的稳定性，因为竞争双方或多方都是成熟而理性的大国，并且彼此之间利益纠葛盘根错节，同时又因为参与者都是具有强大的军事实力甚至核能力的大国，所以一旦出现意外，破坏性也更大，博弈的最终结果对世界历史的影响也更为深远。大国竞争会使地区安全局势波动更多，波及范围更加广泛，各类地区矛盾的结构程度更深更复杂。不仅大国，任何一个国家都逃脱不了大国竞争的权力漩涡，而在这场漩涡中，一切领域和地区都是竞争战场，权力的争夺渗透到世界每一个角落，高级政治的实利主义预计将重新主导国际关系。

其次，大国战略竞争方式发生转变。虽然在商业领域人工智能技术和无人自动化技术已经成为争夺未来的竞争核心，但随其上升为大国战略博弈的核心，将必然对世界军事力量格局产生重大影响。

第一，国家整体科技创新能力决定作用突出。大国竞争时代军备竞赛不可避免，第三次"抵消战略"则向世界清楚展示了未来军备竞赛的趋势。随着技术创新主力转向市场，各国军队将更多依靠市场来获取先进技术和能力，这对国家整体创新能力提出了挑战。历史上，军工企业的强大足以支撑军事技术的领先，但如今单纯依靠军工企业已经不能保证这一点。因此，军事领域的技术竞争实际已从军事工业体系推到了国家整体创新能力的对抗，考验着政府的创新管理水平，是否能够良好调配资源和设计制度促进军民融合，是否能够推动市场技术创新成果向军事领域转化成为关键。这是一场变革之战，一场战略智慧、战略决心和战略耐力的较量。军事竞争真正意义上进入"总体战"时代。

第九章 第三次"抵消战略"的发展前景

第二，新兴领域规范规则之争变得剧烈。目前，国际上对于人工智能和无人技术领域的研发运用仍没有形成一套成熟的规范标准。虽然2018年联合国就人工智能技术在军事领域的使用召开了专门会议，也受到了中美等国模糊的表态，但距真正建立起成熟的规范标准还有很长一段路要走。由于这些技术的重要性越发突出，主要国家必然在规则的制定上进行激烈博弈，以争取更大的话语权和利益。这种博弈不仅如5G一样是技术标准博弈，而且涉及更深远的国家安全利益较量。在接下来一段时间里，人工智能协议可能成为如气候协议一样具有重大国际影响的核心议题。

第三，具有颠覆性的高端技术战争强度增大。从第二次"抵消战略"起，技术俨然成为了获取优势、赢得战争的核心手段，因此核心技术优势成为了各国的核心利益。在竞争中，这意味着两件事：一是生产新技术，二是垄断新技术。为此，美国采取了一系列技术保护举措，对技术流通和出口做出了严格限制。但在当前这个技术全球化的时代，第二项任务看起来似乎更难完成却更加关键。所以可以想见，在大国竞争逐步进入关键时期和民用技术不断涌向军事领域的今天，对于关键技术的审查将会面临一个严格的"窗口期"，而且只要技术保护主义的门缝微微敞开，就会引发多米诺骨牌效应，技术封锁与限制措施会越来越严格，技术倾轧会越发激烈。因此，拥有核心技术优势的国家很可能通过发起贸易战以阻碍对手发展，维持并扩大自身优势，为自己的技术颠覆性优势赢得机遇期。诚如我们所见，这一趋势已经在2018年开始的中美"贸易战"中得到应验。那一年，美国政府宣布了涉及10余项对华技术输出的禁令。本书认为，这场贸易战还只是一个开始，更为激烈的技术竞争和贸易竞争还在日后。

第四，世界范围内的军队结构调整加速。如前所述，在第三次"抵消战略"的影响下，美军的兵力结构将会发生较大调整。美军是世界上许多国家军队的榜样，其未来战争构想也是世界军事未来的发展方向。在此种语境下，从主要大国开始，世界范围内的军队结构都会经历一次较为深刻的变革，并将在今后半个世纪内逐步掀起一波裁军高潮。但这种"裁军"的目的并非维护和平，而是用机器代替人，提高战争效率。人类以此为转折点，开始走向"机器战争"或"无人战争"的时代。同时，未来高水平信息化战争也决定了保留的军队人员会更多出现在决策等作战网络的关键节点上，因此具有战略分析能力的知识型人才将取代熟练技能型人才，成为战斗力最主要的贡献者。

最后，战争哲学伦理产生变革。依循马克思主义哲学，物质决定意识，物质基础决定上层建筑，意识是对客观事物的反应。所以，随着未来战争样式的转变，人们对战争本质的认识也会产生变化，战争哲学的变化，并由此产生对发动战争态度的变化，即战争伦理的变化。克劳塞维茨在《战争论》中言称战争有三种特性：政治性、暴力性和不确定性。作为战争的根本属性，"战争是政治的另一种手段的延续"这一特性在未来不会发生变化，但由于作战平台的无人化和信息处理的智能化，第三次"抵消战略"所构造出的未来战争很可能会出现两种情况：一是由于作战平台的无人化使战争不再是"流血的政治"，至少是"流血较少的政治"；二是由于作战平台能力空前提高，加上网络空间武器的运用，使战争成为"比流血更恐怖的政治"。当然，对于拥有先进作战网络的一方来说，更可能出现第一种情况。所以，当战争对于某些国家来说只是越来越廉价，人员伤亡微乎其微的"机器战争"时，其对于战争的看法可能就未必有今天这么严肃，对于战争发动的态度也就没有今天这么谨慎，战争很可能变成一个"没有什么特别"的政治工具。这将极大影响人类未来的战争伦理，也对世界总体安全具有重大影响。此外，从告别封建时代以来，战争一直是职业军人的任务，但由于科技参战（如个人网络黑客）可能性提升，使军人和平民的界限变得模糊，这又引发了一个重大问题：如何定义开战行为，个人攻击行为造成的巨大损害是否可以作为开战的理由？因此，在即将到来的战争时代，人类的战争伦理仍面临着诸多难题。

更有甚者，随着人工智能和机器人这类还未形成广泛伦理共识和规范的领域的竞争日趋激烈，一些国家很可能会为了加速获取优势，突破安全性和可靠性原则。一旦这些原则被突破，则"安全困境"下的竞争极容易"滑坡"，各国竞相降低安全门槛的竞争将增大技术安全发生事故的可能性。因此，国际社会不仅要利用先进技术，还要尽早建立规范来管理先进技术，防止它对社会造成破坏。

三、对中国的影响

不管如何欲盖弥彰或粉饰太平，都无法回避一个基本事实就是，美国已将且仅将中国作为其全球霸业中最主要战略对手。军事以经济为后盾，虽然俄罗斯依旧维持着军事强国地位，但由于其经济规模有限，且发展潜力不足，因而在远期军事竞争中，只有中国的军队才是对美军真正的对手。所以，第三次"抵消战略"势必对我国家战略总体布局准备产生巨大影响。

首先，加强干预力量建设，影响我国军事斗争准备和国家安全。第三次"抵消战略"针对性强，军事干预企图明显，重在抵消中国正在形成的"反进入/区域拒之"能力，恢复全球投送能力。为此，美军在制定新战略时将我视为主要假想敌，积极营建陆、海、空、天、网和水下等多维一体侦察监视系统，我正常的军事演习、舰艇进出第一岛链以及反导反卫等试验，都在其监视范围内，严重影响我军建设以及国家安全。

第三次"抵消战略"以颠覆性技术为依托，极力优化部队结构，创新理论、战法以及新型作战力量，全力提升全频谱作战能力，重点强化干预和战胜力量，并在部署方面优先考虑西太，使我 ISR 系统、杀手锏武器以及纵深等面临空前威胁；美联合盟友共同遂行干预，并扶持刺猬，破坏周边安全环境，影响我塑造战略格局，且面临着多个战略方向作战的危险；今后斗争领域在地域上涉及四海等战略方向，甚至扩大到印度洋。不仅如此，作战领域也扩展到陆、海、空、天、网和水下，极大地增大我军事斗争准备的压力。

其次，重点发展颠覆性技术与能力，增大我国战略决策难度。第三次"抵消战略"重点发展人工智能、无人等领域颠覆性技术，促进装备成规模、成体系发展，形成整体技术优势。为此，除了推进自身技术发展外，美国还会通过技术限制、技术垄断、贸易制裁等方式限制我国高技术的获取，甚至对我国发起技术战争，监视、窃取我国的科技发展成果，最大限度地阻碍我国防科技发展，以形成比较性优势，极大影响我国技术安全和经济发展转型。

应对颠覆性技术投入大，周期长、见效慢，且不可能面面俱到。第三次"抵消战略"与美专门制定的对华长期竞争战略目标一致，它的影响不仅局限在军事领域内，具有明确的溢出效应。美国企图通过第三次"抵消战略"的"资产递耗"和"成本强加"陷我于深刻的"战略两难"：一方面引诱我与其在特定的领域内展开长期军备竞赛，在这些领域美国自信享有先发优势、基础优势和创新体系优势，因此我国将难以超越，并导致我军费大幅度上升，影响经济建设和国家发展大业；另一方面，我国一旦放松竞争投入，美国就可以趁势确立武器装备上的代际优势，使我国家安全陷入威胁，在总体战略博弈上受制于美。

最后，加大对我国战略空间的压缩力度，有可能导致我国战略资源配置上出现失衡。第三次"抵消战略"把我国作为战略对手，势必引发我国的战略反弹。如前文所述，面对美国咄咄逼人的姿态，我国鲜有可能置之不理，必要时还将全力应对，这无疑会使我国在应对方面投入更多的战略资源。恰如当前，美国在高科技领域与我缠斗甚至脱钩，决战的姿态摆得已十分明确，高科技领域已经成为中美竞争的主战场。

美国发起的第三次"抵消战略"，虽然有着"新瓶装旧酒"之嫌，但总体来看，它在逻辑上是可行的，条件上是具备的，成功的可能是存在的。而且无论其目的实现与否，它所产生的影响也将是深远的。对此，世界必须高度警觉，中国必须时刻警惕。

结　语

基于以上对第三次"抵消战略"的分析，本书做出了战略筹划至关重要的结论，在作战和战略两个层面形成两个预测性的判断，并在此基础上提出三点重要启示。

一个关键结论

精致全面的战略筹划是赢得战略主动的核心。战略筹划的目的是赢得战争或博弈主动权。"历史从来没有允许过一个缺乏战略能力的国家跻身于强国之林，哪怕这个国家在经济上颇有建树。在一个现实主义的世界里，上帝不会特别眷顾一个战略上的弱者。没有战略的能力，就没有安全，也就无法赢得未来。"① "古往今来，在国家间的竞逐中，'气力'的因素固然具有根本性，但'智谋'的因素也屡屡在关键时刻改变国家的前途命运。"②

第二次世界大战以来，美国虽然也多次陷入战略困境，但最后能从其中走出来，战略筹划发挥了巨大的作用。其实，"抵消战略"就是改变战略被动的筹划。通过战略筹划，找准方向，使对手不得不随着其节拍起舞，从而又获得了先机。曾任新加坡国立大学东亚研究所所长郑永年就说过这样的话："正如美国的崛起，美国的衰落也归诸其国际战略。"③ 德意志统一的战略设计大师奥托·冯·俾斯麦也有过类似的见解，"上帝不会关照醉汉、傻瓜和美国。"④

---

① 周建明、张曙光：《美国安全解读》，新华出版社2002年版，第4页。
② 刘峰主编：《变革世界中的战略与安全》，时事出版社2015年版，第2页。
③ 郑永年：《美国衰落的五因素》，联合早报网，2015年5月26日，http://www.zaobao.com/forum/expert/zheng-yongnian/story20150526=484393。
④ ［美］罗伯特·卡根：《美国缔造的世界》，社会科学文献出版社2013年版，第22页。

历史上,其他大国与美国进行战略竞争时,要么靠仿效、靠追赶,跟着后面跑,要么靠"硬拼",拼消耗、拼意志、拼"打到底",几乎没有一个能牵动美国鼻子的战略。作为一个有着悠久历史、深厚战略文化底蕴的大国,在综合国力已跃居世界第二的条件下,我国应当且有能力在战略上进行创新设计,赢得话语权和主动权。

两项预测判断

通过对第三次"抵消战略"的逻辑、构想以及价值取向和推进领域的解析,我们可以形成两项基本的预测判断。

第一,第三次"抵消战略"的创新成果将最先出于空天领域

第三次"抵消战略"实际上是在设计下一代战争,以"人工智能"为支撑的精确打击和信息瘫痪将是主要作战样式。无论是精确打击还是信息瘫痪,都离不开空天资源,因而美国对于空天技术的研发给予无以复加的重视。

首先,人事安排反映政策倾向。一般地说来,人事安排往往反映一个政府的政策导向。美国国防部副部长以及相关研究机构负责人大都来源于空天领域的专家。

特朗普政府时期,美国国防部副部长(2019年1—6月任代理国防部长)帕特里克·沙纳汉任前是波音公司高级副总裁;研究和工程副部长迈克尔·格里芬曾任NASA局长;采办和维持副部长艾伦·劳德任前是Textron Systems公司CEO,该公司是一家专注于航天领域的军工企业,全美排名前15;DARPA局长史蒂文·沃克是航空航天工程领域专家,曾领导DARPA高超声速飞行器项目;SCO主任克里斯·尚克曾任NASA战略投资部主任;DIUx华盛顿特区工作负责人迈克尔·马德森曾是C-17飞行员,并在空军立法事务部门任职。沙纳汉辞去代理国防部长之后,接替其职务并很快被正式任命的国防部长马克·埃斯珀也是军火巨头雷神公司的副总裁。可以说,与第三次"抵消战略"有关的主要领导人物均来自空天领域。这一方面是一个强烈的政治信号,政府高级人事任命从来不是单纯的能力考查,它背后昭示了极大的政治考量,而候选人的履历就是这一考量的重要表现,所以这一信号表明了国家战略决策层对于这一领域的重视与

结　语

信赖，另一方面在实践层面上，诸多具有空天领域背景的领导人会更倾向于选择自己的最为得心应手的领域进行探索，出于这种熟悉程度，在该领域内的工作效率也会最高。

其次，经费投入体现战略意图。从美国国防预算看，在研发开支中该领域获得的资金最多。第三次"抵消战略"目的是抵消对手依靠区域制导均势形成的"反进入/区域拒止"能力，而"反进入/区域拒止"在物理界主要是海空拒止，因此海空突破就是第三次"抵消战略"首先要解决的战术问题。海军由于速度缓慢、目标体积大、雷达反射面大和被击中率高等原因，并非突防最优选；水下潜艇和潜航器虽然隐蔽性强，但依然面临着数量有限、速度缓慢等问题，更适宜作为突袭平台和情报监视侦查平台。所以，空中远程突防就成为解决"反进入/区域拒止"环境下所有三维战场作战问题的第一步，在作战顺序和研发顺序上享有时间优先权。因此，美军对空军的科研投入都是各军种最大的，近年来更加大了对空军科研的投入，其幅度和比例都超过其他军种（见表10.1）。2019财年参议院武装力量委员会（SASC）对国防授权法案进行最后的补充，大幅增加先进军事技术研发预算，增加的研发预算预计将分配给六个领域，其中三个项目是空天领域专项，一个项目涉及该领域基础设施和人员。在第三次"抵消战略"的核心技术突破中，空天领域的高超声速战机、B-21新型远程隐身轰炸机、卫星红外激光武器是重中之重，尤其是高超声速武器的研发工作，受到了从美国国防部到国会的高度重视，项目经费逐年增加，2015—2017财年执行经费总额分别为5亿美元、4.8亿美元、7.2亿美元。2018财年批复的经费总额为8.9亿美元，2019财年申请总额12.8亿美元，分别比上一财年预算增长24%和43%。[①] 2020财年的预算中，这方面的投入又有所增大。

---

① 林旭斌、李彦、胡冬冬：《美军2019财年高超声速科研预算简析》，《飞航导弹》2018年第6期，第1页。

表 10.1　美军 2018—2019 财年各军种科研预算情况①（单位：亿美元）

军种	2018 财年授权	2019 财年申请	增长幅度	增长比例
陆军	86.37	104.84	18.47	21.4%
海军	174.79	186.49	11.70	6.7%
空军	281.98	404.93	122.95	43.6%

再次，优胜劣败揭示了军事行动的基本规律。美军之所以能在世界军事领域执牛耳几十年，空天领域技术的领先举足轻重。现今，美国在空天领域的领先程度最大。美空军现有技术优势十分牢固且明显。美国的第五代战机 F-22"猛禽"自 2005 年服役起，已经执行过多项实战任务和演习演练，形成了完善的战斗力，在此基础上，美国自 2010 年就启动了第六代战机的研制工作。美空军的 B-2、B-1B、B-52 三型主力轰炸机不管是在速度还是载荷上都领先全球一个"身位"，而其 2016 年开始研制的新一代轰炸机 B-21"突袭者"更是将先进隐身与超声速能力集于一身，具有极强突防能力和破坏力。已经实现在天轨道运行总计 700 余天的空天飞机"X-37B"更在世界上独占鳌头。因此，这样的技术优势基础和实战经验基础提升了美军获取相对优势的可能性。

最后，组织机构体现国防建设重点。近几年来，美国调整了职能司令部设置。早在 2009 年，美军就成立了网络司令部。2015 年 1 月 13 日，奥巴马总统考察网络安全与通信集成中心期间表示，网络威胁是美国面临的最严峻的安全挑战之一；2016 年 3 月 16 日，美军网络司令部司令兼国家安全局长迈克·罗杰斯在国会听证会上强调，中国、俄罗斯、朝鲜和伊朗是美国在网络空间领域最大的对手；接着，国防部长卡特提出了网络空间司令部计划。特朗普就任总统后，于 2017 年 8 月 18 日签署备忘录，命令将网络空间司令部建设成为一个联合作战司令部。美军在加强网络空间作战力量建设的同时，又提高太空作战力量建设的力度。2018 年 6 月，特朗普下令，要求国防部立即启动太空军的组建进程，12 月 18 日又下令国防部组建太空司令部，以整合和统筹美军太空力量，统一组织和管理美国在

---

① Office of the Under Secretary of Defense, *U. S. Department of Defense Fiscal Year 2019 Budget Overview Book*, 13 February, 2018, http://comptroller.defense.gov.

太空领域的军事活动。经过一年的筹备，2019年8月29日，美军太空司令部正式成立，又经过一年多的建设，太空军已具备了初始作战能力。网络空间司令部和太空司令部的成立，充分说明了美国对这两个领域在未来战争中的作用的高度重视。

第二，第三次"抵消战略"的成败大体上在2035年显现出来。

关于未来的战略态势、走向，尤其是战略事件的预测，总是困难的。但从战略发展规划来看，中美两国军事战略发展周期将在2035年左右交汇，且如无意外，届时中美总体经济规模应该大致相当，因而军事领域内的争夺会呈现出同样焦灼的态势。中国方面，党的十九大报告中明确要求："同国家现代化进程相一致，全面推进军事理论现代化、军队组织形态现代化、军事人员现代化、武器装备现代化，力争到二〇三五年基本实现国防和军队现代化，到本世纪中叶把人民军队全面建成世界一流军队。"① 这是国家最高战略决策者对军事战略的总体安排。而在美国这个时间点并不十分明确统一，但按照历史经验，美军第二次"抵消战略"用了15—20年形成系统战斗力，因此美军的下一个战略关口大约在2030—2035年区间内，这也是美国战略界的共识。美国国防部发布的"长期研究和发展计划信息征集书"中设定的优势获取时间是2030年；2015年9月15日，美国空军正式发布了《空军未来作战概念》文件，提出了面向2035年的未来作战概念；2016年7月14日，美参联会发布题为《联合作战环境2035年：对抗与无序世界中的联合部队》报告，分析了美联合部队在2035年左右所面临的安全环境及六大挑战，并提出了联合部队的战略目标及任务；2017年7月26日，美国陆军训练与条令司令部发布的研究报告《未来战争的作战环境与特点变化》指出："2035年是一个关键节点，美国将面临一个实力相当的战略对手。"2019年2月25日，时任美国陆军部长埃斯珀在接受媒体采访时说："我们必须放眼2028年之后，因为我们认为那是俄罗斯达到顶峰的时候。"同时，他还表示，中国将在紧接俄罗斯之后，在2030年达到巅峰。俄罗斯也大体上将与美国战略竞争的窗口期定

---

① 习近平：《决胜全面建成小康社会 夺取新时代中国特色社会主义伟大胜利——在中国共产党第十九次全国代表大会上的报告》，新华网，2017-10-27，http://www.xinhuanet.com/2017-10/27/c_1121867529.htm。

在 2035 年前后。普京是俄罗斯各界广泛接受和拥护的领导人,他以高超的战略手段和强硬的战略姿态,与美国斗智斗勇。为此,俄罗斯议会通过相关法案,使其任期能够延展到 2036 年。① 综上,可以看出,世界上主要大国战略决策层都将 2035 年作为一个关键时间点。因此,2035 年前的 10 余年对中国来说是至关重要的战略窗口期,是决定胜败的 10 余年。

三点重要启示

第三次"抵消战略"的整体设计显示出了美国作为超级大国的高超战略筹划能力,不管是从战略环境的审势、战略目的的确定还是从战略方针的选择、战略手段的运用上看,它都体现出了极强的综合性和复杂性。从策略的视角观察,第三次"抵消战略"紧紧抓住"抵消"这一核心,围绕"非对称"这一本质,通过发展先发优势明显且十分擅长的创新性高科技军事技术,发挥自己"竞争优势",陷对手于"战略两难",逼迫对手和自己一起"赛跑",最终达到拖垮对手的目的。所以,其对手要想不被拖垮,应对方法在逻辑上只有三种路径:一是不跟对手在对手选定的赛道上赛跑;二是在相同的赛道上跑的比对手更快;三是在一个微妙的平衡中同时在自己和对手两条赛道上赛跑。

首先,非对称竞争优势是赢得竞争的关键。美国冷战中的斗争经验已经充分证明,在大国竞争中,非对称的竞争优势是赢得竞争的首要关键。第三次"抵消战略"也是企图再次复制冷战的成功经验,利用自身技术创新上的竞争优势获取胜利。拜登政府上台后,尽管对特朗普政府时期的一些做法进行了否定,但在应对大国竞争问题上,不仅没有改变,反而还进一步加强。2021 年 3 月发布了《过渡时期国家安全战略指南》。《指南》显示,与特朗普政府时期相比,美国政府在战略上有三个"没有变",即以中俄为战略竞争对手的做法没有变,护持美国世界领导地位的目标没有变,突出印太地区战略重心的选项没有变;三个"改变",即恢复联盟战略,重振民主价值,再造中产阶级。在与中俄战略博弈上,从急于求成转

---

① 参见《陆军部长:应对俄中军事威胁,美有 10 年准备时间》,《联合早报网》2019 年 2 月 28 日,http://www.zaobao.com/news/world/story20190228-935608。

结　语

向长期竞争，从对抗为主转向对话与对抗并行，力求不战而胜。国务卿布林肯强调，美国处理大国关系的立场是：该竞争的竞争，该对抗的对抗，该合作的合作。拜登政府着眼长期竞争的做法，与第三次"抵消战略"的目标完全吻合。

其次，技术突破是获得非对称优势的根本。恩格斯曾经指出："一旦技术上的进步可以用于军事目的并且已经用于军事目的，它们便立刻几乎强制地，而且是往往违反指挥官的意志而引起作战方式上的改变甚至变革。"① 美国在第三次"抵消战略"的构想中，从战斗力生成着手，选择技术突破重点领域，着力发展无人、隐形、高超声速、网络、电磁和人工智能等，完善技术创新体系，构建技术转化机制，企图通过高新技术的研发和应用，达到"人无我有，人有我强"的目标。国防部下属的国防研究与工程现代化局局长马克·刘易斯表示，该局目前负责监管的 11 项尖端技术已在优先顺序上进行了调整，微电子位居第一，5G 升至第二，高超声速则下降至第三。如同前两次"抵消战略"一样，美国依然把技术领域的突破视作获得非对称优势的法宝。

最后，作战能力提升是有效反制对手的要旨。反制是反守为攻的关键环节，是重新获得战略主导权或使敌无法达到目的的重要手段。在第三次"抵消战略"的构想中，美国重点发展和提升远程、隐形和无人对抗能力。在进攻方面，发展全球侦察监视系统、指挥控制系统、精确打击系统、远程投送力量和精确保障能力；在防御方面，优化和升级防空、反导、反卫系统，加大激光反导和无人机反导能力研发，提升对无人、隐形装备和低中空打击系统的防御能力。通过攻防能力的提高，作战概念的更新，编制体制的优化，技术领域的突破，反制对手的"把进入/区域拒止"的努力，重拾常规威慑与战略主导权。

---

① 中共中央马克思恩格斯列宁斯大林著作编译局：《马克思恩格斯全集（第20卷）》，人民出版社 2006 年版，第 187 页。

参考文献

一、期刊报纸

[1] 潘远强,徐万胜. 从抵消战略看美国维持军备优势的思想路径[J]. 南京政治学院学报,2017(3).

[2] 游翰霖,陈方舟,成清. 从大国博弈视角解读与应对第三次抵消战略[J]. 国防科技,2017(4).

[3] 马建光,孙迁杰. 第三次"抵消战略"背景下俄罗斯军事改革发展探析[J]. 西伯利亚研究,2016(6).

[4] 童真,茂林. 第三次"抵消战略"的内涵与发展前景[J]. 外国军事学术,2015(5).

[5] 大卫·奥科美内梅. 第三次"抵消战略"的实施要素[J]. 外国军事学术,2015(5).

[6] 诺方. 美军历史上的抵消战略[J]. 外国军事学术,2015(5).

[7] 杨航. 浅析美国第三次"抵消战略"[J]. 国际问题调研,2015(4).

[8] 齐卓砾等. DARPA加强管理与技术创新助力第三次"抵消战略"[J]. 军事文摘,2016(6).

[9] 谢冰峰. 第三次"抵消战略"下美国国防采办改革与发展[J]. 军事文摘,2016(7).

[10] 方勇,王璐菲,申淼. 美国国防部战略能力办公室如何推动科技创新[J]. 军事文摘,2016(6).

[11] 张宪强. 后经济危机时代中国宏观调控政策的走向[J]. 中南财经政法大学研究生学报,2009(5).

[12] 王艳. 美国债务危机的演进、影响及前景展望[J]. 世界经济与贸易,2011(10).

［13］张玉华等．财政减赤对美国国防建设的影响［J］．军事经济研究，2015（10）．

［14］瑟·马贝特，约翰·科瓦奇．汪文俊译．美专业人士建议换个角度思考"第三次抵消战略"［J］．防务视点，2017（4）．

［15］叶建军．美军"国防创新行动"评析［J］．现代国际关系，2015（1）．

［16］肖可．第三次"抵消战略"背景下美国国防科技发展［J］．军事文摘，2016（6）．

［17］袁政英．DSB报告研究未来10年美国将如何应对潜在战略突袭［J］．防务视点，2016（2）．

［18］李元龙．DARPA的创新特点及启示［J］．科技导报，2018（4）．

［19］方力．DARPA技术转化存在的主要问题［J］．防务视点，2016（4）．

［20］夏恩君等．国外众包研究现状和趋势［J］．技术经济，2015（1）．

［21］岳松堂，童真．美国第三次"抵消战略"全面解析［J］．现代兵器，2017（4）．

［22］王璐菲．美SCO的创新过程与创新机制［J］．防务视点，2016（8）．

［23］姚红霞，房一丁．美国防部最新机构改组计划．现代军事，2017（10）．

［24］白航，张代平，王磊．美国国防采办程序调整改革评析［J］．军事经济研究，2016（1）．

［25］范玉芳，曹群．美军任职教育院校创新人才培养概述［J］．教学参考资料，2014（1）．

［26］林聪榕．美军新型作战力量人才培养的特点与启示［J］．国防科技，2015（6）．

［27］都基焱．无人机专门人才培养模式与培养机制研究［J］．陆军航空兵学院学报，2015（8）．

［28］林旭斌，李彦，胡冬冬．美军2019财年高超声速科研预算简析

[J］．飞航导弹，2018（6）．

［29］石纯民．军事智能化时不我待［N］．中国国防报，2017－12－11（1）．

［30］陈航辉．人工智能将如何颠覆未来战争［N］．中国国防报，2018－1－2（4）．

［31］付征南．美国防部启动新一轮战略管理体制改革［N］．解放军报，2018－2－1（11）．

［32］陈杰，代文新．无人作战系统：颠覆未来战争规则［N］．解放军报，2016－11－3（7）．

［33］Peter Grier. The First Offset［J］. Air Force Magazine，2016（6）．

［34］Brent Sadler. Fast Followers, Learning Machines, and the Third Offset Strategy［J］. Joint Force Quarterly，2016（4）．

［35］Elbridge Colby and Jonathan F. Solomon. Avoiding Becoming a Paper Tiger: Presence in a Warfighting Defense Strategy［J］. Joint Force Quarterly，2016（3）．

［36］William T. Eliason. An Interview with Robert O. Work［J］. Joint Force Quarterly，2017（1）．

［37］Patrick M. Cronin and Seongwon Lee. The ROK – U. S. Alliance and the Third Offset Strategy［J］. International Journal of Korean Studies，2016（Spring）．

二、学术专著

［1］蔡华堂．美国国家安全战略析论［M］．北京：海潮出版社，2014．

［2］李健，吕德宏．歧路徘徊：略论美军新抵消战略［M］．北京：当代中国出版社，2015．

［3］王文荣．战略学［M］．北京：国防大学出版社，1999．

［4］安德烈·博福尔．战略入门［M］．军事科学院外国军事研究院译．北京：军事科学出版社，1989．

［5］约翰·柯林斯．大战略［M］．中国人民解放军军事科学院译．北京：中国人民解放军战士出版社，2012．

［6］约翰·加迪斯．遏制战略：战后美国国家安全政策评析［M］．时殷弘等译．北京：世界知识出版社，2005．

［7］许嘉．美国战略思维研究［M］．北京：军事科学出版社，2003．

［8］赵景芳．美国战略文化研究［M］．北京：时事出版社，2009．

［9］毛泽东．毛泽东选集：第二卷［M］．北京：人民出版社，1991．

［10］中共中央马克思恩格斯列宁斯大林著作编译局．马克思恩格斯全集（第20卷）［M］．北京：人民出版社．

［11］Office of the Historian. Foreign Relations of the United States, 1952 – 1954 National Security Affairs, Volume II, Part1［M］. Washington DC: Government Printing Office, 1979: Document 42.

［12］Robert McMahon. The Cambridge History of the Cold War, Volume I［M］. New York: Cambridge University Press, 2010.

［13］DOD. Semiannual Report of the Secretary of Defense and the Semiannual Reports of the Secretary of the Army, Secretary of the Navy, Secretary of the Air Force［M］. Washington DC: Government Printing Office, 1953.

［14］Robert J. Watson. Into the Missile Age, 1950 – 1960［M］. Washington DC: DOD, 2007.

［15］Melvin P. Leffler. For the Soul of Mankind: The United States, the Soviet Union, and the ColdWar［M］. New York: Hill and Wang, 2007.

［16］Roger R. Trask and Alfred Goldberg, The Department of Defense, 1947—1997: Organization and Leaders［M］. Washington DC: Historical Office, OSD. 1997.

［17］Walton Moody. Building a Strategic AirForce［M］. San Antonio. TX: Strategic Air Command. 1996.

［18］Harold Brown. Thinking about Nation Security: Defense and Foreign Policy in a Dangerous World［M］. Boulder, CO: Westview Press, 1983.

［19］P. Edward Haley, David M. Keithly and Jack Merritt. Nuclear Strategy, Arms Control, and the Future［M］. Boulder: Westview Press, 1985.

［20］Thomas C. Schelling. Arms andInfluence［M］. Yale University Press, 1966.

三、研究报告

[1] Timothy A. Walton. Securing The Third Offset Strategy: Priorities For Next US Secretary Of Defense [R]. Washington DC: The Center for Strategic and Budgetary Assessments, 2016: 1 - 10.

[2] Richard A. Bitzinger. Third Offset Strategy and Chinese A2/AD Capabilities [R]. Washington DC: Center for a New American Security, 2016: 2 - 6.

[3] Chuck Hager, The Defense Innovation Initiative, https: //www. defense. gov/Portals/1/Documents/pubs/OSD013411 - 14. pdf, 2014 - 11 - 15.

[4] Elbridge Colby. Nuclear Weapons in the Third Offset Strategy [R]. Washington DC: Center for a New American Security, 2015: 3 - 11.

[5] Robert Martinage. Toward a New Offset Strategy: Exploiting U. S. Long - Term Advantages to Restore U. S. Global Power Projection Capability [R]. Washington DC: The Center for Strategic and Budgetary Assessments, 2014: 1 - 73.

[6] Vasily Kashin and Michael Raska. Countering The U. S. Third Offset Strategy: Russian Perspectives. Responses and Challenges [R]. Singapore: The S. Rajaratnam School of International Studies, 2017: 1 - 22.

[7] Peter Dombrowski. America's Third Offset Strategy: New Military Echnologies And Implications For The Asia Pacific [R]. Singapore: The S. Rajaratnam School of International Studies, 2015: 1 - 10.

[8] John Louth and Christian Moelling. Technological Innovation: The US Third Offset Strategy and the Future Transatlantic Defense [R]. France: The Armament Industry European Research Group , 2016: 1 - 12.

[9] Robert O. Work and Shawn Brimley. 20YY: Preparing for War in the Robotic Age [R]. Washington DC: Center for a New American Security, 2014: 1 - 36.

[10] Hal brands and Erics Edelman. Avoiding a Strategy of Bluff the Crisis Of American Military Primacy [R]. Washington DC: The Center for Strategic and Budgetary Assessments, 2017: 1 - 29.

[11] Katherine Blakeley. More Money On The Horizon? Analysis Of The FY 2018 Defense Budget Request [R]. Washington DC: The Center for Strategic and Budgetary Assessments, 2016: 1 - 72.

[12] Katherine Blakeley. Defense Spending in Historical Context: A New Reagan - esque Buildup? [R]. Washington DC: The Center for Strategic and Budgetary Assessments, 2017: 1 - 19.

[13] Katherine Blakeley. Analysis of the FY 2017 Defense Budget and Trends in Defense Spending [R]. Washington DC: The Center for Strategic and Budgetary Assessments, 2016: 1 - 72.

四、电子文献

[1] 中国国防科技信息中心. 新任 DARPA 局长谈有前景的未来技术 [EB/OL]. https://www.sohu.com/a/225621201_313834. 2018 - 03 - 15。

[2] 刘丽娜、蒋旭峰美专家认为国会减赤"超级委员会"将错失良机 [EB/OL]. 人民网. http://world.people.com.cn/GB/157278/16334307.html, 2011 - 11 - 22。

[3] 刘宇. 美众议院通过预算协议缓解自动减赤对国防冲击 [EB/OL]. http://mil.huanqiu.com/world/2013 - 12/4680650.html, 2013 - 12。

[4] 国防科技信息网. 美国空军部长谈空军如何支持第三个"抵消战略" [EB/OL]. http://www.dsti.net/Information/News/98571, 2016 - 02 - 28。

[5] 国防科技要闻. 2018 财年美国防部为战略能力办公室机密项目申请额外 3.07 亿美元经费 [EB/OL]. http://www.sohu.com/a/207306782_635792, 2017 - 11 - 29。

[6] 国防科技要闻. 美战略能力办预算大增, 添 7 个项目 [EB/OL]. http://www.sohu.com/a/225564034_819742, 2018 - 03 - 14。

[7] 国防科技信息网. "美国国防部战略能力办公室将从工业界寻求可快速制造突袭的新创意 [EB/OL]. http://www.dsti.net/Information/News/99055, 2016 - 03 - 30。

[8] 国防科技信息网. "负责采办、技术与后勤美国国防部副部长解读更佳购买力（BBP）3.0 [EB/OL]. http://www.dsti.net/Information/News/91345, 2014 - 11 - 05。

[9] 中国指挥与控制学会."人工智能在兵棋推演中首胜人类[EB/OL].https://www.sohu.com/a/195128488_358040,2017-09-28。

[10] 新华网."习近平：决胜全面建成小康社会 夺取新时代中国特色社会主义伟大胜利——在中国共产党第十九次全国代表大会上的报告"[EB/OL].http://www.xinhuanet.com/2017-10/27/c_1121867529.htm,2017-10-27。

[11] John Foster Dulles," The Evolution of Foreign Policy" Speech to the Council on Foreign Relations [EB/OL].https://link.springer.com/chapter/10,1007%2F978-1-349-19791-0-10,1954-1-12.

[12] Secretary James S. Lay. A Report to the National Security Council [EB/OL].https://www.trumanlibrary.org/whistlestop/study_collections/koreanwar/documents/index.php?documentdate=1950-10-31&documentid=ci-4-3&pagenumber=1,1950-10-31.

[13] Todd Harrison. Analysis Of The FY-2015 DefenseBudget [EB/OL].https://csbaonline.org/research/publications/analysis-of-the-fy2015-defense-budget,2014-09-04.

[14] Defense Advanced Research Projects Agency. Breakthrough TechnologiesFor National Security [EB/OL].www.airforcemag.com/DRArchive/Documents/2015/3-%202015/DARPA%202015%20FINAL-1.pdf,2015-03.

[15] Frank Kendall. Better Buying Power 3.0 [EB/OL].http://www.acq.osd.mil/fo/docs/betterBuyingPower3.0(9Apr15).pdf,2015-04-09.

[16] Frank Kendall. LRRDP Direction and Tasking MemoClean [EB/OL].http://www.defenseinnovationmarketplace.mil/resources/LRRDP_DirectionandTaskingMemoClean.pdf,2014-10-29.

[17] Department of Defense. Long Range Research and Development Plan (LRRDP) Request forInformation [EB/OL].http://www.defenseinnovationmarketplace.mil/resources/LongRangeResearchandDevelopmentPlanRFI_Final.pdf.

[18] Dave Majumdar. The Pentagon's Strategic Capabilities Office (SCO) Takes Center Stage [EB/OL].https://nationalinterest.org/blog/the-buzz/the-pentagons-strategic-capabilities-office-sco-takes-center-18435,

2016 – 11 – 17.

[19] DOD. Department of Defense Instruction Number 5000. 02 [EB/OL]. https: //www. navysbir. com/docs/500002p. pdf. 2015 – 01 – 07.

[20] Mark Gorak. Introduction to Modeling and Simulation Special Edition: Wargaming Journal of Cyber Security and Information Systems. Volume: 4 [EB/OL]. https: //www. csiac. org/journal – article/introduction – to – modeling – and – simulation – special – edition – wargaming/, 2016 – 12 – 01.

[21] Elizabeth Bartels. Getting The Most Out Of Your Wargame: Practical Advice For Decision – Makers [EB/OL]. https: //warontherocks. com/2016/01/getting – the – most – out – of – your – wargame – practical – advice – for – decision – makers/. 2016 – 01 – 26.

[22] Stacie Pettyjohn and David A. Shlapak. Gaming The System: Obstacles To Reinvigorating Defense Wargaming [EB/OL]. https: //warontherocks. com/2016/02/gaming – the – system – obstacles – to – reinvigorating – defense – wargaming/. 2016 – 02 – 18.

[23] Noelle Wiehe. Bayonet and Saber. Cadre say new training method has merit [EB/OL]. http: //www. tradocnews. org/cadre – say – new – training – method/, 2015 – 09 – 08.

[24] Susan G. Straus. Evaluating Innovative Leader Development in the U. S. Army [EB/OL]. https: //www. rand. org/pubs/research _ briefs/RB9797. html.

[25] Benjamin Locks. Bad Guys Know What Works: Asymmetric Warfare and the Third Offset [EB/OL]. https: //warontherocks. com/2015/06/bad – guys – know – what – works – asymmetric – warfare – and – the – third – offset/, 2015 – 06 – 23.

[26] Jules Hurst. America's 'Third Offset' Isn't Enough to Stop a Future Major War [EB/OL]. https: //nationalinterest. org/feature/americas – third – offset – isnt – enough – stop – future – major – war – 16853, 2016 – 07 – 05.

[27] Richard A. Bitzinger. US – China Competition, the Third Offset Strategy and Implications for the Global Arms Industry [EB/OL]. https: //escholarship. org/uc/item/9140j98k, 2017 – 02 – 28.

[28] Office Of The Under Secretary Of Defense. Operation And Maintenance Overview Fiscal Year 2017 Budget Estimates [EB/OL]. https://comptroller. defense. gov/Portals/45/Documents/defbudget/fy2017/fy2017_OM_Overview. pdf. 2016 – 02.

[29] Office of the Under Secretary of Defense. U. S. Department of Defense Fiscal Year 2018 Budget Request [EB/OL]. www. budget. mil, 2017 – 05.

[30] Office of the Under Secretary of Defense. U. S. Department of Defense Fiscal Year 2018 Budget Request Overview [EB/OL]. www. budget. mil. 3 – 5, 2017 – 05.

[31] Office of the Under Secretary of Defense. U. S. Department of Defense Fiscal Year 2019 Budget Request [EB/OL]. http://comptroller. defense. gov, 2018 – 02.

[32] Office of the Under Secretary of Defense. U. S. Department of Defense Fiscal Year 2019 Budget Overview Book [EB/OL]. http://comptroller. defense. gov. 3 – 7, 2018 – 02 – 13.

[33] Ryan Browne. Pence calls for creation of Space Force by 2020 [EB/OL]. http://www. cbs46. com/story/38850667/pence – calls – for – creation – of – space – force – by – 2020#ixzz5OQEeS46z, 2018 – 08 – 10.

[34] House Armed Services committee. John S. McCain National Defense Authorization Act for Fiscal Year 2019 [EB/OL]. https://www. congress. gov/bill/115th – congress/house – bill/5515/, 2018 – 6 – 18.

[35] James Jay Carafano. The Third Offset: The " Fairy Dust" Strategy [EB/OL]. http://nationalinterest. org/feature/the – third – offset – the – fairy – dust – strategy – 11722, 2014 – 11 – 24.

[36] Van Jackson. Superiority at any Price? Political Consequences of the First Offset Strategy. https://warontherocks. com/2014/10/superiority – at – any – price – political – consequences – of – the – first – offset – strategy/, 2014 – 10 – 30.

[37] Rebecca Grant. The Second Offset [EB/OL]. Air Force Magazine. http://www. airforcemag. com/MagazineArchive/Pages/2016/July%202016/The – Second – – Offset. aspx, 2016 – 07.

[38] Robert Tomes. The Cold War Offset Strategy: Assault Breaker and the Beginning of the RSTA Revolution [EB/OL]. https://warontherocks.com/2014/11/the-cold-war-offset-strategy-assault-breaker-and-the-beginning-of-the-rsta-revolution/, 2014-11-20.

[39] Robert Tomes. Trading Space and Time in the Cold War Offset Strategy [EB/OL]. https://warontherocks.com/2015/05/trading-space-and-time-in-the-cold-war-offset-strategy/, 2015-05-27.

[40] Ben Fitz Gerald. Technology strategy then and now - the Long Range Research and Development Planning Program [EB/OL]. https://warontherocks.com/2014/10/technology-strategy-then-and-now-the-long-range-research-and-development-planning-program/, 2014-10-21.

[41] Ben Fitz Gerald. Kelley Sayler and Shawn Brimley. Game Changers: Disruptive Technology and U.S. Defense Strategy [EB/OL]. https://www.cnas.org/publications/reports/game-changers-disruptive-technology-and-u-s-defense-strategy, 2013-09-27.

[42] Shawn Brimley. Offset Strategies & Warfighting Regimes [EB/OL]. https://warontherocks.com/2014/10/offset-strategies-warfighting-regimes/, 2014-10-15.

[43] Vago Muradian. Interview: Bob Work, US Deputy Defense Secretary [EB/OL]. https://www.defensenews.com/global/the-americas/2014/11/26/interview-bob-work-us-deputy-defense-secretary/. 2014-11-26.

[44] Zachary Keck. Wanted: An Enemy for America's Third Offset Strategy [EB/OL]. http://nationalinterest.org/feature/wanted-enemy-americas-third-offsets-strategy-11781?page=show, 2014-12-04.

[45] Sydney J. Freedberg Jr. People. Not Tech: Dep Sec Def Work On 3rdOffset [EB/OL]. https://breakingdefense.com/2016/02/its-not-about-technology-bob-work-on-the-3rd-offset-strategy/, 2016-02-09.

[46] Sydney J. Freedberg Jr. Centaur Army: Bob Work. Robotics. & The Third Offset Strategy [EB/OL]. https://breakingdefense.com/2015/11/centaur-army-bob-work-robotics-the-third-offset-strategy/, 2015-11-09.

[47] B. J. Armstrong. More than an Offset: Defense Innovation from the Inside [EB/OL]. https://warontherocks.com/2014/11/more-than-an-offset-defense-innovation-from-the-inside/, 2014-11-26.

[48] Luis Simon. A European Perspective on Anti-Access/Area Denial and the Third Offset Strategy [EB/OL]. https://warontherocks.com/2016/05/a-european-perspective-on-anti-accessarea-denial-and-the-third-offset-strategy/, 2016-05-03.

[49] Cheryl Pellerin. Advanced Tech. New Operational Constructs Underlie Third Offset Strategy [EB/OL]. https://www.defense.gov/News/Article/Article/995201/advanced-tech-new-operational-constructs-underlie-third-offset-strategy/, 2016-11-03.

[50] Cheryl Pellerin. Deputy Secretary: Third Offset Strategy Bolsters America's Military Deterrence [EB/OL]. https://www.defense.gov/News/Article/Article/991434/deputy-secretary-third-offset-strategy-bolsters-americas-military-deterrence/, 2016-10-31.

[51] Cheryl Pellerin. Deputy Secretary Discusses Third Offset. First Organizational Construct [EB/OL]. https://www.defense.gov/News/Article/Article/951689/deputy-secretary-discusses-third-offset-first-organizational-construct/, 2016-09-21.

[52] Paul Scharre. Robots at War and the Quality of Quantity [EB/OL]. https://warontherocks.com/2015/02/robots-at-war-and-the-quality-of-quantity/, 2015-02-26.

[53] Paul Scharre and Daniel Burg. To Save Money, Go Unmanned [EB/OL]. https://warontherocks.com/2014/10/to-save-money-go-unmanned/, 2014-10-22.

[54] Bob Work and Gen. Paul Selva. Revitalizing Wargaming is Necessary to Be Prepared for Future Wars [EB/OL]. https://warontherocks.com/2015/12/revitalizing-wargaming-is-necessary-to-be-prepared-for-future-wars/, 2015-12-08.

[55] Aaron Mehta. Meet the new head of the Pentagon's strategic techoffice [EB/OL]. https://www.defensenews.com/pentagon/2018/08/02/meet-the-

new - head - of - the - pentagons - strategic - tech - office/, 2018 - 08 - 02.

[56] Dave Majumdar. The Pentagon's Strategic Capabilities Office (SCO) Takes CenterStage [EB/OL]. https://nationalinterest.org/blog/the - buzz/the - pentagons - strategic - capabilities - office - sco - takes - center - 18435, 2016 - 11 - 17.

[57] Bob Work. Speech on National DefenseUniversity [EB/OL]. https://www.defense.gov/News/Speeches/Speech - View/Article/605598/, 2014 - 8 - 5.

[58] Chuck Hagel. "Defense Innovation Days" Opening Keynot [EB/OL]. https://www.defense.gov/News/Speeches/Speech - View/Article/605602/, 2014 - 9 - 3.

[59] Chuck Hagel. Speech on Ronald Reagan Presidential Library [EB/OL]. https://www.defense.gov/News/Speeches/Speech - View/Article/606635/, 2014 - 11 - 15.

[60] Bob Work. Speech on Center for Strategic and International Studies Fifth Annual Global Security Forum 2014 [EB/OL]. https://www.defense.gov/News/Speeches/Speech - View/Article/606631/, 2014 - 11 - 12.

[61] Bob Work. The Third U.S. Offset Strategy and its Implications for Partners and Allies [EB/OL]. https://www.defense.gov/News/Speeches/Speech - View/Article/606641/the - third - us - offset - strategy - and - its - implications - for - partners - and - allies/, 2015 - 1 - 28.

[62] Bob Work. Speech on McAleese/Credit Suisse Defense Programs Conference [EB/OL]. http://archive.defense.gov/Speeches/Speech.aspx?SpeechID = 1922, 2015 - 3 - 17.

[63] Bob Work. Speech on U.S. Army War College [EB/OL]. https://www.defense.gov/News/Speeches/Speech - View/Article/606661/, 2015 - 4 - 8.

[64] Bob Work. Speech on China Aerospace Studies Institute [EB/OL]. https://www.defense.gov/News/Speeches/Speech - View/Article/606683/, 2015 - 6 - 22.

[65] Bob Work. Speech on Reagan Presidential Library [EB/OL]. ht-

tps：//www. defense. gov/News/Speeches/Speech – View/Article/628246/reagan – defense – forum – the – third – offset – strategy/，2015 – 11 – 7.

［66］Bob Work. Speech on CNAS Defense Forum ［EB/OL］. https：//www. defense. gov/News/Speeches/Speech – View/Article/634214/cnas – defense – forum/，2015 – 12 – 14.

［67］Bob Work. Remarks on Third Offset Strategy ［EB/OL］. https：//www. defense. gov/News/Speeches/Speech – View/Article/753482/remarks – by – d%20eputy – secretary – work – on – third – offset – strategy/，2016 – 4 – 28.

［68］Jim Garamone. Mattis Issues Budget Guidance，Says 2017 Submission Will Rise ［EB/OL］. https：//www. defense. gov/News/Article/Article.

鸣　　谢

2014年，美国国防部推出第三次"抵消战略"，我便展开研究，2016年，得到国家社科基金立项。2017年，我的研究生李路入学，成了我的得力助手，收集资料，制定计划，提出见解。看到他刻苦钻研的精神和一丝不苟的态度，就要求他以美国"抵消战略"为题，做一篇硕士学位论文。2020年初，他出色地完成任务。以他的学位论文为基础，我们又通过两年多的努力，数易其稿，进一步完善体系，升华观点，拓展内容，才最后定稿，得以付梓。因此，这份研究成果，其实是我们师生共同完成的。但是，由于他十分谦虚，不愿具名，只得以我个人的名义出版。在此，对他所付出的辛勤与汗水、智慧与灵感，表示衷心的感谢！本书的写作，还得到了领导、同事和学生的大力帮助。他们的独到见解和中肯建议使本书的内容更丰富、观点更新颖、逻辑更严谨、语言更精准，体系更完善。在此，我也向他们表示衷心的感谢！我还要感谢妻子王恩慧数年来为我所付出的辛劳。为使我能专心致志地从事研究工作，她们任劳任怨，无微不至地照顾我的生活，承担了家中的全部负担。最后，也要深切地感谢本书所大量引用的中外各类相关论著和译作的作者，没有他们的学术贡献，我无法企望以个人微薄之力来完成这一重大课题。

图书在版编目（CIP）数据

美国"抵消战略"研究/蔡华堂著. —北京：时事出版社，2022.4
ISBN 978-7-5195-0469-4

Ⅰ.①美⋯ Ⅱ.①蔡⋯ Ⅲ.①国家战略—研究—美国 Ⅳ.①D771.2

中国版本图书馆 CIP 数据核字（2022）第 032065 号

出 版 发 行：时事出版社
地　　　址：北京市海淀区彰化路 138 号西荣阁 B 座 G2 层
邮　　　编：100097
发 行 热 线：（010）88869831　88869832
传　　　真：（010）88869875
电 子 邮 箱：shishichubanshe@sina.com
网　　　址：www.shishishe.com
印　　　刷：北京良义印刷科技有限公司

开本：787×1092　1/16　印张：16　字数：250 千字
2022 年 4 月第 1 版　2022 年 4 月第 1 次印刷
定价：95.00 元
（如有印装质量问题，请与本社发行部联系调换）